गृह वाटिका

गृह वाटिका

प्रतिभा आर्य

राधाकृष्ण प्रकाशन

ISBN : 978-81-7119-687-6

गृह वाटिका

पहला संस्करण : 2002
दूसरा संस्करण : 2021

मूल्य : ₹595

प्रकाशक
राधाकृष्ण प्रकाशन प्राइवेट लिमिटेड
जी-17, जगतपुरी, दिल्ली–110 051

शाखाएँ : अशोक राजपथ, साइंस कॉलेज के सामने, पटना–800 006
पहली मंजिल, दरबारी बिल्डिंग, महात्मा गांधी मार्ग, प्रयागराज–211 001
36-ए, शेक्सपियर सरणी, कोलकाता–700 017

वेबसाइट : www.radhakrishnaprakashan.com
ई-मेल : info@radhakrishnaprakashan.com

पारदर्शी : आदित्य आर्य
आवरण संयोजन : सोरित
भीतर के रेखांकन : श्रीमती कुलीना शाह

मुद्रक
बी.के. ऑफसेट
नवीन शाहदरा, दिल्ली–110 032

GRIHA VATIKA
by Pratibha Arya

स्वर्गीया माँ अमृतलता
की स्मृति में

प्राक्कथन

बात 30 साल से भी पहले की है, मैं भारतीय कृषि अनुसन्धान परिषद, पूसा, नई दिल्ली द्वारा आयोजित गृह वाटिका प्रतियोगिता की निर्णायक समिति के अध्यक्ष के नाते दिल्ली की गृह वाटिकाओं का निरीक्षण कर रहा था। इस प्रसंग में मैंने अनेक गृह वाटिकाएँ देखीं, इनमें से कुछ काफी बड़ी थीं जिनमें विविध प्रकार के पुष्प, पौधे, क्यारियों और गमलों में लगे हुए थे, लता-कुंज और फलदार पौधे भी थे। हमारे स्वागत में गृह वाटिका के स्वामी, स्वामिनी अपने मालियों के साथ उपस्थित थे। निरीक्षण के समय हर प्रश्न के उत्तर के लिए गृह स्वामिनी मालियों का मुँह ताकती रहती थी। लेकिन सैंट स्टीफेंस कालेज के परिसर में एक प्राध्यापकीय बंगले की वाटिका इन सबसे भिन्न थी। वाटिका की स्वामिनी हमारे प्रश्नों के उत्तर के साथ-साथ अपनी समस्याएँ भी रख रही थी। निरीक्षण के दौरान स्वामिनी ने एक गमले में लगे पौधे का सूखा पत्ता तोड़कर अपने हाथ में ही रख लिया। इस घटना के बाद मैं सोचने लगा कि निश्चय ही यह पत्ता कल इस पौधे पर हरा रहा होगा। यह आज ही सूखा होगा और आज ही गृह स्वामिनी को इसका पता लग गया। निश्चय ही गृह वाटिका की स्वामिनी अपने हर पौधे की देखभाल स्वयं ही करती है। उन्हें हर पत्ते और फूल की सही-सही दशा का ज्ञान रहता है। परिचय के बाद ज्ञात हुआ कि गृह वाटिका की स्वामिनी श्रीमती प्रतिभा आर्य हैं। अनौपचारिक वार्तालाप में श्रीमती आर्य ने बताया कि वे अपनी गृह वाटिका का सारा कार्य स्वयं करती हैं, केवल एक व्यक्ति अंशकालिक सहायक के रूप में आता है। पौधों को लगाने, उन्हें बढ़ते देखने, कलियों को फूल में बदलते हुए देखने में उन्हें अलौकिक आनन्द की अनुभूति होती है। पौधों के प्रति इतनी आत्मीयता, इतना लगाव, इतना प्यार मुझे कम लोगों में ही देखने को मिला है।

इस गृह वाटिका प्रतियोगिता में श्रीमती प्रतिभा आर्य को सर्वसम्मति से प्रथम स्थान मिला। इसके बाद तो श्रीमती आर्य को कोई न कोई पुरस्कार मिलता ही रहा। यह क्रम अनेक वर्षों तक चला, बाद में हमने प्रतिभा आर्य को प्रतियोगी से निर्णायक बना लिया। उन्होंने गृह वाटिकाओं और पुष्प-प्रदर्शनियों की असंख्य प्रतियोगिताओं में निर्णायक की भूमिका निभाई है। प्रतिभाजी के निर्णय सदैव निष्पक्ष रहे हैं और उद्यान विज्ञान की कसौटी पर खरे उतरे हैं। मुझे याद नहीं पड़ता कि कभी उनके निर्णयों की आलोचना हुई हो या उन्हें उलटना पड़ा हो।

श्रीमती आर्य उद्यान-विज्ञान के क्षेत्र में एक जाना-पहचाना नाम हैं। वे अपने ज्ञान

और अनुभवों को मुक्त हस्त से बाँटती रही हैं। यह कार्य उन्होंने दूरदर्शन, रेडियो और पत्र-पत्रिकाओं के माध्यम से बहुत ही सफलतापूर्वक किया है। भारतीय वृक्षों पर आपकी एक लेखमाला 'साप्ताहिक हिन्दुस्तान' में छपी थी, ये लेख अब एक पुस्तक के रूप में—*महागाथा वृक्षों की*—नाम से उपलब्ध हैं। इसमें भारतीय मूल के वृक्षों के विषय में न केवल वैज्ञानिक अपितु संस्कृत साहित्य तक से उद्धरण दिए गए हैं। वृक्षों से जुड़ी लोककथाओं, परम्पराओं, धार्मिक विश्वासों और पूजा-अर्चना के विषय प्रवाहपूर्ण एवं रोचक शैली में अभिव्यक्त किए गए हैं। वृक्षों से सम्बन्धित प्रासंगिक छायाचित्रों ने लेखों को और भी आकर्षक एवं सार्थक बना दिया है।

आज श्रीमती प्रतिभा आर्य की 'गृह वाटिका' नामक पुस्तक को मुद्रित रूप में देखकर मेरा हृदय गद्‌गद् हो गया है। हिन्दी भाषा में उद्यान-विज्ञान पर मौलिक लेखन बहुत ही कम हुआ है। अंग्रेजी से अनूदित कुछ पुस्तकें अवश्य हैं परन्तु उनकी भाषा बड़ी अटपटी और दुरूह है। श्रीमती आर्य की यह पुस्तक भाषा-शैली की दृष्टि से भी अनूठी है। विज्ञान जैसे नीरस एवं कठिन विषय को श्रीमती आर्य ने अपने ज्ञान एवं अनुभवों से सरल और बोधगम्य बना दिया है। पुस्तक को आद्योपान्त पढ़कर मैं दृढ़ विश्वास से कह सकता हूँ कि हिन्दीभाषी पुष्प-प्रेमियों के लिए यह पुस्तक अत्यन्त उपयोगी सिद्ध होगी। हम कहाँ भूल कर बैठते हैं और क्यों हमें अपनी आशा और कठोर परिश्रम के अनुरूप परिणाम नहीं मिलते, ऐसे सभी प्रश्नों के उत्तर इस पुस्तक में सहजता से खोजे जा सकते हैं। विषय को सरल और बोधगम्य बनाने के लिए आवश्यकतानुसार आकर्षक और सटीक रेखाचित्र एवं छायाचित्र भी दिए गए हैं।

यदि हम इस दिशा में स्वयं कार्य करें तो बागवानी कोई महँगा शौक नहीं है। इस सन्दर्भ में प्रतिभाजी का यह संदेश बहुत महत्त्वपूर्ण है—"माली पर निर्भर न होकर अपने हाथों से शौक के लिए की गई बागवानी महँगी नहीं होती अपितु उसका आनन्द दुगुना हो जाता है। मिट्टी को बिना छुए, उसकी सोंधी सुगन्ध की सुवास लिए बिना, उसकी ठंडक की अनुभूति किए बिना आप उद्यान का आनन्द नहीं उठा सकते। मिट्टी की यह छुअन ही आपको धरती से जोड़ती है और धरती से जुड़ने पर दिव्य आनन्द की अनुभूति होती है।" 'गृह वाटिका' के प्रकाशन के अवसर पर प्रतिभाजी को मेरी ढेर सारी शुभकामनाएँ ! मेरी कामना है कि वे हिन्दी भाषा में उद्यान-विज्ञान से सम्बन्धित और भी पुस्तकें लिखें। इससे हिन्दी भाषाभाषियों का बहुत उपकार होगा। मुझे पूरा विश्वास है कि हिन्दी भाषाभाषी पुष्प-प्रेमी इस पुस्तक का समुचित स्वागत और समादर करेंगे।

—सतीश माथुर

पूर्व उद्यान निदेशक

राष्ट्रपति भवन, नई दिल्ली

बगिया में

आयने ते परायणे दूर्वा रोहन्तु पुष्पिणीः
उत्सो वा तत्र जायतां ह्रदो वा पुण्डरीकवान् ॥—अथर्ववेद

[तेरे घर के आगे और पीछे फूलों से युक्त दूर्वा घास उगे और वहाँ जल का एक हौद व कमलों वाला तालाब हो।]

यह था वैदिकयुगीन वाटिका का रूप...इसे पढ़कर ऐसा जान पड़ता है कि आज से हजारों वर्ष पूर्व भी मनुष्य अपने घर के चारों ओर फूल, घास व कमल के तालाब आदि लगाता होगा। बेबीलोन के 'हैंगिंग गार्डन' विश्व के सात आश्चर्यों में एक माने गए हैं। आज जब हम गृह वाटिका की बात करते हैं तो हमारे सामने उद्यान कला का एक दीर्घ इतिहास साकार हो उठता है। रूप योजना कैसी भी क्यों न रही हो, घर के भीतर, आसपास, रास्तों, दीवारों को, फूलों की झाड़ियों, लताओं, वृक्षों द्वारा सजाने की परम्परा बहुत पुरानी रही है। गुफाओं में रहनेवाले मानव ने जब घर बनाकर स्थिर जीवनचर्या शुरू की तो उसे सजाने-सँवारने का काम भी शुरू कर दिया। जीवन में जब स्थिरता आ जाती है तो मानव-मन कला-सौन्दर्य की ओर झुक जाता है। इन्द्र के नन्दन कानन से लेकर वाल्मीकि रामायण में राजा जनक की वाटिका, रावण की अशोक-वाटिका, महाभारत में श्रीकृष्ण की द्वारिका नगरी की वाटिका, कालिदास का मालविकाग्निमित्र हो या अभिज्ञानशाकुन्तल, श्रीहर्ष की रत्नावली, तुलसी के मानस की वाटिकाओं से लेकर बाबर, जहाँगीर, शाहजहाँ के समय के बाग विख्यात रहे हैं। प्राचीन भारतीय उद्यानों में लतामण्डप, पुष्पित लताओं, झाड़ियों वाली वीथियाँ, कुंज, सुगन्धित पुष्प व कमल फूलों के जलाशयों का वर्णन मिलता है। वासन्ती लता, लवंग-लता, नवमल्लिका जैसी सुगन्धित लताओं एवं वृक्षों के झुरमुट से घिरी वीथियाँ एवं वाटिकाएँ जहाँ गृहवासी अपने परिवार के सदस्यों के साथ आमोद-प्रमोद के क्षण व्यतीत करता था। मुगलकालीन उद्यान सीढ़ीदार होने के साथ-साथ उनमें पानी की नहरें व फुहारे अवश्य होते थे। फल वाले वृक्ष भी मुगलकालीन उद्यान का एक अंग होते थे। मध्य एशिया के सर्द एवं फलों से भरे प्रदेश से आए मुगल बादशाहों ने वहाँ की स्मृति को याद रखते हुए और भारत की गर्मी से बचने के लिए जल की योजना वाटिकाओं में खूब बनाई। श्रीनगर के निशात, शालीमार बाग, जहाँगीर की उद्यानप्रियता का अच्छा नमूना हैं। यूरोप में भी छोटे-छोटे व्यक्तिगत उद्यानों से लेकर सामन्तों, राजाओं द्वारा बनाए गए विशाल उद्यानों

का वर्णन मिलता है। सत्य तो यह है कि उद्यान की योजना का रूप, आकार चाहे अलग रहा हो परन्तु मूल में एक प्रवृत्ति ही मुख्य काम करती रही—वह थी प्रकृति की सुन्दर, आकर्षक विविध प्रकार की वनस्पति, पौधों, झाड़ियों, वृक्षों, लताओं को आकर्षक रूप में लगाना, उसे सँजोना और प्राकृतिक भूदृश्यों को अपनी कल्पना के पुट द्वारा अपने घर के भीतर प्रस्तुत करना।

ईस्ट इंडिया कंपनी ने जब व्यापार के लिए पूर्व-पश्चिम सभी ओर अपने जहाज भेजने शुरू कर दिए तो राबर्ट फर्च्यून जैसे कई पुष्प-प्रेमी भी उनमें थे जिन्होंने जगह-जगह से विभिन्न प्रकार के पौधे एकत्रित किए और उन्हें इंग्लैंड भेज दिया। इंग्लैंड का 'क्यू गार्डन' संसार के सभी प्रकार के विविध पौधों का एक अद्भुत संग्रहालय बन गया। इनके साथ ही यूरोप के सर्द प्रदेशों से भारत के उद्यानों में कई फूल-पौधे भी पहुँच गए। गुलाब की अनेक किस्में, आइरिस, ग्लेडियोलस जैसे कंदीय मूल वाले पुष्प, स्वीट पी, नास्ट्रेशियम, एन्टीरहीनम, लार्कस्पर जैसे अनेकों पुष्प भारतीय उद्यानों में स्थान पाने लगे। आपको जानकर आश्चर्य होगा कि पूजा में प्रयुक्त भारत का प्रिय पुष्प गेंदा भी विदेशों से ही भारत आया। उद्यान की रूप-संयोजना, पौधों के चयन में भी अन्तर आने लगा। यहाँ तक कि पोथोस—मनीप्लांट के नाम से हर घर में स्थान पा गया। भारतीय संस्कृति में उपेक्षित मरुस्थल का निवासी नागफनी, कैक्टस नाम से ड्राइंगरूम की शोभा बना सामाजिक उच्च-स्तर का प्रतीक बन गया। सतरहवीं, अठारहवीं सदी में वनस्पति जगत में ऐसी उथल-पुथल मची कि ब्राजील का बोगनविलिया, मैक्सिको का डहलिया, चीन का कमेलिया, जापान की गुलदाउदी जैसे असंख्य फूल जो कि अभी तक जंगली खरपतवार थे, अब सुन्दर-सुन्दर नाम प्राप्त करके देशों की सीमाएँ लाँघकर विश्व को चमत्कृत करने लगे। वनस्पति जगत में उल्लिखित ये सुन्दर विविध प्रकार के पौधे एक दो नहीं, अपितु असंख्य हैं। वैज्ञानिकों ने उनके स्वभाव को देखते हुए उनका वर्गीकरण एवं नामकरण कर दिया।

उद्यान कला के भी मूलभूत सिद्धान्त लगभग सभी जगहों पर एक जैसे ही होते हैं। इन्हें जानने व समझने के बाद पौधों की देखभाल का कार्य काफी सरल हो जाता है। उद्यान कला एक वैज्ञानिक विषय है परन्तु शौक के रूप में अपनाए जाने पर यह आनन्द व अनुभव का विषय बन जाता है। इस विषय को अत्यन्त सरल भाषा में, मैंने शौक के रूप में लिखा है। मेरे पिछले तीस-पैंतीस वर्षों के अनुभव का तो इसमें योगदान रहा ही है, साथ ही मैंने मालियों के सम्पर्क में रहकर भी बहुत कुछ सीखा है। मिट्टी को छुए बिना, उसकी ठंडक अनुभव किए बिना पेड़-पौधों को नहीं जाना जा सकता है। साठ व सत्तर के दशक में पुष्प-प्रदर्शनी में मालिक के साथ माली का नाम भी बहुत ही महत्त्वपूर्ण होता था। दिल्ली विश्वविद्यालय के दिल्ली स्कूल ऑफ इकॉनोमिक्स का गुलज़ारी, सेंट स्टीफेंस कॉलेज का परशादी व निहालसिंह कालूराम, इन्द्रप्रस्थ कॉलेज के भगोले का नाम इस सन्दर्भ में उल्लेखनीय है। अशिक्षित होते हुए भी इस क्षेत्र में वे

पारंगत थे। पौधे बनाना, सजाना उनके बाएँ हाथ का खेल था और उनके बनाए पौधे जब प्रदर्शनी में आते तो देखनेवाले चमत्कृत रह जाते थे। शौक के साथ परिश्रम व ज्ञान भी जरूरी होता है। मैं इन मालियों की आभारी हूँ जिनके कारण अत्यन्त सुन्दर उद्यान व फूल देखने को मिले। मैं श्री देवदत्त, पूर्व उद्यान निदेशक, सार्वजनिक निर्माण विभाग, श्री सतीश माथुर, पूर्व निदेशक, उद्यान विभाग, राष्ट्रपति भवन, श्री के.बी. शर्मा, भारतीय गुलदाउदी समिति व अखिल भारतीय गुलाब समिति, डॉ. रामगांधी भारतीय कैक्टस, सकुलेंट समिति की आभारी हूँ जिनसे मुझे समय-समय पर सुझाव व सलाह मिलती रही। रंगीन पारदर्शियाँ श्री अतुल केदार, श्री आदित्य आर्य व स्वयं मेरे द्वारा खींची गई हैं। मैं श्री अशोक महेश्वरी की भी आभारी हूँ जिन्होंने इस पुस्तक को लिखने के लिए मुझे प्रेरित ही नहीं किया बल्कि आप सबके हाथों में इतने सुन्दर रूप में पहुँचाया। फूल-पौधों की सूची अनन्त है और हर वर्ष उसमें नए-नए नाम जुड़ते जा रहे हैं। मेरा प्रयत्न रहा है कि इसमें पूरी सूचनाएँ प्रस्तुत करूँ। यदि फिर भी इस विशाल सूची में कुछ अनजाने में छूट गया हो तो क्षमा-प्रार्थी हूँ।

अन्त में मैं इस प्रकृति को नमन करती हूँ जिसने इतने सुन्दर पेड़-पौधों से इस धरती को सजाया, जिसका नन्हा रूप मानव ने उद्यानों में प्रस्तुत करने का प्रयत्न किया और इन पेड़-पौधों द्वारा पूरे विश्व को एक कर दिया।

रुड़की
28.4.2001

–प्रतिभा आर्य

क्रम

प्राक्कथन *VII*
बगिया में *IX*

बागवानी के मुख्य तत्त्व 15
उद्यान की रूपरेखा 24
बागवानी के उपकरण 30
पौधे तैयार करना व उनकी देखभाल 32
विभिन्न ऋतुओं के वार्षिक पुष्प 41
सदावहार पौधे एवं फ़र्न 62
गुलाब 78
सकुलेंट गूदेदार सरस पौधों का परिवार 88
कैना-डहलिया-क्राइसैंथेमम-आर्किड 92
लताएँ 101
झाड़ियाँ 112
घास व लॉन 126
बाड़ 131
कंदमूल वाले फूल 136
साग-सब्जियाँ 144
फल 150
बोन्साई 154
कीटाणु, रोग व रोकथाम 157
पुष्प-प्रदर्शनी 160
वृक्ष 163

अनुक्रमणिका 167

बागवानी के मुख्य तत्त्व

मनुष्य स्वभाव से ही प्रकृति-सौंदर्य का उपासक रहा है। प्रकृति के सुंदर दृश्यों, पुष्प से लदे वृक्षों, तालाबों में खिले कमल, हरी मखमल-सी बिछी कोमल दूब, सुगंध बिखेरती रजनीगंधा, मोतिया की पुष्पित झाड़ियों जैसे प्राकृतिक उपहारों से आकृष्ट होकर वह इन्हें अपने घर के भीतर सँजोना चाहता है। प्रकृति-प्रेम की इसी भावना से प्रेरित होकर लोगों ने घर के छोटे-से आँगन में पौधे लगाने शुरू किए होंगे। कुछ वृक्षों का महत्त्व उनके उपयोगी रूप, छाया अथवा फल के कारण बढ़ा, तो हरसिंगार जैसे कुछ वृक्ष केवल पुष्प-सौंदर्य व सुगंध के कारण पसंद किए गए। आज भी आँगन में लगे लाल गुड़हल के फूलों के बिना संथाल-वधू का शृंगार पूरा नहीं हो पाता और न मेहँदी-रचे हाथों के बिना किसी वधू की डोली ही उठती है। आजकल तो एक कमरे के फ्लैट में रहनेवाले भी, ज्यादा नहीं तो, पानी की बोतल में 'मनी-प्लांट' लगाकर ही अपना प्रकृति-प्रेम प्रदर्शित करते हैं। जिनके पास एक छोटा-सा बरामदा होता है, वे उसमें ही कुछ पौधों के गमले लगाकर अपने उत्साह एवं सुरुचि का प्रदर्शन करते हैं। हिंदू के घर की पहचान तो आँगन में लगे तुलसी के बिरवे से ही हो जाती है। घर के आगे की खाली पड़ी जमीन का छोटा-सा टुकड़ा गेंदा, मोतिया, चमेली, रजनीगंधा व गुलाब की खुशबू से भरा रहता है। यही नहीं, घर के खाली कनस्तर, टूटे-गले टब एवं बाल्टियाँ अच्छे-खासे गमलों का काम दे सकते हैं। इसके लिए कभी किसी विशेष अध्ययन अथवा ज्ञान की आवश्यकता अनुभव नहीं की गई।

शिक्षा एवं विज्ञान के प्रसार के साथ बागवानी के संबंध में बहुत-सी धारणाएँ व मान्यताएँ बदलने लगी हैं। कैक्टस, जिसे थार-रेगिस्तान का पौधा समझकर सदा उपेक्षित एवं तिरस्कृत किया जाता रहा, अब वह आकर्षण की वस्तु बन गया है। पौधों का महत्त्व केवल उपयोगी होना ही नहीं, अपितु उनका विलक्षण होना भी हो गया है। फूलों के प्रेमी अपने संग्रह की विशेषता, विन्यास, गठन एवं रूप के विषय में अत्यंत उत्साहपूर्वक बताते हैं जो प्रायः ज्ञानवर्धक होता है। ऐसे संग्रह अक्सर ईर्ष्या-योग्य होते हैं। अपने संग्रह में कुछ दे पाना कठिन ही नहीं असंभव होता है। लोग काफी पैसे खर्च करते हैं, दूर-दूर से पौधे मँगवाते हैं, उन्हें मौसम की कठोरताओं से बचाते हैं, सच पूछिए तो, एक नन्हे बालक के समान उनकी रक्षा व देखभाल करते हैं।

पेड़-पौधों को लगाने एवं वाटिका बनाने के लिए कुछ सामान्य, पर बुनियादी बातों

की जानकारी अत्यंत आवश्यक है। अक्सर ऐसा होता है कि एक स्थान पर एक पौधा स्वस्थ, ताजा एवं सुगठित होता है और उसी के साथ का पौधा दूसरे स्थान पर मरा-मरा-सा लगता है। दिल्ली और मुंबई जैसे महानगरों की भी कॉलोनियों में लोगों ने छोटी-छोटी वाटिकाएँ लगा रखी हैं जहाँ पर थोड़े समय के लिए पार्ट-टाइम माली भी काम करते हैं। कई-कई घरों में घास काटने, गमले भरने व पानी देने, बाड़ काटने आदि काम करके वे अच्छी-खासी आमदनी कर लेते हैं। लेकिन बागवानी के नाम पर मशीन चलाना, गमलों को पानी देना व पौधे बदलने आदि का कार्य भी वे लोग ठीक से कर नहीं पाते। चूँकि हम अपने घर में कुछ पौधे, फूल व घास का टुकड़ा बनाम लॉन चाहते हैं, लेकिन इस बारे में हमें जानकारी होती नहीं, और स्वयं काम करना विचित्र-सा लगता है, इसलिए ये लोग ही हमारी समस्या का निदान करते हैं। गाँव से आने वाला हर मजदूर अपने को माली समझ लेता है, क्योंकि वह खुरपी चलाना जानता है। हम भी इसे स्वीकार कर लेते हैं। यदि हमें भी ज्ञान हो और उसके साथ हम भी प्रयत्न करें तो यही माली अधिक उपयोगी सिद्ध हो सकता है। जिस प्रकार रसोई में कुशलतम खानसामा रहने पर भी आपको देखरेख करनी पड़ती है उसी प्रकार शारीरिक श्रम के सहायक के रूप में माली तो हो, परंतु बाग की योजना, रूपरेखा, चयन आदि सभी आपके द्वारा होना चाहिए। भारत में ब्रिटिश लोगों के समय में बागवानी का बहुत प्रसार हुआ। वे लोग पर्वतीय प्रदेश तथा यूरोप से तरह-तरह के बीज आदि लाते व बागों में उगाते थे। उनके संपर्क में आने पर भारतीयों ने भी देखा-देखी बाग रखना शुरू कर दिया। उस समय सभी को बागवानी का शौक हो, ऐसी बात नहीं अपितु बाग का होना सामाजिक हैसियत का प्रतीक बन गया था। आज केवल उच्चवर्गीय लोगों का ही यह शौक नहीं रह गया है। अब तो बहुत से लोग उद्यानप्रेमी व पुष्पप्रेमी हो गए हैं, पर उनकी संख्या अधिक नहीं है जो साधन कम होने पर भी लगन से सुंदर उद्यान लगाते हों।

कुछ लोगों का विचार है कि बागवानी एक अत्यंत महँगी रुचि है, अतः बाग रखना केवल धनिकों के लिए ही संभव है। यह गलत धारणा है। मेरा अनुभव है कि धनी व्यक्ति कई माली रखकर व सुंदरतम् उद्यान बनाकर भी वह आनंद प्राप्त नहीं कर सकता, जो श्रम, ज्ञान एवं सुरुचिपूर्वक तैयार की गई छोटी-सी वाटिका से प्राप्त हो सकता है। जब तक पौधों से आपको प्रेम नहीं होता, उनसे आनंद मिल ही नहीं सकता। यदि रुचि न हो तो सिर्फ धन से ही कुछ नहीं होता। श्रम व उत्साह दोनों बागवानी के लिए जरूरी हैं। किपलिंग ने कहा था—

छाया तले बैठे
गीत सुंदरता के गाते
उद्यान नहीं बन जाते

बागवानी के कुछ मुख्य तत्त्वों के विषय में जान लेना आवश्यक है, ये हैं : (1) जलवायु (2) मिट्टी एवं जल-व्यवस्था (3) खाद (4) धूप एवं प्रकाश (5) पौधे तैयार करना व उनकी देखभाल करना।

जलवायु

फूल हों अथवा सब्जी, किसी भी चीज की उपज जलवायु पर बहुत अधिक निर्भर करती है। जब हम जलवायु की बात करते हैं तो उसका तात्पर्य वहाँ के मुख्य तापमान, उसकी अवधि और वर्षा के अनुपात से होता है। हवा की नमी भी इसमें सम्मिलित है। इन सबका प्रभाव पेड़-पौधों पर अलग-अलग पड़ता है। भारत में विभिन्न स्थानों पर भिन्न-भिन्न जलवायु है—उत्तर में हिमालय की पर्वतमाला है, पूर्व में असम के अत्यधिक वर्षा वाले प्रदेश हैं, पश्चिम में राजस्थान का मरुस्थल है तो दक्षिण में पठार है। किसी भी वनस्पति को हर जगह समान जलवायु मिलना संभव नहीं है। प्रस्तुत पुस्तक में उत्तर भारत के मैदानी क्षेत्रों की जलवायु का ही अधिक ध्यान रखा गया है। इस प्रदेश को एक ओर तो सर्दियों की ऋतु में कड़ाके की सर्दी, पाला व बर्फीली हवा भयंकर रूप से जकड़ लेती है तो दूसरी ओर ग्रीष्म में राजस्थान की रेतीली आँधी और लू भी अपना जोर दिखाने में पीछे नहीं रहते। वर्षा ऋतु में खूब वर्षा होती है, इतनी कि पानी क्यारियों में कई-कई दिनों तक रुका रहता है। परन्तु भारत के अधिकतर प्रदेशों की जलवायु बागवानी की दृष्टि से इतनी निराशाजनक नहीं है। बंगलौर, ऊटी, हैदराबाद, त्रिवेंद्रम, मद्रास, पंचमढ़ी, कलकत्ता, दार्जिलिंग, शिलांग व पूरा उत्तर भारत विभिन्न ऋतुओं में अपने उद्यानों व नाना प्रकार के पुष्पों एवं विचित्र पौधों से भरा रहता है। बागवानी के लिए आवश्यक है कि पौधों का चयन जलवायु के अनुरूप हो। मुंबई व केरल में गुलाब उगाना उतना ही कठिन है जितना दिल्ली में क्रोटन या एंथ्यूरियम् जैसे पौधे। चंडीगढ़ में उगनेवाले गुलाब जोधपुर में आसानी से नहीं हो सकते। अतः किसी भी पौधे को खरीदते समय उसके संबंध में पूरी जानकारी प्राप्त कर लेनी चाहिए कि उसे किस मौसम में कैसी देखभाल की जरूरत है व उसे धूप-छाया आदि का क्या अनुपात चाहिए। बीज बोते समय, पौधा बदलते समय व कटाई करते समय इसका पर्याप्त ध्यान रखना चाहिए, अन्यथा श्रम व्यर्थ जाने की संभावना रहेगी।

पौधों में प्रतिरोधात्मक शक्ति होती है और अक्सर पौधे धीरे-धीरे अपने को जलवायु के अनुरूप ढाल लेते हैं। यही कारण है कि विदेशों से लाए गए पौधे व बीज भी पनप तो जाते हैं, पर कई बार स्थानीय जलवायु के अनुकूल उनमें परिवर्तन आ जाते हैं। रंग, आकार-प्रकार आदि बदल जाते हैं। कई बार इनके लिए 'शीत-गृह' यानी ग्रीन हाउस बनाने पड़ते हैं।

मिट्टी

मिट्टी वह मुख्य तत्त्व है जिसके आधार पर कृषि होती है, अतः इस विषय पर ध्यान देना बहुत आवश्यक है। वर्षा व धूप का भी मिट्टी की संरचना पर बहुत प्रभाव पड़ता है। मिट्टी में कितनी नमी है, पानी सोखने की कितनी क्षमता है, क्षार वाली है अथवा

अम्लीय, रेतीली है या चिकनी अथवा उसमें चट्टानी अंश कितना है, यह सब बातें मिट्टी का स्वरूप निश्चित करती हैं। मिट्टी में उपस्थित खनिज लवण पानी द्वारा घुलकर पौधों को प्राप्त होते हैं व शक्ति प्रदान करते हैं। पानी व हवा (आक्सीजन) भी मिट्टी द्वारा ही पौधों को प्राप्त होती है। दरअसल, पौधे का आधार मिट्टी ही होती है। यह तीनों गुण किसी भी अच्छी उपजाऊ मिट्टी के लिए आवश्यक है। भारत में अलग-अलग प्रदेशों में अलग-अलग किस्म की मिट्टी होती है जो अलग-अलग पेड़-पौधों के लिए उपयुक्त होती है। मिट्टी जितनी चिकनी होगी, उसमें हवा व पानी जाने की संभावना उतनी ही कम होगी। अधिक रेतीली मिट्टी भी पौधे की जड़ों की पकड़ में नहीं आ पाती व बिखर-बिखर जाती है। इसमें पौधे का आधार कमजोर रह जाता है। मिट्टी में उपलब्ध गलित जीवांश पदार्थ (ह्यूमस) उसे पर्याप्त नाइट्रोजन तो देता ही है साथ ही चिकनी मिट्टी को हल्का व रेतीली मिट्टी को पकड़ने योग्य बनाता है। इसके अतिरिक्त तेजाबी मिट्टी भी होती है जो अधिक वर्षा वाले प्रदेशों में पाई जाती है। निरंतर पानी के बहाव के कारण मिट्टी में कैलशियम, मैगनीशियम, पोटाशियम जैसे खनिज लवणों की कमी हो जाती है और उसमें न घुलने वाले खनिज लवण जैसे सिलिका, एल्युमीनियम आदि रह जाते हैं जो उसको तेजाबी बना देते हैं। कई बार चूने की कमी व अमोनियम सल्फेट की अधिकता भी मिट्टी को तेजाबी बना देती है। यदि मिट्टी में यह तेजाबी तत्त्व एक निश्चित सीमा से अधिक हो जाएँ तो पौधे के लिए हानिकारक हो जाते हैं। मिट्टी की गुणवत्ता की जाँच के लिए पी. एच. मान काम में लाया जाता है। यह परीक्षण बड़े उद्यान बनाने वालों के लिए व कृषि में सभी के लिए अधिक उपयोगी होता है। खारेपन को कम करने के लिए जमीन में दालों या फलियों की फसलें बोना अथवा मिट्टी में चूना मिलाना उपयोगी होता है।

भूमि में लवण अथवा क्षार अधिक हो जाने पर भी उपज नहीं हो पाती है। जिन क्षेत्रों में नहरों द्वारा सिंचाई होती है वहाँ राख के रंग की सफेद पर्त-सी भूमि पर जम जाती है जिससे भूमि में कुछ भी उपज पाना संभव नहीं होता। इसे ठीक करने के लिए 'जिप्सम' का प्रयोग किया जाता है, अथवा इसे खुरचकर काफी गहरा पानी भर दिया जाता है जिससे क्षार कम हो जाता है। क्षार को सह सकने वाली फसल बोकर भी उसकी उर्वरता बढ़ाई जा सकती है। चूने की सहायता से भी खनिज लवणों को निकाला जा सकता है। गलित जीवांश (ह्यूमस) का मिट्टी में होना बहुत आवश्यक होता है। इससे मिट्टी की उर्वरता बढ़ती है।

जल

मिट्टी के गुण-दोषों को ध्यान में रखकर ही जल की व्यवस्था करनी चाहिए। घर के बाहर उद्यान के लिए अलग नल अवश्य होना चाहिए। जल कब व कितना दिया जाए इसके लिए कोई निश्चित नियम नहीं है। पौधे की आवश्यकता एवं तापमान के अनुसार

ही पानी दिया जाना चाहिए। बड़े पौधों एवं पेड़ों के चारों ओर नाली बनाकर उसे पूरा भर देना चाहिए ताकि जड़ों को पानी पहुँच सके। जमीन ऊपर से गीली हो जाने का अर्थ यह नहीं है कि पानी दे दिया गया। पानी रोज न भी दिया जाए, परंतु जब भी दिया जाए, पर्याप्त मात्रा में दिया जाना चाहिए। गमलों के पौधों को तो रोज पानी देना चाहिए। सर्दियों अथवा वर्षा में एक दिन छोड़कर देना ही पर्याप्त होता है। पानी के छिड़काव द्वारा पत्तों को धोना बहुत लाभकारी होता है। इससे पत्ते धुलकर न केवल निखर आते हैं, बल्कि उन्हें आक्सीजन लेने में अधिक सुविधा होती है। गर्मियों की दिन भर की तपिश व लू के बाद सूर्यास्त के समय पौधों की धुलाई बहुत आवश्यक होती है।

हमारे नलों में आने वाला पीने का पानी यूँ तो बहुत अच्छा होता है, परंतु उसमें क्लोरीन की मात्रा होने से खनिज कम हो जाते हैं। यदि मीठे पानी का कुआँ आपके पास है अथवा बागवानी के लिए कच्चा पानी मिले तो बहुत अच्छा है। वर्षा का पानी सर्वोत्तम माना जाता है। मूसलाधार वर्षा हो तो सदाबहार पौधे जैसे मरांथा, कोडियम, फर्न आदि को बाहर रख देना चाहिए। वर्षा का पानी वातावरण में घुले खनिज लवण आदि लेकर आता है जो पौधे के लिए लाभदायक होते हैं।

पानी का प्रबंध ऐसे स्थान पर करना चाहिए जहाँ से उसे चारों ओर देने में सुविधा रहे। नल अथवा अन्य व्यवस्था एक ओर किनारे पर की जाए ताकि बीच में होने से वह भद्दा न लगे। आजकल जमीन की सतह के नीचे पाइप लाइन बिछाकर जगह-जगह पर फव्वारे लगाए जाते हैं। यद्यपि यह व्यवस्था महँगी पड़ती है, पर इससे घास को बराबर पानी मिल जाता है। भारत में यह पद्धति अभी बहुत कम प्रयोग में लाई जाती है। एक किनारे पर नल लगवाकर बाजार में मिलने वाला रबर अथवा प्लास्टिक का पाइप इस कार्य के लिए उपयुक्त है। पाइप के आगे फव्वारा लगाकर पौधों की धुलाई अथवा छिड़काव भी किया जा सकता है। पाइप को आसानी से सब ओर ले जाया जा सकता है। यह विशेष ध्यान रखना चाहिए कि पाइप धूप में न पड़ा रहे। जब इससे काम न लिया जा रहा हो तो इसे गोल लपेटकर एक ओर रख देना चाहिए। यदि आपके पास कुछ गमले मात्र हैं और लॉन व क्यारी नहीं हैं, तो टीन या प्लास्टिक के बने हजारे से काम लिया जा सकता है। इसके आगे फव्वारा लगा होने से पौधों की धुलाई भी की जा सकती है। यदि आपके पास घास का बड़ा लॉन है, तो स्वचालित फव्वारा ले लेना चाहिए जो पाइप के आगे जोड़ देने पर पानी दबाव से चारों ओर घूमने लगता है और पानी का छिड़काव चारों ओर कर देता है।

खाद

पेड़-पौधों के उचित विकास के लिए मिट्टी का उपजाऊ होना आवश्यक है। निरंतर प्रयोग में आने से मिट्टी की उर्वर-शक्ति कम होती जाती है। इसलिए उसमें अतिरिक्त

खाद एवं रासायनिक उर्वरक मिलाकर कम होती जाती शक्ति की क्षति-पूर्ति करना भी जरूरी है। अक्सर घरों में गमले पलटकर उसी मिट्टी में दुबारा नया पौधा लगा दिया जाता है। यह भी होता है कि लोग एक ही जगह पर बार-बार बुआई करते जाते हैं। आम धारणा है कि खाद तो केवल कुछ विशेष पौधों को दी जानी चाहिए। कई बार सफेद चीनी जैसी खाद (यूरिया) को पौधे के चारों ओर बिना सोचे-समझे डालकर फूल, फल की प्रतीक्षा की जाती है। रासायनिक खाद के प्रयोग की एक विधि एवं समय होता है। यदि उसका प्रयोग बिना अनुपात के किया जाए तो लाभ की बजाय हानि ही अधिक होती है।

पौधे के उचित विकास के लिए आक्सीजन, कार्बन, नाइट्रोजन, हाइड्रोजन, फास्फोरस, पोटाश, कैलशियम, लोहा, गंधक एवं मैगनेशियम की आवश्यकता होती है। अलग-अलग प्रकार की भूमि में इन चीजों की मात्रा घटती-बढ़ती रहती है। इसलिए पौधे की आवश्यकतानुसार पोषक तत्त्व भूमि में मिला दिए जाते हैं। पौधे कार्बन तो स्वयं बना लेते हैं और आक्सीजन वायु द्वारा तथा हाइड्रोजन पानी द्वारा प्राप्त कर लेते हैं। नाइट्रोजन का मुख्य कार्य पौधे का वानस्पतिक विकास है। इसकी कमी से पौधे का बढ़ना रुक जाता है। पत्ते भी पीले पड़कर झड़ जाते हैं। पौधों के स्वस्थ न होने की दशा में फूलों व फलों पर प्रभाव पड़ना स्वाभाविक है परंतु नाइट्रोजन की अधिकता भी बहुत हानिकारक होती है। पोटाश पौधों में प्रतिरोधात्मक क्षमता उत्पन्न करता है तथा पौधों के सुगठित होने में सहायक होता है। इसकी अधिकता से नुकसान नहीं होता है। जड़ों का समुचित विकास इसी के द्वारा होता है। फास्फोरस फूलों एवं फलों की किस्म को प्रभावित करता है। फूलों के रंग, उनकी चटक, उनकी संख्या, उनके आकार सभी पर इसका प्रभाव पड़ता है। फलों व सब्जियों के आकार व उनकी संख्या, दोनों ही बढ़ जाते हैं। मैगनेशियम पौधों में क्लोरोफिल (हरे अंश) के निर्माण में सहायक होता है। कैलशियम मिट्टी में मिलने वाले अघुलनशील पोषक तत्त्वों को घुलनशील बनाकर उन्हें पौधों के अंदर तक पहुँचाने में सहायक होता है। लोहे की कमी से भी पौधे क्लोरोफिल का निर्माण नहीं कर पाते हैं। गंधक पौधे के डंठल में रस का निर्माण करता है तथा फलों में इसकी कमी से छिलका मोटा व रस कम होता जाता है। इन उर्वरकों के अतिरिक्त गोबर की खाद एक मुख्य पोषक तत्त्व है। उर्वरक खाद का स्थान नहीं ले सकते ना ही खाद उर्वरक का। जिस प्रकार हम दैनिक जीवन में नियमित रूप से भोजन करते हैं व शरीर में किसी विटामिन अथवा तत्त्व की कमी हो जाने पर टॉनिक के रूप में उसे अलग से लेते हैं, उसी प्रकार खाद मिट्टी का भोजन व उर्वरक उसके पोषक तत्त्व हैं। खाद का प्रभाव धीरे-धीरे स्थायी होता है। उर्वरक का प्रभाव एकदम जल्दी, परंतु कम अवधि के लिए होता है।

खाद दो प्रकार की होती है—हरी खाद व गोबर की खाद। मिट्टी का निरंतर शोषण होने से जब पोषक तत्त्व कम हो जाते हैं तब जुताई के समय गोबर की पुरानी खाद मिट्टी में अच्छी प्रकार मिला दी जाती है। इससे मिट्टी नरम होती है व उसमें नमी

बनती है। गोबर की खाद में पशुओं का मलमूत्र, रक्त व सड़े-गले जीव-पदार्थ मिले रहने से वह बहुत पोषक बन जाती है। खाद जितनी पुरानी हो उतनी गुणकारी होती है। कच्ची (अथवा नई) खाद से दीमक लगने का डर रहता है। पुरानी खाद मिट्‌टी में मिलकर गलित जीवांश बनाए रखने में सहायता करती है, मिट्‌टी हल्की हो जाती है, पौधे को आक्सीजन व जल प्राप्त करने में सहायता देती है। मिट्‌टी में जो पोषक तत्त्व अघुलनशील रूप में विद्यमान रहते हैं उन्हें घुलनशील बनाने में भी सहायक होती है।

हरी खाद भी भूमि की दशा सुधारने में सहायक होती है। दालों को अथवा फलीदार पौधे के बीज क्यारी में बो देना चाहिए व फूल आते ही फावड़ा चलाकर उसे जमीन में मिला देना चाहिए। इससे भूमि में नाइट्रोजन की मात्रा भी बढ़ जाती है। आजकल खाद के रूप में बड़े शहरों में सीवेज द्वारा एकत्रित सुखायी गई खाद स्लज का भी प्रयोग होता है। यह उपयोगी भी है। इसके प्रयोग से जंगली खरपतवार अधिक नहीं आते व दीमक लगने का भय नहीं रहता। प्राचीन रूढ़िगत मान्यताओं के अनुसार पहले इसका उपयोग कम होता था, पर अब इसे सभी स्वीकार कर रहे हैं। छोटे उद्यानों में इसके प्रयोग में शुरू में कुछ दिन बदबू फैलती है और मच्छर-मक्खी बढ़ जाते हैं। परंतु जहाँ उद्यान कमरों से सटकर न हो वहाँ स्लज से भरपूर लाभ उठाया जा सकता है।

कम्पोस्ट व पत्ती की खाद भी बहुत उपयोगी होती है। यह अत्यंत हल्की व सदाबहार, फर्न, बीज लगाने आदि के लिए लाभकारी रहती है। उद्यान की पुरानी पत्तियाँ, कागज, चिथड़े, रसोई का कूड़ा-कचरा आदि मिलाकर एक गड्ढे में डालकर अच्छी तरह बंद कर देना चाहिए। कम-से-कम पाँच महीने के बाद जब यह अच्छी तरह गल जाए तो इसे प्रयोग में लाना चाहिए। यह विशेष ध्यान रखना चाहिए कि बीमारी लगे पौधे एवं खरपतवार इस गड्ढे में कदापि न डाले जाएँ। अक्सर माली पत्ती के गड्ढे में खरपतवार व रोगी पौधे भी मिला देते हैं। यदि इस खाद में लकड़ी आदि के टुकड़े हों तो, प्रयोग से पूर्व उन्हें निकाल देना चाहिए। बिना गले हुए टुकड़े, दीमक को आकृष्ट करते हैं। इस गड्ढे में राख, कोयला, जूठन, हड्डियाँ, अंडे के छिलके, पक्षियों के पंख, मछली के पंख आदि भी मिला देना चाहिए। गड्ढे को यदि मिट्‌टी लगाकर बंद कर दिया जाए तो सड़ने-गलने की प्रक्रिया शीघ्रता से होती है।

तरल खाद का प्रयोग गमलों आदि के लिए किया जाता है। यह तरल खाद गुलदाऊदी, गुलाब, कंद वाले पौधों, सदाबहार, फर्न जैसे पौधों के लिए बहुत लाभकारी रहती है। यह घुलनशील रूप में पौधे को पोषक तत्त्व बहुत जल्दी पहुँचा देती है। इसके लिए खली, गोबर की कच्ची खाद, भेड़ आदि की मींगनी को कम-से-कम 15-16 दिन भिगोकर, ऊपर का पानी निथारकर पौधों में डाला जाता है। जब पौधे में कलियाँ व फलियाँ आने लगें, तब इसका प्रयोग लाभकारी होता है। इसके साथ बदबू की समस्या बहुत रहती है।

उर्वरकों का प्रमुख लाभ है कि वे कम जगह घेरते हैं और थोड़ी मात्रा के प्रयोग द्वारा आश्चर्यजनक परिणाम देते हैं। उर्वरक तीन मुख्य रूपों में मिलते हैं नाइट्रोजन,

पोटाश एवं फास्फोरस। पौधे की आवश्यकता के अनुसार इनकी मात्रा घटाई-बढ़ाई जा सकती है। इनका मात्रा से अधिक प्रयोग हानिकारक होता है।

नाइट्रोजनधारी उर्वरक : नाइट्रोजन पत्तों को चमकदार गहरा हरा रंग प्रदान करता है और क्लोरोफिल के निर्माण में सहायक होता है। यह पौधे को मिट्टी द्वारा प्रत्यक्ष रूप में कभी प्राप्त नहीं होता बल्कि हवा, पानी, जैविक खाद व उर्वरकों द्वारा ही मिलता है। उर्वरक खरीदते समय बाहर लिखी सूचना अवश्य पढ़ें। नाइट्रोजन की मात्रा उस पर लिखी होती है, सोडियम नाइट्रेट, अमोनियम सल्फेट, अमोनियम नाइट्रेट, नाइट्रेट यूरिया आदि विभिन्न किस्में हैं। बागवानी के शौकीन घास के लिए अक्सर यूरिया का प्रयोग अधिक करते हैं जिसमें 45 प्रतिशत तक नाइट्रोजन होती है।

फास्फेटधारी उर्वरक : इसमें सुपर फास्फेट एक प्रमुख उर्वरक है। फास्फोरस मिट्टी में धीरे-धीरे घुलता है। जड़ों द्वारा ही यह धीरे-धीरे पौधे को प्राप्त होता है। यह जड़ों की गहराई तक जाकर जड़ों को पोषण प्रदान करता है और पौधे को ऊर्जा प्रदान करने में सहायक होता है। फास्फेटधारी उर्वरक, पोटाश व नाइट्रोजन के साथ मिलकर पौधे के विकास, पुष्प के आकार, रंग व फल की संख्या व किस्म को बहुत प्रभावित करते हैं। पौधे लगाते समय तीन फुट गहरे गड्ढे में इन तीनों का उचित मिश्रण यदि मिला दिया जाए तो पौधे के विकास में आश्चर्यजनक वृद्धि होती है। हड्डियों के चूरे के रूप में फास्फोरस बहुत मिलता है परंतु उर्वरकों के अनुपात में उसका प्रभाव बहुत धीमी गति से होता है।

पोटाशधारी उर्वरक : पोटाश पौधे के विकास को तो रोक देता है, परंतु उसे आशातीत रूप से मजबूत व स्वस्थ बनाता है। वह जड़ों के विकास में सहायता देता है और उन्हें रोग के लिए प्रतिरोधात्मक क्षमता व शक्ति प्रदान करता है। लकड़ी की राख में भी पोटाश काफी मात्रा में मिलती है। बिना घुली राख में 5 से 6 प्रतिशत तक पोटाश मिलता है जिसमें एक से दो प्रतिशत तक फास्फोरस व 25 से 30 प्रतिशत तक चूना भी होता है। म्यूरेट ऑफ पोटाश एवं सल्फेट ऑफ पोटाश नामक दो उर्वरक मिलते हैं। फलों में मिठास व स्टार्च के लिए पोटाश ही जिम्मेदार हैं।

बाजार में यह उर्वरक मिश्रित रूप में भी मिलते हैं और कई बार किसी विशेष प्रकार के पौधों के लिए अनुपात से तैयार मिश्रण भी जैसे 'रोज मिक्स' आदि भी मिलता है। इनके अनुपात व प्रयोग के सभी नियम ध्यानपूर्वक पढ़ लेने चाहिए। यह सदा याद रखना चाहिए कि ये जैविक खाद अथवा पत्तियों की खाद के पूरक नहीं हैं, इन उर्वरकों का प्रयोग तरल मिश्रण के रूप में पत्तों पर छिड़काव के रूप में भी होता है। इस रूप में उर्वरक हल्की मात्रा में परंतु जल्दी-जल्दी देने से पौधों को बहुत लाभ होता है। एक चम्मच डाइअमोनियम फास्फेट एवं पोटाशियम नाइट्रेट का बराबर मिश्रण लगभग 10 लीटर पानी में डालकर अच्छी तरह घोल लें और पौधों के ऊपर अच्छी तरह पंप द्वारा छिड़काव करें। यदि इसमें जरूरत पड़ने पर जेंटील लिक्विड सोप की कुछ बूँदें व मेलाथियोन जैसी कीटाणु नाशक औषधि मिला दी जाए तो दोनों कार्य साथ-साथ हो

जाते हैं। पोटाशियम नाइट्रेट को कलमी शोरा भी कहते हैं। गुलाब पर केवल इसी का छिड़काव हर सप्ताह यदि एक बार करें तो बहुत लाभ होता है।

धूप एवं प्रकाश-व्यवस्था

पौधों के विकास के लिए धूप अत्यंत आवश्यक है। घास भी धूप के बिना ठीक से हरी नहीं हो पाती है। घास को पर्याप्त धूप न मिलने से लॉन नहीं बन पाता। सदाबहार पौधे सर्दियों में मिली-जुली धूप-छाया एवं गर्मियों में एकदम छाया पसंद करते हैं। उद्यान की रूपरेखा निश्चित करते समय धूप व सूर्य की दिशा का ध्यान रखना अत्यंत आवश्यक होता है। धूप पौधों को नीरोग व स्वस्थ, फूलों को रंगीन व पत्तों को हरा-भरा बनाने में सहायक होती है। एकदम छाया में लगे पौधे लंबे व आकारहीन हो जाते हैं। इसीलिए गमलों को भी चारों ओर घुमाते रहना चाहिए ताकि धूप सभी ओर समान रूप से लगे और उनका विकास एकतरफा न होकर चारों ओर समान हो।

उद्यान का रुख उत्तर-पश्चिम नहीं होना चाहिए। विशेषकर सर्दियों में इससे वे सूर्योदय व दोपहर की सीधी धूप से वंचित रह जाते हैं।

उद्यान की रूपरेखा

किसी भी उद्यान की रचना मुख्य भवन अर्थात् घर, वातावरण एवं उपलब्ध भूमि के रूप एवं आकार पर ही आधारित होती है। इसके लिए कोई एक नियम बनाया जा सके, यह असंभव है परंतु, उद्यान अधिक-से-अधिक सुंदर एवं आकर्षक लगे इसके लिए विभिन्न विचार, योजनाएँ एवं सुझाव अवश्य हो सकते हैं। अभी तक उद्यानों के लिए एक यही विचार प्रमुख रहा है कि मकान के सामने का भाग मुख्य उद्यान के रूप में सजा-सँवरा व फूलों से खिला रहे तथा पीछे के भाग में सब्जियाँ, खाद, कूड़ा-कचरा आदि (जिसे केवल घर के लोग ही देख सकें) रहे। परंतु, मकानों के बदलते रूप के साथ यह विचारधारा भी बदलती जा रही है। दिल्ली जैसे महानगरों में लोगों के पास उद्यान के नाम पर छोटा-सा, कुछ वर्गफुट जमीन का टुकड़ा ही होता है। कनॉट प्लेस के पास, इंडिया गेट के चारों ओर बसी विशाल कोठियों की संख्या दिन-प्रतिदिन कम होती जा रही है। साथ ही मजदूरी के बढ़ते दामों के कारण व्यक्तिगत रूप में केवल धनिक लोग ही इस प्रकार के विशाल उद्यान रख सकते हैं। आज के युग में बदलती परिस्थितियों को देखते हुए छोटे उद्यान एवं वाटिका ही आसानी से सँभाले जा सकते हैं। यदि आपके पास पर्याप्त ज्ञान, समय एवं श्रम करने का साहस है तो कोई जरूरी नहीं है कि आप माली पर निर्भर करें। आप स्वयं ही एक अच्छी घरेलू वाटिका बना सकते हैं। दिल्ली के ही एक पत्रकार स्वर्गीय कैप्टन अर्जुन को बागवानी का इतना शौक था कि उन्होंने बिना किसी माली की सहायता से डिफेंस कॉलोनी में अपने मकान की पहली मंजिल की छत पर स्वयं एक सुंदर वाटिका बना रखी थी। उसमें घास का लॉन, कमल का छोटा-सा जलाशय, गुलाब की लताएँ व क्यारियाँ इत्यादि थीं। इसी प्रकार स्वर्गीय श्री अग्निहोत्री को केवल दिल्ली ही नहीं पूरे भारत के उद्यान प्रेमी भुला नहीं सकते।

उद्यान की भूदृश्य संयोजना का यूँ तो कोई विशिष्ट नियम नहीं होता है, परंतु यह संयोजन मूल रूप से दो प्रकार का होता है औपचारिक एवं अनौपचारिक। औपचारिक भूदृश्य संयोजना में क्यारी अक्सर एक जैसी ज्यामितीय आकृति वाली सीधी लकीरों में बनाई जाती है। सभी कुछ वृक्ष, लता, झाड़ी, सीधी कटी हुई घास का लॉन, अक्सर चौकोर और तीन ओर से क्यारियों से घिरा हुआ, पगडंडी सीधी व बाड़ द्वारा घिरी होती है। औपचारिक संयोजना में फूलों के चुनाव, पौधों के चुनाव आदि के विषय में थोड़ा ध्यान रख कर सीधी साफ-सुथरी वाटिका बनाई जा सकती है। मुगलकालीन उद्यान, फ्रेंच

व यूरोपीय उद्यान भी अक्सर औपचारिक होते व साफ-सुथरा सुंदर प्रभाव छोड़ते हैं। अनौपचारिक भूदृश्य पद्धति में अपनी कल्पना द्वारा, प्रकृति जगत के सुंदर पक्ष की, नित नई खोज करके अपनी वाटिका को इसी का एक नन्हा रूप प्रदान करना पड़ता है। इसे जापानी शैली भी कहते हैं, इसमें एक ओर जहाँ बहुत कुछ करने की गुंजाइश होती है, वहीं प्रत्येक पौधे, वृक्ष, पत्थर आदि की उचित जगह न होने पर वाटिका अपना आकर्षण खो बैठती है। इस अनौपचारिक पद्धति में अपनी बगिया में स्वतः उग आने वाली प्रत्येक झाड़ी और वृक्ष महत्त्वपूर्ण होता है। वातावरण के साथ सामंजस्य बिठाते हुए छोटे-से-छोटे स्थान का भी सुंदर उपयोग किया जाता है। जमीन में आधा धँसा पत्थर भी बगिया के आकर्षण का केंद्र हो सकता है। एकमात्र उगा वृक्ष, पत्थर की ओट से झाँकते फूल, छोटा-सा नरम गुदगुदा घास का लॉन अपने साफ-सुथरे व मनोहारी व्यक्तित्व से आपका स्वागत करने लगता है। दिल्ली की पहाड़ियों पर स्थित बुद्ध जयंती उद्यान इसी का उदाहरण है। प्रकृति प्रेमी जापान निवासी भूमि की कमी होते हुए भी थोड़े-से-थोड़े स्थान में सौंदर्य का सृजन करने में सक्षम होते हैं।

उद्यान बनाते समय हमें हमेशा याद रखना चाहिए कि उद्यान आपकी व्यक्तिगत वस्तु है, जहाँ आप अपनी थकी, तनाव-भरी जिंदगी से हटकर खुली शीतल हवा का आनंद लेना चाहते हैं। अतः आपको इस बात की पूरी स्वतंत्रता है कि अपनी सुरुचि और आवश्यकता के अनुसार अपनी वाटिका या उद्यान का संयोजन करें। महँगे-महँगे पौधों या सीमेंट के बड़े-बड़े गमलों से उद्यान सुंदर बनता हो ऐसा नहीं है। स्वस्थ सुंदर पौधे चाहे मामूली ही क्यों न हों, उद्यान में आकर्षण का सृजन कर सकते हैं। यही वह अपनत्व व आत्मीयता-भरा स्थान है जहाँ आप मुक्त भाव से परिवार के साथ आनंद उठा सकते हैं। जिस प्रकार घर की बैठक आपकी सुरुचि की परिचायक होती है। आपकी नन्ही बगिया भी आपकी सुरुचि श्रम व आत्मीयता की परिचायक होती है। वह एक कलाकृति से कम नहीं होती, आपकी कल्पना की सृजन क्षमता का वह मूर्तरूप है। अपनी कल्पना की लगाम ढीली छोड़ दीजिए, अपने चारों ओर देखिए और अपनी इच्छा के अनुकूल अपने पास उपलब्ध जगह को सुंदर बगिया का रूप दें।

पद्धति कोई भी हो, इस बात का हमेशा ध्यान रखें कि आपके घर का प्रवेश द्वार बैठक का द्वार न होकर बाहर वाला मुख्य द्वार है और आपकी वाटिका की भूदृश्य योजना का यह भी एक महत्त्वपूर्ण अंग है। आपकी वाटिका यहीं से आरंभ होनी चाहिए। वाटिका और आवास स्थान के बीच सीमा रेखा नहीं होना चाहिए, बल्कि दोनों ही एक दूसरे का अंग होना चाहिए। अतः मुख्य प्रवेश द्वार के पास ही लगी कोई सुगंधित पुष्पित लता या फिर सुगंधित पुष्पों वाली झाड़ी आगंतुक को आमंत्रित ही नहीं करती, बल्कि साथ ही मन को भी प्रफुल्लित आनंदित कर देती है। आवास से वाटिका को जोड़ने वाला रास्ता टेढ़ी-मेढ़ी पगडंडी या फिर पत्थरों के टुकड़ों से जोड़कर बनाई गई सड़क या फिर नदी की बजरी अथवा फिर लाल बदरपुरी बजरी किसी से भी बनाया जा सकता है। घास के लॉन के बीच में स्लेट के पत्थर जमाकर रास्ता भी बनाया जा

सकता है। यदि आवास ऊँचाई पर है और वाटिका नीचे स्थान पर है तो आप उसे ईंटों या पत्थरों की सीढ़ियों द्वारा भी जोड़ सकते हैं। फूलों की लताओं से ढँका हुआ रास्ता भी अत्यंत आकर्षक लगता है। बीच से छनकर आती धूप-छाया रास्ते को चित्रित कर देती है। इस प्रकार वाटिका में बनाए गए रास्ते, पगडंडियाँ भी कम आकर्षक नहीं होतीं।

वाटिका में रंग व सुगंध का बहुत महत्त्व होता है। घास का लॉन भी हरे रंग के कारण आँखों को शीतलता प्रदान करता है। आवास स्थल की दीवारों की एकरसता को समाप्त करने के लिए लताएँ बहुत उपयुक्त होती हैं। अपनी नाजुक वल्लरियों व तंतुओं द्वारा दीवार से चिपककर, रेलिंग व पोर्च से बंदनवार जैसे लटककर ये लताएँ अपने पुष्पों द्वारा वाटिका को मनोहारी बना देती हैं। जब वाटिका के लिए जगह की कमी होती है तब छोटे-से-छोटे स्थान में रहकर ये आवास को आकर्षण प्रदान करती हैं। इससे दीवार में शीतलता भी बढ़ती है। सोने के कमरे की खिड़की के पास लगी सुगंधित चमेली पूरे वातावरण को सुगंधित बना देती है। वाटिका में रंग और सुगंध एकवर्षीय पुष्प व झाड़ियाँ भी प्रस्तुत करती हैं। छोटे स्थानों में तो लगी एकमात्र पुष्पित झाड़ी भी आकर्षण का केंद्र बन जाती है। इन्हें बाड़ के स्थान पर भी लगाया जा सकता है। विभिन्न ऋतुओं में खिलने वाले एकवर्षीय फूल जब खिलकर समाप्त हो जाते हैं तब ये झाड़ियाँ ही वाटिका की रौनक बनाए रखती हैं। कुछ झाड़ियाँ तो अपने रसदार फूलों के कारण चिड़ियों की प्रिय होती हैं जैसे, हेमेलिया। पक्षियों की मधुर चहचहाहट का आनंद लेने के लिए ऐसी झाड़ियाँ बहुत सुंदर लगती हैं। फुलचुसनी, मुनिया, बुलबुल ऐसी चिड़ियाँ झाड़ियों पर छाई रहतीं और आपकी बगिया चहकती रहती है।

कोई भी क्यारी बनाते समय भवन के स्थापत्य को ध्याान में अवश्य रखना चाहिए। उसी के अनुकूल व अनुपात में क्यारी बनाई जानी चाहिए। बीच का घास का लॉन इतना अवश्य हो कि आप वहाँ बैठकर बगिया का आनंद ले सकें। यदि आपकी बगिया आवास स्थल के उत्तर-पश्चिम दिशा में है और धूप की सुविधा नाम मात्र की है, तो घास लगाना एक बड़ी समस्या बन जाती है। ऐसी स्थिति में स्लेट जैसे पत्थर के चौकोर टुकड़ों को जोड़कर किनारे के खुले स्थान में सुंदर सदाबहार पौधे अथवा कम धूप में खिलनेवाली झाड़ियाँ लगाई जा सकती हैं। क्यारियों को अंदर घास के लॉन की तरफ थोड़ा घुमावदार बनाने से घास काटना सरल हो जाता है। वे घुमाव आपकी वाटिका में अंतरंगता प्रदान करते हैं। क्यारी में लगाए गए फूलों के पौधे ऊँचाई के क्रम में लगाने से छोटी-सी वाटिका भी फूलों भरी घाटी बन जाती है। इसमें रंग-संयोजन भी होनी चाहिए जैसे हल्के पीले, नारंगी, लाल, मैरुन रंग एक संयोजन में आते हैं व सफेद, गुलाबी, हल्का नीला, गहरा नीला, जामुनी, बैंगनी आदि के क्रम में।...फूल व पौधे चाहे थोड़े ही क्यों न हों परंतु स्वस्थ होने चाहिए...। घर के बरामदे, रास्ते के दोनों ओर लगे हुए गमले भी अत्यंत सुंदर लगते हैं...परंतु हमेशा याद रखें कि वाटिका का मुख्य आधार उसके स्थायी पौधे व क्यारियाँ होती हैं। गमले का लाभ तो है कि ऋतु व धूप के अनुसार, सुविधानुसार उन्हें रखकर आप लाभान्वित हो सकते हैं। विशेषकर छोटे स्थान

केवल बरामदा या छत होने पर गमले ही एक रंग-बिरंगी वाटिका प्रस्तुत कर देते हैं। परंतु, यदि आपके पास पर्याप्त भूमि है, तो उसकी क्यारियों की योजना पर बल देना ही सही रहता है।

ऊँचे-नीचे व पथरीले स्थान को भी सुंदर वाटिका में परिवर्तित किया जा सकता है। एक ढंग है कि सीढ़ीनुमा उद्यान बनाया जाए—दूसरा तरीका है कि बड़े पत्थरों को छोड़कर शेष भाग को समतल कर जापानी पद्धति की तरह प्राकृतिक अनौपचारिक उद्यान बनाया जाए। आपकी रुचि, आवास स्थल का स्थापत्य एवं जगह की स्थिति एवं आकार, इन सभी बातों का ध्यान रखकर योजना बनाई जानी चाहिए। ध्यान इसी बात का रखा जाना चाहिए कि वाटिका के भीतर आपके उठने-बैठने और घूमने के लिए पर्याप्त स्थान अवश्य हो। छोटे स्थान में बड़ी क्यारियाँ व बड़े-बड़े पत्थर अनाकर्षक ही लगेंगे एवं असंतुलन प्रस्तुत करेंगे।

सभी प्रकार की उद्यान पद्धतियों में जल का बहुत महत्त्व रहा है। चाहे मुगलकालीन उद्यान हो या जापानी अथवा यूरोपीय, जलाशय उद्यानों के अंग रहे हैं। उद्यान के एक ओर थोड़ा हटकर पीछे की तरफ पत्थरों को जमाकर पत्थरों से पानी का प्राकृतिक झरना बनाकर जलाशय में लाया जा सकता है। पत्थरों के बीच में विभिन्न प्रकार के फर्न, सदाबहार पौधे अथवा रसेलिया जैसे झाड़ीनुमा पौधे लगाकर वहाँ पर्वतीय प्रदेश का सृजन किया जा सकता है। कुमुदनी, डकवीड, कमल जैसे पौधे व मछलियाँ जलाशय का अंग हैं। मछलियाँ जल को साफ रखती हैं व मच्छरों को पनपने नहीं देती हैं। अतः यदि जलाशय बनाने की योजना बना रहे हैं तो लाल सुनहरी मछलियों का प्रबंध भी अवश्य करें। झरने के बिना भी जलाशय बनाया जा सकता है। पीछे की ओर बाँस अथवा बॉटल-ब्रुश, वीपिंग विलों जैसे नीचे की ओर झुकी टहनियों वाले वृक्ष सुंदर पृष्ठभूमि बनाते हैं। उनकी झुकी टहनियाँ पानी में अत्यंत सुंदर धूप-छाया का चित्र बनाती हैं। किनारे पर नरकुल, अंब्रेला-पाम जैसे पौधे व आगे किनारे पर नन्हे पत्थरों की पगडंडी जिसके किनारे पर जेफरेंथस-लिली अथवा कोई भी फूलों वाले नन्हे-नन्हे पौधे व जलाशय के ऊपर एक तरफ बना बाँस का नन्हा-सा पुल। जलाशय को नीचे से पत्थरों से चिनवाकर बनाना चाहिए, ताकि पानी का रिसाव न हो सके। जलाशय के किनारे के पौधों का चुनाव आपको स्वयं करना होगा। जलाशय का पानी साफ रखने के लिए कभी-कभी पोटाशियम परमागनेट मिलाने से लाभ रहता है।

यदि आपके पास पर्याप्त भूमि है, तो पीछे को ढलान बनाकर उस पर घास लगाकर उद्यान की सपाटता को कम किया जा सकता है। इस ढलान की ऊँचाई बहुत अधिक नहीं होनी चाहिए और साथ ही ढलान की चढ़ाई धीरे-धीरे बढ़ानी चाहिए ताकि वह ऊँचाई वाटिका को एक घाटी का रूप प्रदान करे। इसमें भी जगह के अनुपात से ही ऊँचाई रखनी चाहिए। यदि मुख्य भवन ऊँचाई पर है और वाटिका की भूमि नीची हो, तो सीढ़ियाँ, ईंट, स्थानीय पत्थर, नदी के पत्थर आदि किसी की भी हो सकती है। सीढ़ियों के साथ-साथ फूलों के पौधे लगे हों, तो आपको फूलों की घाटी में प्रवेश का

अनुभव होगा। वाटिका में केवल पुष्प का ही महत्त्व हो ऐसा नहीं है। विविध आकार-प्रकार वाले सदाबहार रंगीन पत्तों वाले पौधे भी उद्यान की शोभा-बढ़ाने में कम सहायक नहीं होते। जैसे क्रोटन, डीफेनबाकिया, मानस्टेरा, अरेलिया, पॉम (ताड़ वर्गीय छोटे पौधे) साईक्ड, फर्न, कोलियस, मरांटा आदि जो कि अपने पत्तों के सौंदर्य से ही फूलों को चुनौती देते हैं। कम धूप वाले छायादार स्थानों में, वृक्षों के नीचे, बरामदे में ऐसे पौधे बहुत ही मनोहर लगते हैं। इन्हें जमीन में भी लगाया जा सकता है और गमलों में भी। विशेषकर ग्रीष्म ऋतु में ये हरे-भरे सदाबहार पौधे वातावरण में शीतलता प्रस्तुत करते हैं। यदि आपके पास धूप की कमी है तो चिंता मत कीजिए। प्रकृति ने हर स्थिति का उपाय कर रखा है। धूप और छाया क्या प्रकृति के अंग नहीं हैं ? यदि फूल मानव को आकर्षित करते हैं तो विविध रंग आकार वाले ये पर्णीय पौधे भी कम आकर्षक नहीं होते हैं।

किसी भी उद्यान में वृक्ष का महत्त्वपूर्ण पक्ष होता है। विभिन्न आकार के छत्र वाले ये वृक्ष अपने सुंदर फूलों, घनी छाया, फलों के कारण उद्यान में गौरवमय पद पर आसीन रहते हैं। परंतु इन्हें कहीं पर लगाते समय आपको अपनी वाटिका की जमीन की लंबाई-चौड़ाई व भवन में अनुपात का ध्यान अवश्य रखना चाहिए। वृक्ष की ऊँचाई व छत्र की आकृति व आकार का भी ध्यान रखना चाहिए। वृक्ष कितना सुंदर क्यों न हो गलत स्थान पर लगा होने अथवा जगह के अनुपात में बहुत बड़ा होने से वाटिका के आकर्षण को बढ़ाने की अपेक्षा घटा देता है। घर के पूर्व व दक्षिण-पश्चिम दिशा में लगे वृक्ष घर व उद्यान की पूरी धूप रोक लेंगे। इसी प्रकार छोटे उद्यान में बड़ा वृक्ष नीचे कुछ भी पनपने नहीं देगा और उद्यान में अनाकर्षण का कारण बन जाएगा। प्रत्येक वृक्ष की एक आकृति होती है...गोलाकार, त्रिभुजाकार शंकुकार, स्तंभाकार, छतरीनुमा, ऊपर से नीचे की ओर ढलकती हुई। इन सबको ध्यान में रखकर ही वृक्ष लगाना चाहिए। प्रयत्न यही रहे कि यदि कोई वृक्ष पहले से उगा हो तो उसे ही उद्यान में इस प्रकार ले लें कि वह अपने स्वाभाविक रूप में अधिक आकर्षण प्रस्तुत करे। वृक्ष के नीचे चारों ओर सदाबहार पौधे लिली आदि लगाकर उसके नीचे की छाया वाली जगह का सुदपयोग किया जा सकता है अथवा बैठने के लिए पत्थर आदि लगाकर एक आकर्षक स्थान तैयार किया जा सकता है। बड़े उद्यानों में बड़े वृक्ष झूला डालने अथवा उनके नीचे बैठने के लिए पत्थर की चौकी मेज आदि द्वारा एक आकर्षक कोने में परिवर्तित किए जा सकते हैं।

उद्यान में आकर्षण बढ़ाने के लिए वनस्पति से अलग प्रकार की चीजें भी अक्सर लगाई जाती हैं, जैसे पत्थर की लालटैन, पत्थर की चौकी, मेज, चिड़िया के लिए वृक्षों पर लकड़ी के घर, चिड़िया के लिए बड़ा पिंजरा, खरगोश का आवास, चिड़िया के पानी पीने के लिए हौद, पत्थर की मूर्तियाँ, ड्रिफ्टबुड के टुकड़े, पेड़ों के तने या ठूँठ, झूले, आदि। सत्य तो यह है कि ये सब चीजें आपकी रुचि व जेब पर निर्भर करती हैं...यह अवश्य ध्यान रहे कि छोटी जगह में बहुत सारी चीजें न ठूँस दी जाएँ। उनमें सामंजस्य

होना चाहिए। उद्यान कोई संग्रहालय नहीं है बल्कि प्रकृति का एक लघु मनोरम रूप है जिसे आपने अपनी मानसिक शांति व आनंद के लिए सजाया है। उद्यान दिखाने की चीज नहीं है। यह आपकी व्यक्तिगत संपत्ति है और आपको इस बात की पूरी स्वतंत्रता है कि आप अपने आनंद के लिए इसमें जो चाहें लगाएँ। यह ऐसा स्थान है जहाँ आप अपने परिवार व मित्रों के साथ फुर्सत के क्षण बिताना चाहेंगे। सादगी, स्वच्छता के साथ-साथ सुरुचि उद्यान की एक प्रमुख शर्त है और विश्वास रखें कि आपके श्रम का पूरा प्रतिदान आपको उसी क्षण मिल जाएगा तब आप बगिया की हरी घास पर बैठ कर रंग और सुगंध का आनंद उठाने लगेंगे।

बागवानी के उपकरण

बागवानी के लिए कुछ उपकरण निहायत जरूरी होते हैं, जिनके बिना आपके लिए कोई भी कार्य सुविधा एवं सुगमतापूर्वक संभव नहीं होता। कुछ उपकरण ऐसे भी होते हैं जो विशेष अवस्थाओं में ही जरूरी होते हैं और उनकी जगह किसी और उपकरण से भी काम चलाया जा सकता है। इसी प्रकार यदि आपके पास केवल कुछ गमले मात्र हैं और आप अपनी छत या बरामदे को ही एक नन्हीं-सी वाटिका के रूप में उपयोग करते हैं तो मात्र एक खुरपी, कैंची और फव्वारे से ही काम चल जाएगा, परंतु यदि आपके पास काफी खुली जगह है, जिसमें वृक्ष, लताएँ, लॉन गुलाब, बाड़ आदि सभी कुछ है, तो आपको फावड़ा, बाड़ काटने की कैंची, गुलाब काटने की कैंची, पानी देने के लिए रबड़ या प्लास्टिक का पाइप आदि ढेर सारी चीजों की आवश्यकता होगी। अतः इस संबंध में ऐसा कोई भी नियम नहीं होता। आप अपनी आवश्यकतानुसर एक-एक करके भी उपकरण खरीद सकते हैं।

कोई भी उपकरण हमेशा विश्वसनीय स्थान से ही खरीदें। कैंची, चाकू जैसे उपकरणों में फाल के लोहे की गुणवत्ता बहुत ही महत्त्वपूर्ण होती है। एक ही बार में पौधे की टहनी काटी जानी चाहिए। इसलिए धार की तीव्रता बहुत ही जरूरी है। ऐसा लोहा न हो जिसमें जंग लग जाएँ। इसी प्रकार कहने को तो खुरपा व फावड़ा बहुत ही मामूली चीजें हैं, परंतु इनके फाल के धार के साथ-साथ इनका हैंडिल मजबूत होना चाहिए। बहुत पतला या भारी दोनों ही ठीक नहीं है।

आजकल डहलिया, गुलदाऊदी, गुलाब आदि का शौक पहले की अपेक्षा बढ़ गया है। इनकी देखभाल व सुंदर स्वस्थ फूल लेने के लिए रसायन व कीटनाशकों का छिड़काव भी करना पड़ता है। इसके लिए दवा छिड़कने वाले तरह-तरह के पंप बाजार में उपलब्ध हैं। अपनी आवश्यकता देखते हुए आप छोटा या बड़ा पंप ले सकते हैं। इस बात का ध्यान रहे कि किसी भी प्रकार की दवा के छिड़काव के बाद पंप को अच्छी तरह धो कर सुखा लें और ऊपर ऐसी जगह रखें जहाँ बच्चों के हाथ न जा सकें। ये कीटनाशक मनुष्य व पशु दोनों के लिए हानिकारक होते हैं। अतः इन्हें हमेशा ऊपर दूर रखना चाहिए।

गुलाब काटने के लिए एक विशेष कैंची आती है, इसी प्रकार पौधों की टहनियाँ काटने के लिए विभिन्न कंपनियाँ अलग-अलग तरह की कैंची बनाती हैं। खरीदते समय

पैसे की बचत का न सोचें बल्कि कैंची का लोहा, धार, हैंडिल सभी की अच्छी तरह जाँच कर लें तब ही खरीदें। प्रयोग के बाद उन्हें पोंछकर सूखी जगह रखना चाहिए। बरसात में हल्का-सा मशीन का तेल लगाने से कब्जे, पेंच ठीक रहते हैं।

इसी प्रकार पानी देने के लिए फव्वारा, व होज पाइप दोनों ही मिलते हैं। पाइप भी ऐसा होना चाहिए जो जल्दी खराब न हो। सस्ते, प्लास्टिक का पाइप लेने की भूल न करें। कहावत है न "महँगा रोए एक बार सस्ता रोए बार-बार"। बार-बार की खींचातानी व घसीटने से सस्ती पाइप बहुत जल्दी टूट जाती है। पाइप जब प्रयोग में न आ रही हो तो लपेटकर एक ओर छाया में रख देना चाहिए। धूप से रखने में पाइप के जल्दी टूट जाने की संभावना होती है।

घास का एक बड़ा लॉन यदि आपके पास है तो घास काटने की मशीन की भी आपको आवश्यकता पड़ेगी। मशीन भी कई आकारों में मिलती है। किसी भी विश्वसनीय दुकान से ही लें। मशीन के ब्लेड व रोलर बहुत महत्त्वपूर्ण होते हैं। इस बात का सदा ध्यान रहे कि गीली घास पर मशीन कभी न चलाएँ। वर्षा के दिनों जब घास सूखी हो तब ही मशीन चलानी चाहिए। मशीन के पेंच आदि में तेल अवश्य देते रहना चाहिए। रोड़ी पत्थरवाली जमीन पर मशीन को घसीटकर न ले जाएँ। इसमें मशीन की धार खराब हो सकती है।

इनके अतिरिक्त बेल बाँधने के लिए लोहे की पतली तार, पौधे बाँधने के लिए धागा, सुतली, बाँस की खपच्ची आदि की समय-समय पर जरूरत पड़ती रहती है। आजकल घास में पानी छिड़कने के लिए स्वचालित फव्वारा भी मिलता है, जिसमें घास पर बराबर छिड़काव किया जा सकता है। वास्तव में बागवानी एक हॉबी है, परंतु इसके लिए एक दिन में ही सब सामान खरीदना नहीं पड़ता। इसीलिए उपकरणों की यह सूची देखकर न घबराएँ। आप अपनी जरूरत के अनुसार धीरे-धीरे चीजें खरीद सकते हैं।

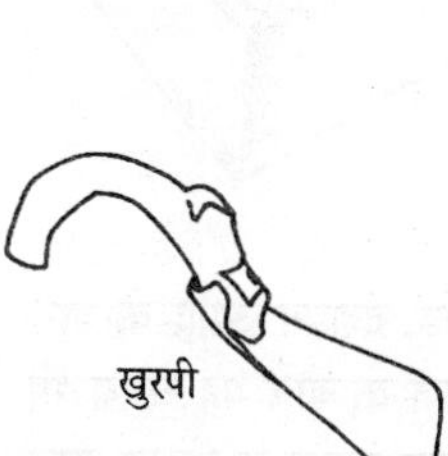
खुरपी

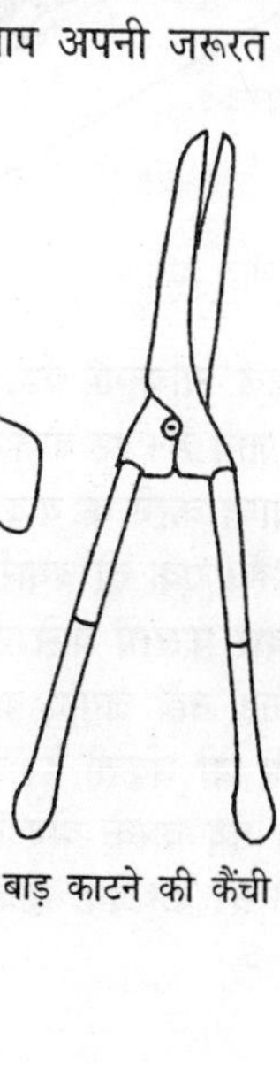
बाड़ काटने की कैंची

फावड़ा

काँटा

पौधे तैयार करना व उनकी देखभाल

पेड़-पौधों को तैयार करने की अलग-अलग विधि है। यह जरूरी नहीं है कि हर पौधा बीज डालकर सफलता पूर्वक तैयार हो जाए। बीज से तैयार होने पर भी ऐसी कई विधियाँ हैं, जिनमें शीघ्रता पूर्वक, कम समय में, अधिक विश्वसनीय व सफल परिणाम प्राप्त होते हैं। बीज द्वारा, कलम द्वारा, गुट्टी लगाकर, धब्बा अथवा दाब लगाकर, जड़ों के विभाजन द्वारा, पत्तियों की कलम बनाकर व आँख बाँधकर नए पौधे तैयार किए जाते हैं।

बीज द्वारा

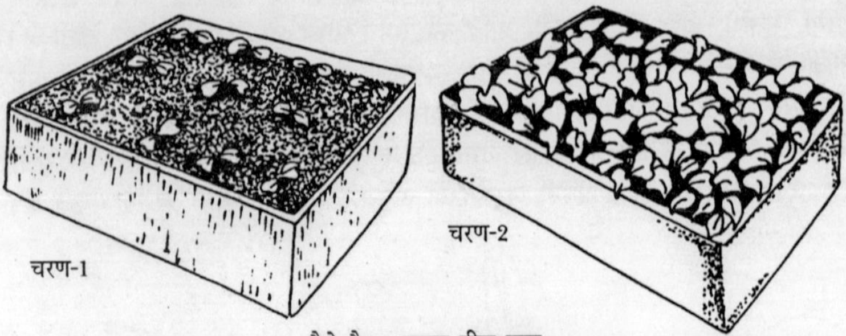

पौधे तैयार करना बीज द्वारा

अलग-अलग ऋतुओं में खिलने वाले विभिन्न फूल, सब्जियाँ, पेड़, दलहन आदि के पौधे मुख्यतः बीज द्वारा सफलता पूर्वक तैयार किए जाते हैं। हर बीज के बोने का समय भी अलग-अलग होता है। ऋतु संबंधी जानकारी प्राप्त करने के बाद स्वस्थ व नीरोग बीज ही लेने चाहिए। बीज दो प्रकार से बोए जाते हैं। एक तो क्यारी में सीधे बिखेर कर, दूसरे गमले में पहले पौध तैयार करके। फलीदार फसलों वाले पौधे, चाहे फूल हों या फल, कभी एक जगह से बदलकर दूसरी जगह नहीं लगाए जाते। बैंगन, कैलेंडुला, फ्लॉक्स जैसे पौधों की पौध आसानी से बदली जा सकती है। स्वीट-पी, ल्युपिन जैसे बीज मिट्टी में कम-से-कम 10 सेंटीमीटर गहरा छेद करके बोए जाने चाहिए। बोने के बाद दो-तीन दिन पानी न देकर फिर क्यारी को तर कर देना चाहिए। पॉपी, एशॅल्जिया,

पालक, मेथी, जैसे पौधों के बीज क्यारी में सीधे ही बिखेरने चाहिए और बाद में पत्ती की पुरानी खाद की पतली तह से ढँक देना चाहिए। इन पर शुरू में तीन-चार दिन तक पानी का केवल हल्का छिड़काव ही करना चाहिए। शुरू में पानी भर देने से बीज गल जाते हैं। स्वीट-पी, मटर, करेला, लौकी, कद्दू आदि के बीज बहुत मोटे कवच वाले होते हैं अतः उन्हें बोने से पूर्व कम-से-कम 12 घंटे भिगोना चाहिए, तब क्यारी में उँगली से किए गए छेद में दबा देना चाहिए। जो बीज बहुत ही बारीक हों जैसे सलाद, पोर्टुलाका, सिनेरेरिया आदि उनमें रेत मिलाकर बिखेरने से पौधा घना नहीं हो पाता।

चिड़ियों से बचाव हेतु बीज डालने के बाद बीज को जाली या काँटेदार टहनियों से ढक देना चाहिए। जो पौध उठाई जाने वाली हो, उसमें जब चौथी पत्ती निकल आए तभी उठानी चाहिए, पहले नहीं। बीज को बोने से पूर्व क्यारी को अच्छी तरह तैयार कर लेना चाहिए। उसे अच्छी तरह फावड़े द्वारा गोड़कर कुछ दिन खुला छोड़ देना चाहिए। फिर उसमें पुरानी खाद मिलानी चाहिए। कच्ची अथवा नई खाद पौध के लिए बहुत हानिकारक होती है। बीज तो उसमें उग ही नहीं सकते। बीज बोने के लिए पत्ती की पुरानी खाद सर्वोत्तम है। उसे खूब बारीक कूटकर और गमले में भरकर बीज बोना चाहिए। इसलिए सर्वोत्तम तो यही है कि कम गहरी पेंदी वाली पेटियाँ लें। जब पौध तैयार हो जाए तो उनमें से अलग करके जहाँ चाहें वहाँ लगा लें। बीज कोई भी हो, बोने से पूर्व देख लें कि उसमें नमी न हो। उसे अच्छी प्रकार धूप लगाने के बाद ही बोएँ। जिन गमलों में पौध तैयार करें उन्हें भली प्रकार साफ करके धो लें। विशेष बात है खाद को कीटनाशक बनाना, जो शायद बहुत ही कम लोग जानते हैं। इससे पौधों के नीरोग व स्वस्थ होने की संभावना बढ़ जाती है और मेहनत असफल होने के आशंका कम हो जाती है। चाहे कलम लगाएँ या बीज, खाद व मिट्टी का नीरोग होना बहुत आवश्यक है। इसके लिए खाद के ढेर में दो प्रतिशत फार्मेलिन का घोल डालकर उसे प्लास्टिक या किसी वायुरोधक आवरण से 24 घंटे के लिए अच्छी तरह ढँक दें। अगले दिन प्लास्टिक खोल दें और खाद को सूखने के लिए खुला छोड़ दें। जब तक खाद गंधरहित न हो, उसे प्रयोग न करें। गमले में खाद तैयार करके भी फार्मेलिन का घोल डालकर प्लास्टिक से कसकर बाँधा जा सकता है। पौध बदलने का सर्वोत्तम समय संध्या का होता है। पौध उठाते समय बहुत सावधान रखनी चाहिए ताकि उनकी जड़ों को नुकसान न पहुँचे। क्यारी में जो बीज बोए जाते हैं यदि वे बहुत घने हों तो उसे बाद में कम किया जा सकता है।

कलम लगाना

जो पौधे बीज द्वारा तैयार नहीं हो सकते हैं, उन्हें कलम द्वारा तैयार किया जा सकता है। इस विधि से झाड़ियाँ, लताएँ एवं कुछ फलदार वृक्ष सफलता पूर्वक तैयार किए जा सकते हैं। कुछ सदाबहार पौधे भी इसी विधि से तैयार किए जा सकते हैं, जैसे क्रोटन,

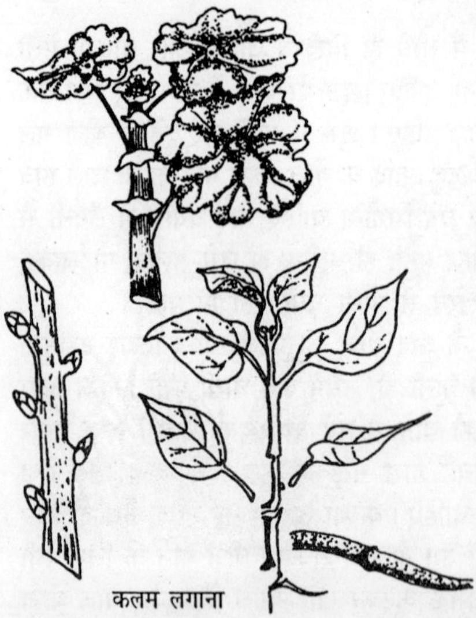

कलम लगाना

कोलियस, जिरेनियस, बोगनविलिया, डहेलिया, गुड़हल आदि। यह तीन प्रकार की होती है। (1) नरम (2) आधी नरम (3) सख्त लकड़ी वाली। नरम लकड़ी वाली कलम, क्रोटन, कोलियस, जिरेनियम, डहेलिया, अकेलीफा जैसे पौधों की बनाई जाती है। इसके लिए वर्षा ऋतु सर्वोत्तम होती है परंतु ग्रीष्म ऋतु के शुरू में छायादार स्थानों में भी तैयार की जा सकती है। इसके लिए पौधे की फुनगियों एवं बीच में से 15 से 20 सेंटीमीटर लंबे टुकड़े काटकर सीधे बोना चाहिए। हार्मोन पाउडर लगाकर बोने से उगने की संभावना निश्चित रहती है। गलती से बचने के लिए नीचे वाला सिरा सदा तिरछा व ऊपर वाला सीधा काटना चाहिए। इन्हें नदी की साफ व सूखी रेत में लगाना चाहिए। कई लोग गमले में ठीकरे रखने के बाद पहले पत्ती की खाद भरते हैं फिर साफ रेत ऊपर की आधी ऊँचाई में भरकर इसे लगा देते हैं। जब विश्वास हो जाए कि जड़ निकल आई है, तब भी बदलने में जल्दी न करें। बदलने के बाद भी पौधे को कुछ दिन छाया में ही रखना चाहिए।

आधी नरम लकड़ी वाली टहनी की कलम बनाते समय हमेशा ध्यान रखना चाहिए कि लकड़ी में तीन-चार आँख अवश्य हों व नीचे की पत्तियाँ निकाल कर कम-से-कम 4-5 सेंटीमीटर दबा देना चाहिए। इसे भी छाया में ही रखना चाहिए। सख्त लकड़ी वाली कलम बोगनविलिया जैसे पौधों की बनाई जाती है। ऐसी कलम कम-से-कम उँगली की मोटाई की अवश्य होनी चाहिए। यह कलम सबसे अधिक समय लेती है। इसका सबसे बड़ा लाभ यह है कि गुट्टी व धब्बा लगाकर हम कुछ गिने-चुने पौधे तैयार कर सकते हैं, लेकिन इस विधि से काफी पौधे एक ही समय तैयार किए जा सकते हैं। कलम काटते समय नीरोग पौधे की कलम ही लेनी चाहिए। कैंची तेज धार वाली होनी चाहिए। कलम की छाल छिलनी नहीं चाहिए। यदि हार्मोन पाउडर कलम के नीचे वाले भाग में लगा दिया जाए तो उसके जल्दी बढ़ने एवं जड़ों के निर्माण की संभावना अधिक बढ़ जाती है। सेराडिक्स नामक हार्मोन पाउडर तीनों प्रकार की कलम के लिए उपयोगी है। नरम लकड़ी वाली कलम के लिए गुलाबी बी-1, आधी नरम लकड़ी वाली कलम के लिए सफेद बी-2 व सख्त लकड़ी वाली कलम के लिए सलेटी रंग का बी-3 सेराडिक्स पाउडर मिलता है। प्रयोग की विधि पैकेट पर ही लिखी होती है। आजकल कई अन्य कंपनियों के हार्मोन पाउडर भी बाजार में उपलब्ध हैं।

जड़ों के विभाजन द्वारा

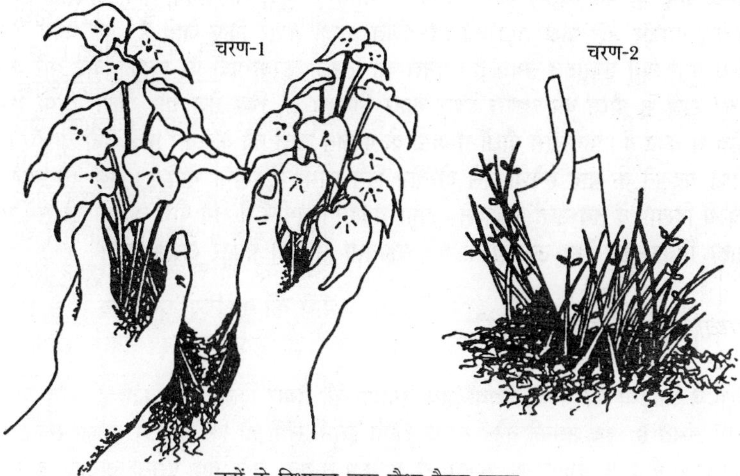

जड़ों के विभाजन द्वारा पौधा तैयार करना

कुछ पौधे ऐसे होते हैं, जिनकी जड़ के पास छोटे-छोटे नए पौधे अंकुरित हो जाते हैं और अगल-बगल छोटे पौधों का जाल-सा बन जाता है। सकुलेंट पौधों एवं कैक्टाई प्रजाति में इसी प्रकार पौधे बढ़ जाते हैं। फर्न आदि में जड़ों का इतना घना विस्तार हो जाता है कि बहुधा पौधे के लिए भोजन व साँस लेने का स्थान भी नहीं रहता, ऐसी स्थिति

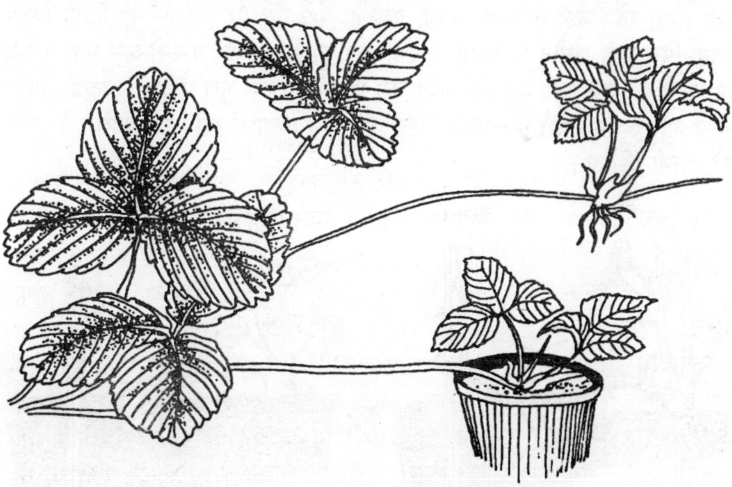

सकर्स द्वारा पौधा तैयार करना

में साथ के छोटे-छोटे पौधे जिन्हें 'सकर्स' भी कहते हैं, अलग करके लगा दिए जाते हैं, ताकि शीघ्र ही नए स्वतंत्र पौधे बन जाएँ। मोतिया, कुंद, जास्मीनम, फर्न, वायलेट एवं क्लोरोफायटम जैसे पौधे जड़ों को विभाजित करके तैयार किए जाते हैं। इस कार्य के लिए वर्षा ऋतु उपयुक्त समय है। गमले को तिरछा करके पेंदीं पर हलकी चोट मारें व दूसरे हाथ से पौधों को सहारा देकर बाहर निकाल लें, फिर तेज धार वाली खुरपी से बीच से काट दें। फर्न जैसे पौधों में जड़ों के फालतू जाल को काटकर फेंक देना चाहिए। पौधा बदलने के बाद हमेशा उसे दो-तीन दिन छाया में रखना चाहिए। जब पत्ते थोड़े स्वस्थ दिखाई दें तब उन्हें छाया से हटाना चाहिए। जमीन में लगे पौधे को मिट्टी समेत बाहर निकालकर फिर उसे खुरपी की सहायता से इसी प्रकार अलग करें।

धब्बा अथवा दाब लगाना

बेलों व झाड़ियों को धब्बा अथवा दाब लगाकर भी तैयार किया जा सकता है, परंतु यह तभी संभव है, जब उसकी कोई स्वस्थ टहनी इतनी लंबी हो कि साथ में गमला रखकर अथवा जमीन में दबाई जा सके। टहनी कम-से-कम एक वर्ष पुरानी अवश्य होनी चाहिए। उस टहनी में इस प्रकार चीरा लगाएँ कि वह टहनी को आधे तक काट दे, परंतु एकदम अलग न होने पाए। चीरे वाले भाग का मुँह खुला रखने के लिए उसमें कोई कंकड़ या छोटा पत्थर आदि फँसा दें। अब इस टहनी को जमीन में इस प्रकार दबाएँ कि चीरे वाला स्थान जमीन में कम-से-कम 15 सेंटीमीटर दबा रहे और फुनगी वाला भाग बाहर रहे। इस फुनगी वाले भाग को टहनी का सहारा देकर सीधे रखें, ताकि पौधा सीधा रहे। जहाँ से चीरा लगाया गया हो वहाँ उसे 'यू' आकार की किसी क्लिप अथवा पिन द्वारा जमीन में सख्ती से दबा देना चाहिए। इसमें कम-से-कम एक महीना लग जाता है। जब आप देंखे कि पौधा चल पड़ा है तो उसे मूल पौधे से काटकर अलग कर दें और अलग गमले में लगाकर पहले कुछ दिन छाया में रखें। इसे बदलने में जल्दी नहीं करनी चाहिए।

धब्बा या दाब द्वारा पौधे तैयार करना

गुट्टी बाँधना

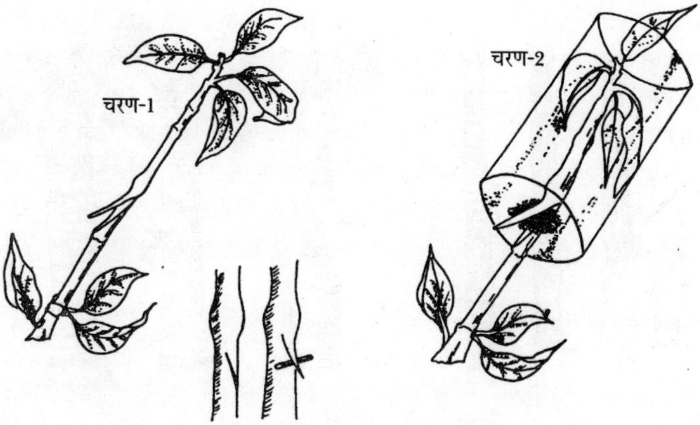

गुट्टी लगाकर पौधे तैयार करना

फलदार पेड़ों व बोगनविलिया जैसी सख्त लकड़ी वाली बेलों के लिए गुट्टी भी एक सफल एवं विश्वसनीय विधि है। जब टहनी जमीन से इतनी दूर हो कि धब्बा न लगाया जा सके, तब यही विधि ठीक रहती है। इसके लिए वर्षा का मौसम सर्वोत्तम है। अच्छी टहनी चुनकर उसमें ऊपर से कम-से-कम 50 सेंटीमीटर छोड़कर उसी प्रकार तिरछा चीरा लगाएँ, जैसे धब्बा में लगाया था। अब चीरे वाले स्थान में थोड़ा 'स्फेगनम मॉस' अथवा कंकर फँसाकर दोनों हिस्सों को अलग रखें। इस 'स्फेगनम मॉस' को थोड़ा गीला करके चारों ओर एक बड़े गोले के समान लपेट दें। प्लास्टिक का टुकड़ा मॉस पर लपेटकर दोनों हिस्सों से उसे कसकर बाँध दें। जब उसमें जड़ें फूटने लगें और बाहर से दिखाई देने लगें तो मूल टहनी से काटकर उसे गमले में लगाकर छाया वाले स्थान में रख दें। पौधे को गमले से निकालकर जमीन में बदलने की जल्दी न करें।

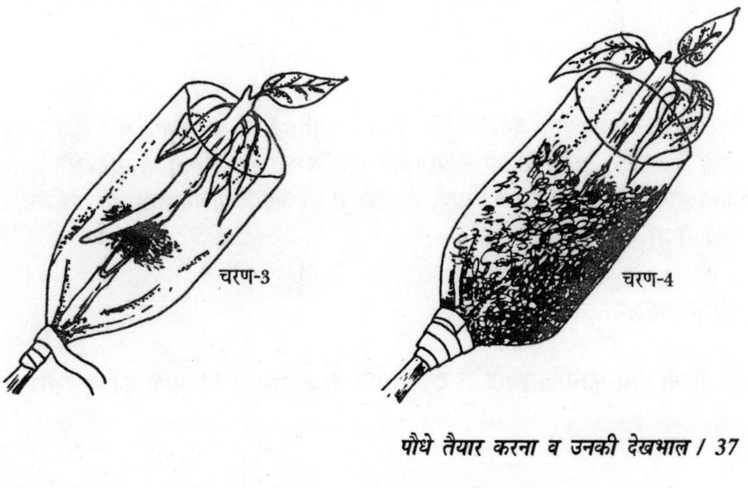

आँख लगाना

ग्राफ्टिंग

एक पौधे की टहनी पर पत्तों के संधिस्थल पर उभरी आँख को दूसरे पौधे में चीरा देकर लगाना, आँख लगाना अथवा कली बाँधना कहते हैं। फलदार वृक्षों विशेषकर नीबू वर्ग वाले पौधों एवं गुलाब को कली बाँधकर ही तैयार किया जाता है। इसमें अत्यंत सावधानी एवं निपुणता की आवश्यकता होती है। जिस पौधे की किस्म तैयार करनी हो, उसकी आँख को चीरा देकर सावधानी पूर्वक निकाल लिया जाता है। फिर मुख्य पौधे, जिस पर इसे बाँधना हो उसे भली प्रकार साफ करके अंग्रेजी के 'टी' के आकार का चीरा लगाना चाहिए। इस निकाली गई आँख अथवा कली को उस चीरे के भीतर रोपकर सावधानी पूर्वक प्लास्टिक की पट्टी से बाँध देना चाहिए। जब यह आँख अंकुरित होकर चल पड़े तब प्लास्टिक खोलकर ऊपर की फालतू टहनी काटकर कीटाणुनाशक लेप लगा दें। चश्मा चढ़ाना, विधि में कली बाँधने की अपेक्षा टहनी को काटकर मुख्य स्टाक में फँसा देते हैं।

पत्तियों से पौधा बनाना

बिगोनिया, वायलेट तथा कुछ सकुलेंट पौधों की पत्तियाँ भी जड़ बनाने में अत्यंत समर्थ होती हैं। गमले अथवा पेटियों में पत्ती की खाद भरकर इन पत्तियों के छोटे-छोटे टुकड़े करके गमले में मिट्टी रख दें। बहुत शीघ्र ही ये भी जड़ बना लेंगे तथा नए एवं स्वतंत्र पौधे तैयार होने लगेंगे।

पौधा बदलना

किसी भी पौधे को एक स्थान से दूसरे स्थान पर बदलने में सावधानी की आवश्यकता

होती है। बदलने के बाद पत्ते न झड़ें, पौधा सीधा खड़ा रहे तथा मर न जाए इसी में कुशलता समझी जाती है। पौधे बदलने का सर्वोत्तम समय सायंकाल होता है ताकि बदले गए पौधे को दिन भर की सूर्य की गर्मी से बचाव हो सके। शीत ऋतु के बाद मई माह तक व मानसून में सितंबर तक पौधे बदलने से गर्मी, सर्दी अथवा पाले से बचाव रहता है। अत्यधिक गर्मी व अत्यधिक सर्दी में पौधा कदापि नहीं बदलना चाहिए। पर्वतीय प्रदेशों व दक्षिण भारत में भी जलवायु के अनुकूल इसके लिए भिन्न समय होता है।

पौधा बदलने से पूर्व जगह निर्धारित करके गड्ढा आदि भली प्रकार तैयार कर लेना चाहिए। माली प्रायः फुट भर गहरा खोदकर अपने काम की इतिश्री कर लेते हैं। पौधे जितने बड़े आकार का हो, गड्ढा उसी अनुपात में होना चाहिए। सामान्यतः दो फुट गहरा गड्ढा तो कम-से-कम प्रत्येक पौधे के लिए होना चाहिए। एक पौधे के लिए एक टोकरी गोबर की पुरानी खाद, राख, थोड़ी रेत (यदि जमीन चिकनी हो), हड्डी का चूरा व थोड़ी-सी पत्ती की खाद मिलाकर सबसे नीचे डालें और इसके बाद मिट्टी डालें। मिट्टी यदि खराब हो तो गमलों से निकाली हुई पुरानी मिट्टी डाल दें। मिट्टी को सतह से 15 सेंटीमीटर तक ऊँचा रखकर पानी से भर दें। जितनी मिट्टी बैठनी होगी बैठ जाएगी। यदि दीमक का डर हो तो मिट्टी में थोड़ी डी. डी. टी. अथवा बी. एच. सी. या फॉलीडॉल मिला देनी चाहिए। जब यह गड्ढा अथवा क्यारी एकदम सूख जाए, तब फावड़े से मिट्टी की अच्छी प्रकार गुड़ाई करके पौधा लगाना चाहिए। यदि पौधा नर्सरी से आया हो एवं उसके चारों ओर मिट्टी का गोला बहुत सख्त हो, तो थोड़ी चोट लगाकर उसे ढीला कर देना अथवा तोड़ देना चाहिए, नहीं तो जड़ को हवा मिलने में कठिनाई होती है। पौधे को गड्ढे के बीचोंबीच ठीक प्रकार से बैठाकर चारों ओर मिट्टी भर कर, जड़ के पास चारों तरफ से ठीक प्रकार दबा देना चाहिए। जड़ों के पास खोखली जगह नहीं रहनी चाहिए, ताकि इससे हवा खोखली जगह में न भरने पाए। पौधा यदि ठीक प्रकार नहीं दबाया गया तो पानी डालते ही टेढ़ा हो जाएगा। पौधा बहुत पुराना हो तो उसकी पुरानी फालतू टहनियों को तेज धार वाली कैंची से काट देना चाहिए। यदि पौधा किसी एक जगह से उठाकर दूसरी जगह लगाया जा रहा हो, तो उसकी जड़ों को बचाते हुए, सावधानी से चारों ओर से मिट्टी समेत निकालना चाहिए। विशेषकर पौधे की मुख्य जड़ों को चोट नहीं पहुँचनी चाहिए। जिस जगह से पौधा निकालें, यदि वह बहुत सूखी हो तो कम-से-कम तीन दिन पूर्व वहाँ पानी डाल दें, ताकि मिट्टी थोड़ी नरम हो जाए। पौधे को फूल निकलते समय नहीं बदलना चाहिए। फूल समाप्त होने पर अथवा कलियाँ आने से पूर्व बदलना चाहिए। पौधा लगाने के बाद पानी से खूब भर देना चाहिए एवं दो-तीन दिन तक पत्तों पर पानी का छिड़काव करते रहना चाहिए।

गमले में पौधा लगाते समय ध्यान रखें कि गमले में पत्थर आदि नीचे ठीक से रखे हों, ताकि पानी का निकास अच्छा होता रहे। एक गमले में एक पौधा पर्याप्त होता है। सदाबहार पौधे जैसे क्रोटन, अकेलीफ़ा आदि कम-से-कम 36 सेंटीमीटर वाले गमले में होने चाहिए। विभिन्न ऋतुओं वाले मौसमी पौधे आकार के अनुपात से छोटे-बड़े गमले

में हो सकते हैं। फूलों वाले पौधों की कलियाँ शुरू में तोड़ देने से गमला अच्छी तरह भर जाता है और पौधा सुंदर आकार ग्रहण कर लेता है। गमलों को चारों ओर घुमाते रहना चाहिए। 'मैथिओला' में जो 'नान ब्रांचिंग' किस्म है उसके फूल तोड़ने नहीं चाहिए। ब्राचिकोमा जैसे पौधे को खपच्ची में धागे से चारों ओर गोलाकार बाँधना चाहिए, अन्यथा वह अस्त-व्यस्त हो जाता है। लंबे पौधों की टहनियों को भी पर्याप्त सहारा देना चाहिए।

विभिन्न ऋतुओं के वार्षिक पुष्प

कुछ ऐसे भी पुष्प होते हैं जो किसी विशेष ऋतु में ही खिलते हैं। इनका जीवन तीन-चार से लेकर छः माह का होता है। इन्हें हर वर्ष बीज बोकर तैयार करना पड़ता है और फूल की समाप्ति के बाद बीज एकत्र करके अगले वर्ष की प्रतीक्षा करनी पड़ती है। इस प्रकार इनका जीवन चक्र हर वर्ष दोहराया जाता है। इन पौधों को तैयार करने में यद्यपि हर वर्ष परिश्रम करना पड़ता है, परंतु इनमें काफी विविधता होने से इनका आनंद कुछ और ही होता है। वास्तव में ग्रीष्म ऋतु हो या शीत ऋतु इनका सौंदर्य इन्हीं फूलों से होता है। इस अध्याय में इन्हीं फूलों का परिचय दिया जा रहा है। संकेत के लिए शुरू में शीत ऋतु के लिए शीत व ग्रीष्म के लिए ग्रीष्म व ऊँचाई के लिए ऊँ व सेंटीमीटर लिखा गया है। पौधे को बोए जाने के बाद उसमें फूल आने तक एक समय होता है उसके लिए भी शुरू में ही लिख दिया गया है।

अजरेटम : शीत, ऊँचाई पंद्रह से पैंतालीस सेंटीमीटर तक, खिलना तीन महीने में। इसके नीले मखमली फूलों के कारण इसे 'फ़्लॉस फ्लावर' भी कहते हैं। इसका पुष्प तो अत्यंत सुंदर होता है, परंतु गंध अच्छी नहीं होती है। पत्ते रोंएदार व कटावदार किनारे वाले होते हैं। फूल टहनी के अग्रभाग में गुच्छों में खिलते हैं और पूरे पौधे का ऊपरी भाग नीले फूलों के कारण नीला लगने लगता है। ये फूल गुँथे हुए होते हैं। पत्थरों के बीच, पहाड़ीनुमा उद्यानों में, गमलों व क्यारी के किनारे पर ये अत्यंत सुंदर लगते हैं। पौध बीज द्वारा तैयार की जाती है। 'मिजेट-ब्लू' 'ब्लू-परफैक्शन', 'लिटिल डोरिट', 'ब्लू-मिनिएचर' आदि अच्छी किस्में हैं। हायब्रिड किस्मों में 'समर-स्काईज़', 'ब्लू-ब्लेज़र' आदि सुंदर किस्में हैं।

आर्कटोटिस : शीत, ऊँचाई 80 सेंटीमीटर तक, खिलना तीन महीने में। इसे अफ्रीकन डेज़ी भी कहते हैं। इसे क्यारी में सीधे बोना चाहिए। इसकी फीके हरे रंग की जालीदार पत्तियाँ अत्यन्त आकर्षक होती हैं। इसका फूल सफेद, परंतु पंखुड़ियों की निचली सतह गहरे नीले रंग की होती है व फूल का केंद्र हल्के बैंगनी रंग का होता है। हवा में झूलते फूलों की क्यारी अत्यंत सुंदर दृश्य उपस्थित करती है। ये फूल सूर्योदय के साथ खिलते हैं, और सूर्यास्त पर बंद हो जाते हैं। संकर किस्म के फूलों का आकार बड़ा व फूल भी नारंगी, गुलाबी, तांबई, पीले, गहरे लाल व सफेद रंग के होते हैं, बीच का चंद्रमा भी अनेक आकर्षक चटक रंगों में होता है। इसे खुली धूप प्रिय है। फूलदान

के लिए ठीक नहीं है।

आइबरिस अंबेलाटा : शीत, ऊँचाई पंद्रह से बीस सेंटीमीटर तक, खिलना दो से ढाई महीने में। इसका दूसरा नाम 'कैंडीटफ' भी है। वास्तव में यह एक फूल न होकर अनेक छोटे-छोटे फूलों का समूह होता है जो कि टहनी के ऊपरी हिस्से पर खिलते जाते हैं। ये फूल मुख्यतः सफेद और मीठी सुगंध वाले होते हैं। इनमें हल्के बैंगनी, गुलाबी आदि रंग के फूल भी खिलते हैं। क्यारी में किनारे में लगाने के लिए व पहाड़ीनुमा उद्यान में पत्थरों के बीच लगाने के लिए ठीक रहते हैं। इसके पत्ते पतले व लंबे होते हैं। 'इम्प्रूवड-व्हाईट-स्पीरल', 'आइसबर्ग', 'एक्प्रैस', 'जायंट-हायसिंथ-फ़्लावर्ड' अच्छी लोकप्रिय किस्में हैं।

इमपेशंस : ग्रीष्म, ऊँचाई पच्चीस से पचहत्तर सेंटीमीटर तक, खिलना दो महीने में। इसे बालसम भी कहते हैं। इसके पुष्प अत्यंत नाजुक व कमेलिया के फूल की भाँति गुँथे हुए होते हैं, जिनसे एक कलगी-सी निकली होती है। इसका पौधा सीधा जाता है, फूल टहनियों पर पत्ती के जोड़ पर खिलते हैं। पत्ते हल्के हरे रंग के नाजुक व किनारे कटावदार होते हैं। इसकी एक किस्म झाड़ीनुमा भी होती है। जिसकी टहनियाँ नजाकत से इधर-उधर फैलती हैं और अत्यंत आकर्षक लगती हैं। इसके फूल इकहरी व दुहरी पंखुड़ी वाले होते हैं। फल पकने पर अपने आप ही चटक कर फट जाता है व बीज फैल जाते हैं। इन्हें क्यारी व गमलों दोनों में ही लगाया जा सकता है। भरपूर खाद व पानी वाली जमीन पसंद है। पानी की कमी से फूल व पत्ते झड़ जाते हैं। हायब्रिड के अतिरिक्त 'ब्राइट-रोज़', 'पिंकी', ब्लेज़-स्कारलेट', 'आरेंज-बेबी', 'रेड-हेरल्ड' आदि अच्छी किस्में हैं।

एल्थिआ रोज़ा : शीत, ऊँचाई एक से ढाई मीटर तक, खिलना तीन से साढ़े तीन महीने में। हॉलीहॉक के नाम से प्रसिद्ध यह अत्यंत सुंदर पुष्प है जो कि देखने में एकदम गुड़हल जैसा लगता है। इसका पौधा बिना सहारे के भी सीधा चला जाता है। गोल पत्ते बड़े, किनारे कटावदार व रूखे होते हैं। फूल पत्ती व टहनी के जोड़ के बीच खिलता है। इसका फूल अक्सर जून तक भी खिलता रहता है। इसे क्यारी में सबसे पीछे अथवा अपने उद्यान में जहाँ आपको पर्दा बनाना हो लगा देना चाहिए। बीज क्यारी में सीधा बो दिया जाता है। हायब्रिड किस्म में फूल दोहरी गुंथी पंखुड़ी वाले अत्यंत सुंदर होते हैं। 'जायँट-डबल', 'डबल-ट्रायंफ', 'चार्टर्स-डबल', 'फोर्ड-हुक-जायँट' अच्छी किस्में हैं।

एलीज़म मेरीटिमम : शीत, ऊँचाई दस से बीस सेंटीमीटर तक, खिलना दो महीने में। क्यारी के किनारे, पत्थरों के बीच, खिड़की के आगे के बक्सों, लटकती टोकरियों में लगाने के लिए अत्यंत आकर्षक व कमनीय फूल है। नाजुक पतली पत्तियों वाले इस पौधे की टहनियों में श्वेत सुगंधित पुष्प चारों ओर नन्हें भुट्टे की बाल के समान खिलते जाते हैं। इसके फूल भर कर पूरे स्थान को कालीन की भाँति घेर लेते हैं। इसीलिए पहाड़ी उद्यानों में पत्थरों के बीच, स्टैंडर्ड गुलाब के नीचे, क्यारी के किनारे लगाने से सफेद रंग की नदी-सी बन जाती है। बहुत लंबे हो जाने पर कैंची से एक बार काट

देने पर दुबारा फूल आने लगते हैं। नीले, बैंगनी व गुलाबी रंग वाली किस्में इसमें मिलती है। 'रॉयल-कार्पेट', 'स्नो-कार्पेट', 'पिंक-हीदर', सुंदर किस्में हैं।

एनचूसा केपन्सिस : शीत, ऊँचाई पैंतीस सेंटीमीटर, खिलना ढाई महीने में। क्यारियों में लगे छोटे-छोटे नीले फूलों वाला अत्यंत सुंदर पौधा है। देखने में 'फॉरगेट-मी-नॉट' जैसा लगता है फ़र्क इतना ही है कि केंद्र भाग श्वेत होता है। पौधा झाड़ीनुमा होता है। इसलिए एक फुट की दूरी पर लगाना चाहिए। पत्थरों के बीच में, गमलों, टोकरियों व क्यारियों में इसी तरह लगाया जा सकता है। खुली धूप इसे प्रिय है। 'ब्लू-बर्ड', नीले रंग व 'बैडिंग-ब्राइट-ब्लू' जामुनी नीले रंग के फूलों वाली किस्में हैं।

एंटीरहीनम माजुस : शीत, ऊँचाई तीस सेंटीमीटर से एक मीटर तक, खिलना ढाई से तीन महीने में। स्नैप-ड्रैगन नाम से प्रसिद्ध यह अत्यंत सुंदर फूल है। फूल पौधे में टहनी के चारों ओर खिलते हैं जो कि पीछे से जुड़ी दो पंखुड़ी वाले होते हैं। यह फूल सामने से पशु के मुँह के समान खुले होते हैं। इसे अक्सर बच्चे इसीलिए कुत्ता फूल कहते हैं और अँगुली में फूल की दोनों पंखुड़ियाँ फँसाकर मुँह खोलने बंद करने का खेल खेलते हैं। ये फूल श्वेत से लेकर पीले, लाल, नारंगी, तरबूजी, तांबई, मैरून, कत्थई जामुनी, गुलाबी आदि सभी रंगों में मिलते हैं। पौधे को सहारे के लिए खपच्ची लगानी चाहिए। बीज से पौध तैयार करके उचित स्थान पर लगाना चाहिए। क्यारी व गमलों में लगाने के लिए ठीक रहता है। बौनी किस्म को क्यारी में किनारे पर और पत्थरों के बीच भी लगाया जा सकता है। आजकल इसकी दुहरी पंखुड़ी वाली 'टेट्रायड' किस्म व धारीदार फूलों वाली किस्में भी आ गई हैं। भरपूर खाद वाली मिट्टी व खुली धूप इसे पसंद है। बौनी किस्म में 'टॉमथंब', 'मैजिक-कार्पेट' व संकर किस्म की एफ-वन किस्म में 'सुप्रीम-वेनगार्ड', 'हाई लाइफ', 'सुपर जेट', 'वीनस'—एफ टू में 'पेनोरमा', 'फर्स्ट लेडीज' है। टिंकर बेल व जुलियाना खुले मुँह की पंखुड़ियों वाली नई किस्में आई हैं। 'सुपरटेट्रा' स्नैपड्रेगन' किस्म में 'ग्लेशियर', 'क्रिमसन-जायंट', 'हाई-नून', 'रोजा-बेल' अच्छी किस्में हैं।

एशॉल्ज़िया : शीत, ऊँचाई तीस से चालीस सेंटीमीटर, खिलना ढाई से तीन महीने में। कैलीफोर्नियन-पॉपी नाम से प्रसिद्ध चटक पीले सुनहरे रंग के इकहरे फूलों वाला यह अत्यंत सुंदर पौधा है। इसके पत्ते अत्यंत नाजुक व हल्के हरे रंग के होते हैं। बीज क्यारी में सीधे बोकर फिर फालतू पौध निकाल दी जाती है। क्यारी में पत्थरों के बीच ढलानों में लगाने के लिए यह अत्यंत सुंदर फूल है। खुली धूप इसे प्रिय है। यद्यपि फूल एक दिन में ही समाप्त हो जाते हैं परंतु चूँकि यह खूब भर कर खिलते हैं इसलिए क्यारी खूब रौनक देती है। ये फूल सबसे पहले शुरू होकर सबसे देर तक खिलते रहते हैं।

एक्रोक्लीनियम : शीत, ऊँचाई पैंतालिस से साठ सेंटीमीटर तक, खिलना तीन महीने में। इसे हेलीपेट्रम-रोज़ियम' भी कहते हैं। इसके फूल कागज जैसी पंखुड़ियों वाले व डेजी के समान होते हैं। सूखे पुष्प के रूप में फूलदानों में बहुत दिनों तक रहते हैं। इन्हें क्यारी में ही लगाना चाहिए। फूल टहनी के अग्रभाग में खिलते हैं, गुलाबी, सुनहरे, पीले, सफेद

रंग के फूल आते हैं।

कॉक्स-कॉम्ब : ग्रीष्म, ऊँचाई नब्बे सेंटीमीटर तक, खिलना दो महीने में। इसका असली नाम सिलोशिया है। ग्रीष्म ऋतु में खिलने वाला यह अत्यंत सुंदर फूल है। चौलाई परिवार का यह पौधा अत्यंत आसानी से उगाया जा सकता है। फूल टहनियों में सबसे ऊपर मुर्गे की कलगी के समान खिलते हैं जो कि एकदम मखमली होते हैं। ये काफी दिनों तक खिले रहते हैं। क्यारी व गमलों में अत्यंत सुंदर लगते हैं लाल, मैरून जामुनी रंग के अतिरिक्त सफेद व पीले सुनहरे रंग के फूल भी मिलते हैं। 'रॉयल वेलवेट' 'गिल्बर्ट' 'सिलोशिया' के पौधे लंबे जाते हैं, 'एम्प्रैस', 'गोल्डन-किंग', 'कार्डिनल', 'ग्लासगो' के पौधे छोटे होते हैं। इसकी एक किस्म में फूल लंबे होते हैं जिनमें 'फलेमिंग-फायर', 'गोल्डन फलॉस' प्रसिद्ध है। इसके फूल काटकर फूलदानों में लगाए जा सकते हैं।

कम्पैन्यूला मीडियम : शीत, ऊँचाई साठ से नब्बे सेंटीमीटर तक, खिलना तीन से चार महीने में। केंटरबरी-बेल्स के नाम से प्रसिद्ध अत्यंत सुंदर फूल है। सफेद नीले, फालसई वह हल्के बैंगनी रंग के घंटीनुमा फूल टहनी में नीचे से ऊपर तक लटके हुए अत्यंत सुंदर लगते हैं, ये टहनी पौधे के बीच में से निकलती है। इसकी भी दोहरी पंखुड़ी वाली किस्म में बाहर की पंखुड़ी प्लेट की भाँति प्यालेनुमा फूल के बाहर लगी होती है। पौधे की नाजुक पत्तियाँ नीचे जड़ के पास से निकलती व गोलाकार रूप में फैल जाती हैं। फूल गमलों में सुंदर लगता है।

क्लाएंथस डैंपीयेरी : शीत, ऊँचाई साठ से सत्तर सेंटीमीटर तक, खिलना तीन से साढ़े तीन महीने में। 'पैरट्स-बिल' 'लाब्सटर्स-क्लॉ' नाम से प्रसिद्ध यह अत्यंत आकर्षक फूल है, सुर्ख लाल रंग के पुष्प जिनका ऊपरी हिस्सा गोल सिर के समान होता है जिसके नीचे सुर्ख लाल रंग की चोंच जैसी लटकती रहती है, बीच में आँखों के समान काले गोले होते हैं। फूल की पंखुड़ियाँ चिकनी व चमकदार होती है। पत्तियाँ छोटी-छोटी गोल रोंएदार मखमली होती हैं। गमले व क्यारी में इसे लगाया जा सकता है। इसका बीज गोल सख्त होता है। बोने से पहले भिगो देना चाहिए।

क्लॉरकिया एलीगंस : शीत, ऊँचाई अस्सी सेंटीमीटर से सवा मीटर तक, खिलना ढाई से तीन महीने में। शरबती गुलाबी रंग के लहरदार पंखुड़ियों के आडू जैसे फूलों वाला यह अत्यंत सुंदर फूल है जो कि पौधे में नीचे से ऊपर तक टहनी के दोनों ओर खिलता जाता है। कलियाँ थोड़ी लंबी, अत्यंत कमनीय होती हैं। इसे क्यारी व गमलों में लगाया जा सकता है। सहारे के लिए टहनियों के साथ खपच्ची लगानी पड़ती है। सुबह की तीन चार घंटे की धूप इसके लिए आवश्यक होती है। गमले में लगाने पर तरल खाद अवश्य देनी चाहिए। 'ब्रिलिएंट', 'लेडी-सैटन-रोज', 'रॉयल बुके', 'सॉल्मन-क्वीन', 'स्कॉरलेट-क्वीन' अच्छी किस्में हैं।

क्लीओम स्पीनोसा : ग्रीष्म, ऊँचाई नब्बे सेंटीमीटर से एक सौ बीस सेंटीमीटर तक। फूलों की मकड़ी के पैर जैसी समानता के कारण स्पाईड्रवर्ट भी कहते हैं। फूलों की

नाजुक चार पंखुड़ियों के बीच से लंबे-लंबे पुंकेसर निकलते हैं जिनके कारण ये फूल बहुत आकर्षक लगते हैं। पौधे लंबे व सीधे जाते हैं, इन्हें क्यारी व गमलों में लगाया जा सकता है। 'पिंक-क्वीन', 'हेलन-कैंपबेल' अच्छी किस्में हैं। खूब खाद वाली जमीन व खुली धूप इसे प्रिय है। फूल सफेद, गुलाबी, गहरे गुलाबी व फालसई रंग के मिलते हैं।

क्राइसेंथिमम : शीत, गुलदाउदी की कई किस्में बीज द्वारा तैयार की जाती हैं और वार्षिक फूलों की तरह लगाई जाती हैं। ये फूल आकार में छोटे परंतु अनेक रंगों वाले होते हैं। इनके मध्य के केंद्र भाग में गहरे चटक रंगों के दो-तीन घेरे होते हैं जो इन्हें अत्यंत आकर्षक बना देते हैं। एक बार खिलना शुरू करके ये दीर्घ अवधि तक खिलते जाते हैं। खूब खुली धूप इन्हें प्रिय है और क्यारी व गमले दोनों में लगाए जा सकते हैं। इन्हें काटकर फूलदान में भी लगाया जा सकता है।

कीरीएंथस : शीत, ऊँचाई तीस से पैंतालिस सेंटीमीटर तक, खिलना ढाई महीने में। यूरोपीय प्रदेशों में चूने की चिनाई वाली दीवारों में उगने के कारण ही शायद इसका नाम 'वॉलफ़्लावर' पड़ गया है। इसके पत्ते लंबे पतले होते हैं। फूल पौधे से निकली सीधी डंडी में दोनों और खिलते हैं। इन्हें कई लोग पीला स्टॉक कहने की भूल भी कर देते हैं। फूल पीले, सुनहरे, कत्थई, ताँबई मिले-जुले रंगों के होते हैं। फूलों में हल्की गंध होती है। क्यारी में लगाए जाने पर पीले रंग की लहरदार चादर का आभास देते हैं। 'क्लॉथ-ऑफ गोल्ड', 'जायंट-ब्राउन', 'गोल्डन-बेडर', 'ओथेलो' कुछ लोक प्रसिद्ध किस्में हैं। चूने वाली मिट्टी इसे प्रिय है।

कैलीस्टीफस चाइनेंसिस : शीत, ऊँचाई दस सेंटीमीटर से अस्सी सेंटीमीटर तक, खिलना दो महीने में। 'चाईना-ऑस्टर' नाम से प्रसिद्ध यह एक अत्यंत सुंदर पुष्प है। टहनी के अग्रभाग में लगे डेजीनुमा, रिबन जैसी, लहरियानुमा इकहरी व दोहरी गुंथी हुई पंखुड़ियों वाले पुष्प लगते हैं जो कि सफेद, नीले, गुलाबी, बैंगनी, लाल, फालसई, जामुनी आदि विभिन्न रंगों के होते हैं। पतली-पतली टहनियों व कटावदार पत्तियों वाले पौधों में भरपूर फूल खिलते हैं जो कि सबसे पहले खिलना शुरू कर दीर्घ अवधि तक खिलते जाते हैं। किसी-किसी किस्म में रिबन की जैसी पट्टीनुमा पंखुड़ियाँ खूब नजाकत से इधर-उधर बिखरी हुई होती हैं। ये पुष्प अनेक विविधता वाले हैं। इन्हें क्यारी व गमले दोनों में लगाया जा सकता है। बीज बोकर पौध इच्छानुसार जगहों पर लगा दी जाती है। तरल खाद देने से लाभ पहुँचता है। इसके फूल काटकर फूलदान में लगाए जाने पर बहुत दिनों तक टिके रहते हैं। आकार व रूप के कारण विविध प्रकार की किस्में बहुत मिलती हैं। 'अमेरिकन-ब्राचिंग', 'डेजीफ्लावरिंग', 'डचेज-अर्लीवंडर', 'जायंट-राकेट', 'जायंट-ऑफ-कैलीफ़ोर्निया', 'जायेंट-कामेट', 'हॉर्ट-ऑफ-फ्रांस', 'कर्ली-लॉक्स', 'रोगेट', 'यूनीकम', विक्टोरिया', 'अर्लीबर्ड' आदि इसकी अनेक प्रसिद्ध किस्में हैं।

कैलंडुला आफ़िसिनेलिस : शीत, ऊँचाई से पचास सेंटीमीटर तक, खिलना दो महीने बाद। पॉटमेरी-गोल्ड नाम से प्रसिद्ध यह फूल शीत ऋतु में सबसे पहले खिलकर सबसे अंत तक खिलता रहता है। इसके सुगंधित पीले, नारंगी, सुनहरे बासंती फूल गमले व

क्यारी दोनों में ही सुंदर लगते हैं। कैलंडुला के पत्ते लंबे परंतु आगे से गोल व रोंएदार और चिपचिपे होते हैं। फूल इकहरी व दुहरी गुंथी हुई पंखुड़ी वाले दोनों ही प्रकार के होते हैं। उद्यान में खिली कैलंडुला की एकमात्र क्यारी आकर्षण का केंद्र बन जाती है। बीज द्वारा पौध तैयार करके उचित स्थान में स्थानांतरित कर दें। मुर्झाए फूल डंडी के नीचे जोड़ के पास से तोड़ने से नए फूल आते रहते हैं। 'कैंप-फॉयर', 'आरेंजसन', 'गोल्ड-फ्रिंक', 'गोल्डन-एम्परर', 'ग्रैंडी-फलोरा', 'पैलीफ्रिक-ब्यूटी' आदि कई सुंदर किस्में हैं।

कैलसियोलेरिया : शीत, ऊँचाई तीस से चालीस सेंटीमीटर तक, खिलना दो महीने बाद। अपने पीले बासंती, सुनहरे गोल बटुवेनुमा फूलों के कारण इसे लेडीज़पर्स भी कहते हैं। वैसे इसका एक नाम 'स्लीपरवर्ट' भी है। औषधीय गुणों वाला यह पौधा अपने छोटे-छोटे गोल फूलों के कारण अत्यंत आकर्षक लगता है। इसे पत्थरों के बीच, ढलाननुमा उद्यानों में, क्यारी के किनारे पर लगाया जा सकता है। यह छाया में भी बड़ी आसानी से खिल जाता है। एक बार लगाए जाने पर इसके बीज बिखरकर अपने आप ही उगने लगते हैं। पत्ते बहुत छोटे कटावदार व रोंए से भरपूर चिपचिपे होते हैं। संकर किस्म के फूल बड़े व विविध चटक रंगों में मिलते हैं। नमी वाली मिट्टी में ये आसानी से पनपते हैं।

कोरियोपसिस : शीत, ऊँचाई पच्चीस से तीस सेंटीमीटर तक, खिलना ढाई महीने तक। चमकदार हरे पत्तों व पीले फूल वाला यह पौधा क्यारी में किनारे पर लगाए जाने व पत्थरों के बीच ढलानों में लगाने के लिए अत्यंत सुंदर है। इसे कैलियोपसिस भी पुकारते हैं। लोग भूल से इसे कॉसमस भी कह देते हैं। इसके फूल की पंखुड़ी का अग्र भाग बीच में दबा हुआ और मध्य से कटा हुआ होता है और केंद्र गहरे लाल कत्थई रंग का होता है।

कोसमस बाईपनेट्रस : शीत, ऊँचाई नब्बे से एक सौ बीस सेंटीमीटर तक, खिलना ढाई से तीन महीने तक। सफेद, गुलाबी, बैंगनी, कत्थई, लाल रंग के इकहरी व दुहरी पंखुड़ियों वाले अत्यंत कमनीय फूल पतली-पतली नाजुक डंडियों पर इधर से उधर झूलते अत्यंत मनोहर लगते हैं। इसके पत्ते भी लेस की भाँति कटावदार होते हैं। ये पुष्प मामूली देखभाल से भी खूब रौनक देते हैं। इन्हें क्यारी में ही लगाया जाना चाहिए। ग्रीष्म ऋतु में पीले रंग के फूलों वाली भी एक किस्म होती है जिसे कोसमस सल्फूरियस कहते हैं। इसका केंद्र गहरा कत्थई रंग का होता है। कोसमस हल्की धूप में भी आसानी से हो जाता है। फूलदान में काटकर लगाए जाने पर इसके पुष्प अत्यंत सुंदर लगते हैं।

कोचिया : ग्रीष्म, ऊँचाई पचास से नब्बे सेंटीमीटर तक। हरे नाजुक तंतुनुमा पत्तों व मोरपंख, जैसे आकार के कारण इसे ग्रीन-सायप्रस भी कह देते हैं। मार्च में इसकी पौध तैयार करके क्यारी व गमलों में लगाया जाता है। इसे खुली धूप पसंद है। ग्रीष्म ऋतु में इसके पौधे आँखों को ठंडक प्रदान करते हैं। जमीन पर लगाए जाने पर हरे रंग का अत्यंत आकर्षक बॉर्डर बन जाता है।

गज़ेनिया : शीत, ऊँचाई पंद्रह से पच्चीस सेंटीमीटर तक। सूर्योदय के साथ खिलने वाले पीले सुनहरे नारंगी, कत्थई, ताँबई चटक रंग का धारीदार यह एक अत्यंत भव्य फूल है। फूल इकहरे प्यालेनुमा नोकदार पंखुड़ी वाले होते हैं। इनमें धारियाँ चटक रंग की और लंबाई में होती हैं। केंद्र भाग भी चटक रंग का, सूर्य जैसा दमकता है। इसे पत्थरों के बीच ढलानों में व गमलों में लगाया जा सकता है। खुली धूप इसके लिए आवश्यक होती है, इसका ध्यान रहना चाहिए। इसके पत्ते लंबे गोलाई लिए परंतु किनारे कटावदार होते हैं, पत्तों की निचली सतह सफेद रुपहली होती है। एक साल पुराने पौधे की जड़ों का विभाजन करके भी नया पौधा तैयार किया जा सकता है।

गिलार्डिया पल्चेला : ग्रीष्म, ऊँचाई पचास से सत्तर सेंटीमीटर तक, खिलना दो महीने बाद। हल्के पीले, गहरे पीले, नारंगी, ताँबई, कत्थई सुनहरे रंग के फूलों वाला यह सुंदर पौधा है। यह झाड़ीनुमा होता है और फूल पतली टहनियों के अग्र भाग में भर कर खिलते हैं। पंखुड़ी के किनारे लहरदार होते हैं। इसके फूलों में गंध नहीं होती है परंतु फूलदान में लगाने के लिए ग्रीष्म ऋतु में उपलब्ध यह सर्वोत्तम फूल है। मध्यप्रदेश व दक्षिण भारत में तो यह फूल पूजा में भी प्रयोग में आते हैं। खुली धूप व हल्की खाद वाली मिट्टी इसे पसंद है। इसे पानी भी कम चाहिए। 'पिक्टा', 'लोरेजजियाना' और ग्रैंडी-फ्लोरा' तीन किस्में हैं। यह फूल क्यारी में अच्छी रौनक देता है और अक्सर नवंबर तक इसके फूल खिलते रहते हैं।

गिलिया केपीटाटा : शीत, ऊँचाई तीस से पचास सेंटीमीटर तक, खिलना दो से ढाई महीने तक। क्यारी के किनारे या फिर पत्थरों के बीच लगाए जाने के लिए सुंदर पुष्प है। नीले फूल नन्हे-नन्हे होते हैं जो कि पौधे से ऊपर निकल टहनी के दोनों ओर खिलते हैं। फुटपाथ के किनारे भी लगाया जा सकता है। नमी वाली हल्की मिट्टी व तेज धूप प्रिय है।

गोडेशिया : शीत, ऊँचाई साठ से नब्बे सेंटीमीटर तक, खिलना तीन महीने बाद। पतले लंबे पत्ते और घंटीनुमा ऊपर की ओर मुँह किए खिलने वाले रेशमी गुलाबी फूलों के कारण इसे सॉटन-फ़्लावर भी कहते हैं। चिकनी गुलाबी पंखुड़ियों पर लाल फालसई रंग की धारियाँ और चटक केंद्र होता है। फूल इकहरी व दुहरी पंखुड़ी वाले होते हैं। गमलों व क्यारी में लगा इसका पौधा खूब रौनक देता है। इसमें बौनी किस्म भी होती है जिसके पौधे पत्थरों के बीच व क्यारी के बॉर्डर पर सुंदर लगते हैं। 'रोजामुंड', 'सॉल्मन प्रिंसेस', 'ब्राईट-कैरामाईन' 'लेवेंडर-जेम', 'क्रिमसनग्लो', 'डॅयूक-ऑफ-यार्क', आदि अच्छी किस्में हैं। पौधे को ठंडी जगह व खुली धूप प्रिय है, इसकी मिट्टी की गुड़ाई भी अच्छी तरह होनी चाहिए।

गेमफ़ोरीना : ग्रीष्म, ऊँचाई चालीस से साठ सेंटीमीटर तक, खिलना दो महीने बाद। अमेरेंथस परिवार का होने के कारण इसे ग्लोब-अमेरेंथस भी कहते हैं। इसके छोटे-छोटे गोल फूल कागजनुमा होते हैं। छोटी-छोटी पंखुड़ियाँ गोलाई में बड़ी ही कलात्मकता से एक के बाद एक गुंथी हुई होती हैं। फूलदान में लगा देने पर कई दिनों तक ताजा बने

रहते हैं। फूल भी काफी दीर्घ अवधि तक खिलते रहते हैं। इसके पौधे गमले, क्यारी व पत्थरों के बीच बहुत सुंदर लगते हैं। फूल गहरे बैंगनी, गुलाबी, सफेद, शरबती व कभी-कभी पीले रंग के भी होते हैं। पौधों में प्रतिरोधात्मक शक्ति काफी होती है अतः कहीं भी व कैसी भी स्थिति में आराम से खिलने लगते हैं।

ज़ीनिया एलीगंस : ग्रीष्म, ऊँचाई तीस से एक सौ बीस सेंटीमीटर तक, खिलना दो महीने बाद। दीर्घ अवधि तक खिलने वाला यह एक सुंदर फूल है जिसे काटकर फूलदानों में लगाया जा सकता है। यह फूल भी विविध रंग के व इकहरी व दुहरी पंखुड़ी वाले होते हैं। इसमें सफेद, गुलाबी, पीला, सुनहरा, नारंगी, ताँबई, लाल, कत्थई, जामुनी, नीला और तो और हरापन लिए हुए सफेद हरा फूल भी मिलता है। बौनी किस्म से लेकर डहलिया की तरह कैक्टस किस्म वाले फूल भी मिलते हैं। इन्हें क्यारी में ही लगाया जाता है। शुरू में पौधे की बीच वाली पत्तियाँ नोंच देने से पौधा शीघ्र ही भराव ले लेता है। यदि बीमारी न लगे तो ये पौधे दीर्घ समय तक उद्यान की शोभा बनते हैं। अमेरिका में यह फूल बहुत पसंद किया जाता है। संकर किस्मों के अलावा बौनी किस्म मिलाकर बहुत बड़ी संख्या में किस्में उपलब्ध हैं। 'स्कारलेट-जेम', 'कैनरी-एलो', 'व्हाईट-जेम', 'पिक्सी', 'स्नोड्राप', 'शुगर एंड स्पाईस', 'थंबेलीना' बौनी किस्में हैं। 'फैंटसी', 'नवाजो', 'पिपरमिंट-स्टिक', मध्यम ऊँचाई वाली व 'गोल्डन-क्वीन', 'लेवेंडर-जेम', 'सॉलमन', 'क्वीन', 'ब्राइटनेस', 'केनरी', क्रिमसन-मानोर्क', 'ओरियोल', 'पर्पलप्रिंस' बड़े फूलों वाली लोकप्रिय किस्में हैं। बीज चाहे क्यारी में सीधे बोएँ अथवा पौध तैयार करके लगाएँ...क्यारी में भरपूर खाद होनी चाहिए। पौधा जब लगभग डेढ़ महीने का हो जाए तब अमोनियम सल्फेट व पोटाशियम सल्फेट तीस ग्राम प्रति वर्ग गज भूमि के हिसाब से डालें। इसे पानी की भी खूब आवश्यकता रहती है। विषाणुजन्य रोग होने पर पौधे को उखाड़कर आग लगा दें।

जिगसोफ़िला एलीगंस : शीत, ऊँचाई तीस से पचास सेंटीमीटर तक, खिलना ढाई महीने बाद। नन्हे-नन्हे सितारेनुमा श्वेत नाजुक फूलों के कारण इसे 'बेबीज़-ब्रेथ' भी कहते हैं। इसकी पत्तियाँ लंबी चिकनी होती हैं। टहनियाँ भी एकदम पतली तंतु जैसी होती हैं जिसमें यह फूल बिखरे-बिखरे गुच्छों के रूप में खिलते हैं। टोकरियों, क्यारियों, पत्थरों के बीच में ये फूल अत्यंत कमनीय लगते हैं। ग्लेडियोलस की क्यारी में इसका बीज बीच में बिखेर देने से ये खूब रौनक देते रहते हैं। इन्हें क्यारी में सीधा बो दिया जाता है। और फालतू पौध निकाल दी जाती है। फूल काटते रहने से नए फूल लगातार दीर्घ अवधि तक मिलते हैं।

टिजिट्स : शीत, ऊँचाई बीस से लेकर साठ सेंटीमीटर तक, खिलना दो महीने बाद। गोल आकार के पुष्प के कारण ही इसे संभवतः गेंदा नाम मिला और भारत का यह सबसे लोकप्रिय पुष्प माना जाता है...परंतु यह जानकर आपको आश्चर्य होगा कि गेंदा विदेश से भारत में आया। परंतु कब व कैसे यह धर्म और संस्कृति का अंग बन गया, नहीं मालूम। नन्हे-नन्हे फूल वाले छोटे पौधे से लेकर क्रिकेट गेंद से भी बड़े आकार

वाले फूलों की विभिन्न किस्में उपलब्ध हैं। हल्के बासंती रंग से लेकर सुनहरा पीला, नारंगी, कत्थई, लालिमा लिए ताँबई व गहरे कत्थई रंग के फूल मिलते हैं। इसके पत्ते लेस के समान नाजुक कटावदार व गंध युक्त होते हैं। गेंदे के फूल तोड़ने के बाद भी काफी समय तक ताजा बने रहते हैं। संभवतः इसीलिए पूजा में प्रयोग किए जाते हैं। इसे क्यारी में सीधा भी डाल सकते हैं और पौध तैयार करके स्थानांतरित भी कर सकते हैं। फ्रेंच या बौनी किस्म के पौधे पत्थरों के बीच क्यारी के बॉर्डर, लटकती टोकरियों में बहुत सुंदर लगते हैं। बड़ी किस्म वाले पौधे गमलों व क्यारी में लगाए जा सकते हैं। बड़े फूलों वाली किस्म को अफ्रीकन-मेरीगोल्ड कहते हैं। छोटे फूलों वाली बौनी किस्म को फ्रेंच-मेरीगोल्ड कहते हैं। 'टिटानिया', 'क्रैकतू-जैक', 'सन-जाँयंट्स', 'मैमथमम', 'जायंट फ्लफ्री' व संकर किस्मों में एफ-वन की 'क्लाईमैक्स' अच्छी किस्म है। बौनी किस्म में 'फ्लेम', 'फ्लेमिंग-फायर',—'डबल', 'रेस्टीरेड', 'आरेंजफ़्लेम', 'डेंटी मोरियेटा', 'प्यूमिला', 'लुलू', 'अर्सुला', लोकप्रिय किस्में हैं। बीज के अतिरिक्त पुराने पौधों की कलम काटकर भी नया पौधा तैयार किया जा सकता है। कलम द्वारा तैयार पौधे अधिक सुंदर होते हैं। पाले से इन्हें बचाना चाहिए। पत्तों की धुलाई करते रहना चाहिए, ताकि धूल पत्तों पर बैठने से जाला न लग जाए। जाला बन जाने पर कीटनाशक का प्रयोग करें। फ्रेंच-मेरीगोल्ड को गोबर की खाद कम दें। शुरू में छोटे पौधों की कलियाँ तोड़ते रहें ताकि पौधा भराव ले ले।

टिथोनिया रीटंडीफोलिया : वर्षा, ऊँचाई एक से सवा मीटर तक, खिलना ढाई महीने बाद। इसे मैक्सिकन-सूरजमुखी भी कहते हैं। इसके पौधे लंबे व फूल नारंगी रंग के होते हैं। इकहरी पंखुड़ी वाले डहलिया जैसे पुष्प वर्षा ऋतु में अत्यंत आकर्षक लगते हैं। उद्यान में पीछे लगाने पर सुंदर पर्दे का कार्य भी करते हैं। पत्ते दिल के अकार के बड़े-बड़े और सख्त होते हैं। इसे क्यारी में सीधे ही बो दिया जाना चाहिए। क्यारी में खाद अधिक नहीं डालनी चाहिए। टहनी नाजुक होती है अतः फूल को कैंची की सहायता से काटें।

ट्रेकीमेन कोरुलिया : शीत, ऊँचाई साठ से सत्तर सेंटीमीटर तक, खिलना ढाई महीने के बाद। इसके नाजुक नीले फूलों के कारण इसे ब्लू-लेस फ्लावर भी कहते हैं। पौधे की टहनियों के अग्र भाग में नन्हे-नन्हे नीले फूलों के गुच्छे खुले छाते के आकार में खिलते हैं। ये फूल काटकर फूलदान में भी लगाए जा सकते हैं। इसीलिए बहुत पसंद किए जाते हैं। इन्हें क्यारी में ही लगाना चाहिए। खुली धूप व हल्की मिट्टी प्रिय है। इसकी जड़ें नाजुक होती हैं अतः बदलते समय सावधानी रखनी चाहिए।

टोरेनिया : ग्रीष्म, ऊँचाई 30 सेंटीमीटर तक, खिलना दो महीने बाद। ग्रीष्म ऋतु में बोया जाने वाला यह अत्यंत नाजुक फूल है। इसके फूल देखने में एंटीरहीनेम जैसे होते हैं, परंतु बहुत ही छोटे होते हैं। इनके नीचे वाली पंखुड़ी गहरे रंग की वह केंद्र भाग पीले रंग का होता है। इसके पत्ते ताँबई रंग के होते हैं। गमलों, क्यारियों के बॉर्डर, पत्थरों के बीच ढलानों पर अत्यंत सुंदर लगते हैं। इन्हें छायादार स्थान भरपूर पानी व नमी

पसंद है। कभी-कभी फूल गुलाबीपन लिए हुए श्वेत भी होते हैं।

ट्रीपोलियम : शीत, ऊँचाई तीस से लेकर साठ सेंटीमीटर तक, खिलना दो महीने बाद। 'नास्ट्रीशियम' नाम से लोकप्रसिद्ध शीत का यह अत्यंत सुंदर व लोकप्रिय फूल है। पाँच पंखुड़ियाँ पीछे एक नली के रूप में जुड़ी हुई होती हैं और यह नली पीछे को नुकीली होकर जोकर की टोपी की तरह निकली होती है। फूल में तीखापन लिए सुगंध होती है। पत्ते भी तीखी गंध वाले व कमल के पत्तों की तरह गोल और चिकने होते हैं और अत्यंत सुंदर लगते हैं। इन पत्तों पर पानी की बूँदें ठहरने नहीं पाती हैं, यदि एक आध बूँद टिक जाए तो गोल मोती जैसी लुढ़कती चमकती रहती हैं। बेलनुमा से लेकर इसकी बौनी किस्म मिलती है। फूल अक्सर फीके सफेद, हल्के पीले, सुनहरे, नारंगी, ताँबई, कत्थई, सुर्ख लाल रंग के होते हैं। इसके बीज गोल व काफी बड़े व मोटे होते हैं जहाँ भी झड़ जाएँ अगली ऋतु में स्वयं ही अंकुरित हो जाते हैं। क्यारी, गमलों, पत्थरों के बीच ढलानों, लटकती टोकरियों आदि किसी भी स्थान पर इसे उगाया जा सकता है। इसे तीखी धूप व कम खाद व पानी मिलना चाहिए। आप चाहें तो रेलिंग, बालकनी पर इसे लगाकर आकर्षण बढ़ा सकते हैं। पत्ते अधिक होने पर तोड़कर कम कर देने चाहिए। 'लुसीफर', 'स्पिटफायर', 'गोल्डन-ग्लीम', 'इंडियन-चीफ' आदि खूब फैलने वाली किस्में हैं 'गोल्डन-ग्लोब', 'गोल्डन-किंग', 'महागनी-जेम', 'किंग ऑफ टॉम थंबस्', 'सालमन-जेम', 'स्कारलेट-ग्लोब' बौनी किस्में हैं। गमले में लगाए जाने पर चारों ओर खपच्ची व धागे से बाँध दें, ताकि पौधा इधर-उधर बिखरता न रहे।

डहलिया : शीत, ऊँचाई बीस सेंटीमीटर से दो मीटर तक, खिलना तीन महीने बाद। शीत ऋतु के अत्यंत सुंदर व भव्य फूलों में से डहलिया एक है। फूलदान में लगाए जाने योग्य यह सुंदर फूल है। इसकी कंदनुमा किस्म के विषय में एक अलग ही अध्याय में बताया गया है। बीज द्वारा तैयार की जाने वाली किस्म में इसका फूल मध्यम आकार का होता है। यह इकहरी व दुहरी पंखुड़ी वाला दोनों प्रकार का होता है। इसमें रंगों की विविधता व फूलों की संख्या के कारण इसे पसंद किया जाता है। क्यारी में सबसे पीछे इसे लगा देने से फूलों की रंग-बिरंगी पृष्ठभूमि तैयार हो जाती है। इनकी ऊँचाई के कारण इसे बाँस की खपच्चियों का सहारा भी देना पड़ता है। खुली धूप इसकी प्रमुख आवश्यकता है।

डायंथस बारबेटस् : शीत, ऊँचाई तीस सेंटीमीटर तक, खिलना ढाई महीने बाद। लाल गुलाबी, सफेद, मैरून, कत्थई आदि रंग के सुगंधित फूलों के गुच्छे वाले इस पौधे को स्वीट-विलियम भी कहते हैं। क्यारी में और पत्थरों के बीच लगाए जाने के लिए यह एक सुंदर फूल है। इसके चिकने पत्ते गहरे हरे रंग वाले अत्यंत आकर्षक होते हैं। फूलदान में लगाए जाने के लिए अच्छा फूल है। खाद से भरपूर जमीन और खुली धूप इसे खूब पसंद है। 'अल्बस', 'क्रिमसन-ब्यूटी', 'निग्रेसंस', 'ब्लैक-ब्यूटी', 'न्यूपोर्ट पिंक', 'पिंक-ब्यूटी' आदि कुछ लोकप्रिय किस्में हैं।

डायंथस कैरिओफिलिस : शीत, ऊँचाई तीस से साठ सेंटीमीटर तक, खिलना तीन

से छः महीने तक। लौंग की सुगंध वाला यह कमनीय पुष्प कॉरनेशन भी कहलाता है। इसकी टहनियाँ चिकनी, गाँठदार व फीके हरे रंग की होती हैं। पत्ते लंबे पतले व चिकने होते हैं। पौधे को बीज व कलम दोनों द्वारा तैयार किया जा सकता है। टहनियों के नाजुक होने के कारण इसे खपच्चियों का सहारा देना पड़ता है। पौधा गमलों में ही सुंदर लगता है। चूँकि इसकी देखभाल बहुत करनी पड़ती है इसलिए गमले में ही लगाना चाहिए। पंखुड़ियों के आकार, आकृति के अनुसार इसे तीन वर्गों में विभाजित किया जाता है। हल्की चूने वाली मिट्टी खुली धूप इसे प्रिय है। एक मुट्ठी हड्डी का चूरा, एक वर्ग जगह में अथवा एक चम्मच एक गमले में पौध लगाने से पूर्व लगा देना चाहिए। शुरू में ऊपर से पत्तियाँ नोंच देनी चाहिए, ताकि गमला भराव लेकर चले। कलियाँ अक्सर तीन-चार की संख्या में गुच्छे में आती हैं इसमें बीच की एक लेकर शेष तोड़ देने से फूल स्वस्थ होता है। कई बार फूल के नीचे की हरी पंखुड़ी जो कि कली का आवरण भी होता है, फट जाती है, तब उसे हरे धागे से बाँध देना चाहिए। इसमें लगभग सभी रंगों के—सफेद, गुलाबी, तरबूजी, जामुनी, बैंगनी, लाल, पीले, नारंगी, चितकबरे छींटेदार फूल आते हैं। 'मेडोना', 'क्रिमसन-मॉडल', 'किंग-कप', 'परफैक्ट-क्लीव', 'रॉयल-मेल', 'बिजारे', 'एपरीकॉट', 'पर्ल', 'सलोमी', 'फ्रांसिस-सेलर्स', 'मेरी', 'गोल्डन-रेन', 'फ़ियरी-क्रास' आदि अनेक लोकप्रिय किस्में हैं। पौधे की जड़ में पानी रुका नहीं रहना चाहिए।

डाएंथस चाइनीज : शीत, ऊँचाई तीस से पैंतालिस सेंटीमीटर तक, खिलना ढाई से तीन महीने में। इंडियन पिंक के नाम से प्रसिद्ध यह सुंदर फूल है। इसके पत्ते रूप व आकार में स्वीट विलियम जैसे होते हैं परंतु रंग कॉरनेशन जैसा होता है। इकहरी व दुहरी पंखुड़ी वाले विभिन्न रंगों के सुगंधित पुष्प छींटों व धारियों के कारण अत्यंत मनोहर लगते हैं। मुख्यतः पाँच पंखुड़ियाँ होती हैं। अक्सर ये पंखुड़ियाँ किनारे पर कटावदार अथवा लहरदार होती है। नन्हा केंद्र छेदनुमा होता है जिसके चारों ओर सूर्य की किरणों की तरह चटक रंग की धारियाँ पंखुड़ियों में बनी होती है। ये पौधे गमले व क्यारी दोनों में ही अच्छे लगते हैं। फूल लंबी अवधि तक खिलते तो हैं ही, यदि मुर्झाए फूल काटते रहें तो यह पौधा अप्रैल तक फूल देता रहता है। ये फूल सफेद गुलाबी, लाल, तरबूजी, मैरून, कत्थई, जामुनी, बैंगनी आदि अनेक रंगों में खिलते हैं। 'सालमन-क्वीन', 'ब्लू-पीटर', 'रेड-बेडर', 'स्कॉरलेट-क्वीन', 'रिच-क्रिमसन', 'ब्लैक-प्रिंस', 'फॉयर-बॉल', 'गेयटी-पिक्सड्', 'स्नोबॉल', 'ब्रिलिएंट', 'फ्रिंजड-मिक्सड्' आदि आकर्षक किस्में हैं।

डिजीटेलिस : शीत, ऊँचाई साठ से एक सौ पचास सेंटीमीटर तक, फूल खिलने में दस से बारह महीने तक लेते हैं। इसलिए मैदानों में मुश्किल से होता है। फॉक्स-ग्लव नाम से लोकप्रिय यह विचित्र पुष्प है। गोलाकार लंबी पत्तियाँ जड़ों के पास से निकल कर चारों ओर फैलती जाती हैं। बीच से निकली डंडी में घंटीनुमा फूल ऊपर से नीचे तक लटकते रहते हैं। फूल की पंखुड़ी के अंदर वाले भाग में सुंदर छींटे होते हैं। इसका औषधीय महत्त्व है। पौधे गमलों व क्यारी दोनों में आसानी से लगाए जा सकते हैं।

इस पौधे में स्थानांतरण सहने की असीम क्षमता है। फूल गुलाबी, फालसई, जामुनी व उन्नावी सफेद व तरबूजी रंग के होते हैं। ह्यूमस से भरपूर नमी वाली मिट्टी इसके लिए अच्छी रहती है। धूप-छाया वाली जगह इसे प्रिय है।

डिमारफ़ोटिका : शीत, ऊँचाई तीस से साठ सेंटीमीटर तक, फूल डेढ़ से दो महीने में खिलता है। केप-मेरी-गोल्ड, केप-डेज़ी व अफ्रीकन-डेज़ी नामक विभिन्न नामों से लोक प्रसिद्ध यह एक अत्यंत नाजुक व आकर्षक फूल है। फूल की पंखुड़ियाँ पतली चिकनी व रेशमी होती हैं। पत्ते भी पतले लंबे व डंडियाँ भी खूब पतली होती हैं। हरी गोल कली टहनी के अग्र भाग में लगती है। फूल सूर्योदय के साथ खिलता व बंद होता है। क्यारी में लगे फूल जब हवा के झोंके से इधर-उधर हिलते हैं तो क्यारी में पीली सुनहरी लहरें सी बनने लगती हैं। पुष्प का केंद्र गहरे कत्थई रंग का लगभग काला होता है। इन्हें गमले व क्यारी में आसानी से लगाया जा सकता है। चूँकि इसकी टहनियाँ पतली व नरम होती हैं इसलिए गमले में लगाए जाने पर चारों ओर खपच्ची लगाकर धागे से सहारा देना पड़ता है। इसे खाद से भरपूर नमी वाली भूमि पसंद है। 'आरेंज-ग्लोरी', 'बक-ब्यूटी', 'व्हाइट-ब्यूटी', 'गोलिएथ' अच्छी किस्में हैं। एक रूपहली श्वेत चमकदार पंखुड़ियों वाली भी एक किस्म होती है, जिसका केंद्र गहरा नीला होता है। इसे डि. प्लूविथेलस' कहते हैं।

डेलफ़ीनियम : शीत, ऊँचाई सौ से लेकर डेढ़ सौ सेंटीमीटर तक, खिलना तीन महीने बाद। लार्कस्पर नाम से लोक प्रसिद्ध नाजुक लेसनुमा पत्तियों व पक्षी की कलगी जैसा फूल वाला अत्यंत आकर्षक फूल है। ये फूल लंबी-लंबी टहनियों में नीचे से ऊपर तक बाजरे की बाल के समान खिलते हैं। ये टहनियाँ कई बार पचास से साठ-सत्तर सेंटीमीटर तक लंबी फूलों से लदी होती हैं। फूल अक्सर सफेद गुलाबी, आसमानी, गहरे नीले, गुलाबी, लाल, तरबूजी, बैंगनी, उन्नावी सफेद व गहरे जामुनी रंगों में खिलते हैं। फूलदानों में लगाए जाने के कारण बहुत पसंद किए जाते हैं। इसके पौधे गमले व क्यारी दोनों में ही लगाए जा सकते हैं। क्यारी में सीधे लगाए जाने पर बहुत मनोहारी लगते हैं। बीज क्यारी में सीधा बो दिया जाता है और बाद में फालतू पौध निकाल दी जाती है। 'जायंट-इंपीरियल', 'ब्लू-बेल', 'व्हाइट-किंग', 'डेजलर', 'फ्लैमिंगो', 'व्हाईट-स्वान' आदि सुंदर किस्में हैं। इसकी बौनी किस्म भी होती है, जो तीस से पैंतालिस सेंटीमीटर ऊँचाई तक जाती है। इसे पत्थरों के बीच व क्यारी में बॉर्डर पर सफलता पूर्वक उगाया जा सकता है। लार्कस्पर की एक किस्म वर्ष भर में फूल देती है। इसे पर्वतीय क्षेत्रों में उगाया जाता है। इसके पत्ते आकार में बड़े व कटावदार...करेले के पत्तों के समान होते हैं। इनमें फूल भी अपेक्षाकृत बड़े होते हैं।

नाइज़ेला : शीत, ऊँचाई पैंतालिस से साठ सेंटीमीटर तक, खिलना तीन महीने बाद। नन्हीं-नन्हीं नाजुक तंतुनुमा टहनी व पत्तियों के बीच अत्यंत विचित्र आकार वाला यह नीला फूल 'लव-इन-द-बिस्ट' भी कहलाता है। ये फूल गहरे नीले व गुलाबी रंग के होते हैं। इसकी कली भी हरे तंतुओं से घिरी रहती है और यही तंतु फूल को घेरे रहते

हैं, जो कि फूल का मुख्य आकर्षण है। इसके सूखे फल सजावट के काम आते हैं। ये फूल गमलों व क्यारियों दोनों में ही सुंदर लगते हैं। खुली धूप व खाद से भरपूर भूमि इसे प्रिय है। 'मिस-जैकाईल' व 'आक्सफोर्ड-ब्लू' सुंदर किस्में हैं।

निकोशियाना : शीत, ऊँचाई साठ से नब्बे सेंटीमीटर तक, खिलना ढाई महीने बाद। तंबाकू परिवार का यह पौधा अपने तुरही के आकार के विविधि रंगों वाले लंबे फूलों के कारण खूब पसंद किया जाता है। इसे क्यारी में कम धूप वाले स्थान में भी सरलता पूर्वक उगाया जा सकता है। पेड़ के नीचे लगाए जाने पर इसके फूल दिन भर खिले रहते हैं, अन्यथा दोपहर होते ही बंद हो जाते हैं।

निमेशिया : शीत, ऊँचाई पंद्रह से तीस सेंटीमीटर तक। नाजुक पत्तियों वाले इस झाड़ीनुमा पौधे में फूल टहनियों के ऊपर गुच्छों में आते हैं और पौधे के ऊपर रंगों की चादर फैला देते हैं। फूल सफेद, नारंगी, सुनहरे, लाल, ताँबई, गुलाबी, जामुनी आदि कई रंगों में खिलते हैं। ये फूल छोटे व दो पंखुड़ी वाले होते हैं। फूलों की अच्छी संख्या व स्वास्थ्य के लिए भरपूर खाद वाली नमीदार ठंडी मिट्टी व खुली धूप अच्छी रहती है। इसे गमले, क्यारी, पत्थरों के बीच ढलानों आदि में लगाया जा सकता है। 'हायब्रिड-ब्लू' 'हायब्रिड अरोरा', 'हायब्रिड-जेम', 'आरेंज-प्रिंस' व 'ट्रायंफ' कुछ अच्छी किस्में हैं।

पापावेर : शीत, ऊँचाई पचास से नब्बे सेंटीमीटर तक, डेढ़ से दो महीने में फूल खिलते हैं। पॉपी अथवा शर्ले-पॉपी नाम से प्रसिद्ध नाजुक फूल एक कमनीय पौधा है, जिसके फूल की पंखुड़ियाँ कागज जैसी पतली-हल्की होती हैं। संभवतः इसीलिए इसे पापावेर नाम मिला है। अफीम परिवार का फूल सुर्ख लाल, गुलाबी व श्वेत होता है। इसकी टहनी व कली के ऊपर का हरा कवच रोएँदार होता है। पत्ते कटावदार लंबे व चिकने होते हैं जिनकी निचली सतह पर रोएँ होते हैं। अफीम वाली बड़ी किस्म में फूल की पंखुड़ियाँ रिबन जैसी गुंथी हुई होती है व आकार भी बड़ा होता है। इसकी पत्तियाँ भी बड़ी व टहनी मोटी होती है। पॉपी में से दूध जैसा तरल पदार्थ निकलता है। फूलदान में लगाने के लिए काटने के बाद, टहनी का निचला सिरा आग की लपट में जला लेना चाहिए तब ही फूलदान में लगाना चाहिए। पॉपी क्यारी में लगाने के लिए ही ठीक रहती है। फूलों से भरी क्यारी दूर से ही मन मोह लेती है। बीज क्यारी में सीधे बो देने चाहिए, बाद में फालतू पौध निकाल दें। खुली धूप व हलकी मिट्टी इसके लिए ठीक रहती है। 'डबल-मिक्सड', 'शर्ले-मिक्सड', 'स्वीट-ब्रायर', 'अमेरिकन-लिजियन', 'येलो-वंडर', 'सेन-फोर्ड-जायंट', 'सनबीम' आदि कुछ अच्छी किस्में हैं।

पिटूनिया : शीत, ऊँचाई 30 से पचास सेंटीमीटर तक, खिलना ढाई महीने बाद। क्यारी, गमले, पर्वतीय उद्यानों में पत्थरों के बीच, ढलानों, खिड़की के आगे के बक्सों व सीमेंट की नाँद आदि में इस विविध रंग वाले फूल को उगाया जा सकता है। इसमें कुप्पीनुमा छोटे फूलों से लेकर इकहरी व दुहरी पंखुड़ी वाले पियोनी जैसे सुंदर फूल आते हैं। टहनी व पत्ते रोएँदार चिपचिपे होते हैं। पंखुड़ियाँ भी इकहरी, लहरदार गुँथी हुई दोहरी व सफेद, लाल, गुलाबी, जामुनी, बैंगनी, फालसई, नीले, गहरे मखमली नीले व

चितकबरे धारीदार अनेक मिले-जुले रंगों वाले फूल आते हैं। नन्हे-नन्हे बीजों को रेत के साथ मिलाकर बोया जाता है। पौधे में चार पत्तियाँ आने के बाद पौधों को अलग करके लगा दिया जाता है। हल्की परंतु पोषक तत्त्वों से भरपूर मिट्टी एवं खुली धूप इसे चाहिए। गमलों में लगाने पर खपच्चियों का सहारा देकर हर टहनी को बाँधना पड़ता है। संकर किस्मों में एफ-वन व एफ-टू के अतिरिक्त इसकी अनेक किस्में आ गई हैं जिनमें, 'कोमांचे', 'कोरल-साटिन', 'अजटेक', 'पोलारिस', 'सिलवर', 'मेडल', 'स्प्रिंग-टाईम', 'लाल-पालोमा', ब्लू-लेस', 'रेड-इनसाईन', 'पिंक-मैजिक' आदि सुंदर फूल वाली हैं। सिंगल किस्म में फूल आकार में छोटे व पीछे की नली लंबी जो देखने में तुरही के समान लगती हैं, भी सुंदर लगते हैं। पिटूनिया उपवन की शान है।

पिंपीनेला : शीत, ऊँचाई लगभग एक मीटर, बोने के तीन माह बाद फूल खिलता है। यह पौधा नाजुक श्वेत लेसनुमा नन्हे-नन्हे फूलों के गुच्छों के कारण 'लेडी-लेस' कहलाता है जोकि छाते की तरह खिलते हैं। फूलदानों में लगाने के लिए इसे खूब पसंद किया जाता है। इसे क्यारी में ही लगाना चाहिए। मिली-जुली धूप छाँह वाली जगह में सरलता पूर्वक उग जाता है।

पोर्टुलाका : ग्रीष्म, ऊँचाई दस से बीस सेंटीमीटर तक, खिलना एक महीने बाद। ग्रीष्म ऋतु का सबसे सुंदर नाजुक फूल जिसे गुल-दुपहरिया भी कहते हैं, जमीन पर फैलकर चलता है। इसके फूल सूर्योदय के साथ खिलते व दोपहर बाद बंद हो जाते हैं। लाल, पीला, श्वेत, गुलाबी, जामुनी, सुनहरा जैसे चटक रंगों वाला यह फूल कटोरीनुमा होता है और नन्हीं-नन्हीं मधुमक्खियाँ उस पर दिन भर मँडराती रहती हैं। कम पानी व खुली धूप प्रिय है। गमलों, क्यारियों, पत्थरों के बीच ढलानों व खिड़कियों के आगे लटकती टोकरियों में कहीं पर भी आप इसे सुगमता पूर्वक उगा सकते हैं। इसकी एक किस्म बेलनुमा होती है, जो जुलाई में खिलती है। इसकी बेलनुमा लटकती टहनियों में चटक गहरे गुलाबी रंग श्वेत व जामुनी के फूल अत्यंत आकर्षक होते हैं और वर्षा ऋतु बीत जाने पर भी अक्तूबर तक खिलते रहते हैं। इसकी नरम डंडियाँ काटकर नए पौधे आसानी से बनाए जा सकते हैं। धरती पर कालीन की भाँति बिछ जाने के स्वभाव के कारण ये बहुत आकर्षक लगते हैं।

प्रिमुला : शीत, ऊँचाई लगभग तीस सेंटीमीटर तक, फूल दो महीने बाद खिलता है। बेबी प्रिमरोज के नाम से लोकप्रिय यह अत्यंत नाजुक फूलों वाला पौधा है। इसके लंबे पत्ते गोलाई लिए हुए होते हैं और नीचे की जड़ के पास से निकलकर चारों ओर चक्राकार रूप में फैल जाते हैं। फूल की नाजुक डंडियाँ इन्हीं के बीच से निकलती हैं। ये पत्ते रोएँदार सतह व कटावदार किनारे वाले होते हैं। फूल डंडी पर नीचे से ऊपर की तरफ खिलते हैं। बैंगनी, सफेद, जामुनी, लाल, गहरे लाल रंग के फूल होते हैं जिनके केंद्र चटक पीले रंग के होते हैं। इन्हें क्यारी के किनारे, पत्थरों के बीच गमलों व खिड़की के आगे की बक्सों में उगा सकते हैं। पर्याप्त ह्यूमस (जीवांश) वाली भूमि व मिली-जुली धूप छाया इसे प्रिय है। पर्वतीय प्रदेशों में यह आसानी से सफलतापूर्वक उगायी जा

सकती है। 'मिसेज-एरकिनसंस', 'व्हाइट-जायॅट', 'फातिमा', 'लोला' आदि सुंदर किस्में हैं।

फलॉक्स ड्रमंडी : शीत, ऊँचाई पंद्रह से पैंतालिस सेंटीमीटर तक, फूल ढाई से तीन महीने में खिलते हैं। फलॉक्स हल्की सुगंध वाला अत्यंत कमनीय पुष्प होता है। क्यारी हो या गमले या फिर बक्से सभी में यह अत्यंत आकर्षक लगता है। हल्के गुलाबी, फीके शरबती, फालसई, लाल, तरबूजी, बैंगनी, उन्नावी सफेद जैसे विविध रंगों में उपलब्ध यह फूल गुच्छों में टहनी के अग्रभाग में खिलता है। इकहरी पंखुड़ियाँ आगे से गोलाई लिए होती हैं जिनमें केंद्र से किरणों जैसी श्वेत धारियाँ होती हैं। सुगंध व रंग के कारण लोग इसे फूलदानों में लगाते हैं। इसकी एक किस्म स्टार-फलॉक्स भी है जिसे स्टेलाटा कहते हैं। इसमें फूल की पंखुड़ियों के किनारे त्रिकोणात्मक कटाव वाले होते हैं व फूल देखने में सितारे जैसा लगता है। ये फूल आकार में छोटे, परंतु चटक रंग वाले अत्यंत आकर्षक होते हैं। स्टार-फलॉक्स की 'ट्विंकल' किस्म अत्यंत लोकप्रिय है। इसके अतिरिक्त 'अल्बा', 'वर्सिलियन', 'सिसली', 'ग्लोब' आदि सुंदर किस्में हैं। खुली धूप व पानी के भरपूर निकास वाली मिट्‌टी प्रिय है। बीज बोने के बाद पौध को स्थानांतरित किया जाता है।

फिलीसिया बर्जरियाना : शीत, ऊँचाई पंद्रह से बीस सेंटीमीटर तक, खिलना दो महीने बाद। नन्हे-नन्हे नीले फूल जिनका केंद्र पीला होता है किंग-फिशर-डेजी भी कहलाते हैं। पौधा जमीन में रेंगकर चलता है। अतः लटकती टोकरियों, पत्थरों के बीच ढलानों में क्यारियों के किनारे पर लगाए जाने पर आकर्षक लगता है। सूर्योदय के साथ ही चूँकि यह खिलता व सूर्यास्त के साथ बंद हो जाता है अतः इसे खुली धूप वाले स्थान पर लगाना चाहिए। बीज को क्यारी में सीधे ही बो दिया जाता है, चूँकि पौधा फैलता है अतः पौध दूर-दूर ही रखते हैं।

ब्राओलिया : ग्रीष्म, ऊँचाई तीस से पैंतालिस सेंटीमीटर तक, ढाई महीने बाद फूल खिलते हैं। पिटूनिया जैसे फूलों के कारण पसंद किया जाता है। मिली-जुली धूप छाया वाला स्थान पसंद है। गर्म जलवायु व नम जमीन इसके लिए ठीक रहती है।

ब्राचीकोम : शीत, ऊँचाई बीस से चालीस सेंटीमीटर तक, खिलना तीन महीने बाद। नीले रंग के नाजुक फूल व तंतु जैसी नरम नाजुक पत्तियों व टहनियों वाले इस फूल को स्वान-रिवर-डेजी भी कहते हैं। पत्थरों के बीच, क्यारी व गमलों में इन्हें सफलता पूर्वक उगाया जा सकता है। फूल सफेद व नीले रंग की विभिन्न आभा में आते हैं व पंखुड़ियाँ नन्हीं-नन्हीं, पतली-पतली होती हैं। पूरा पौधा नीले फूलों का कालीन-सा बना देता है जो कि हरी नाजुक टहनियों पर फैला हुआ होता है। गमले में पौधे को चारों ओर से खपच्चियाँ लगाकर धागे से बाँधना पड़ता है, अन्यथा टहनियाँ इधर-उधर बिखर जाती हैं। पौधे में फूल अधिक आएँ इसके लिए शुरू में कलियाँ तब तक तोड़ते रहें जब तक पौधा आकार में भर न जाए। जनवरी के प्रथम सप्ताह के बाद कलियाँ न तोड़ें। इसे खुली धूप पसंद है।

बेलीस पेरेनिस : शीत, ऊँचाई बीस से पैंतीस सेंटीमीटर तक, खिलना तीन माह बाद। सफेद, हल्के गुलाबी व लाल रंग के इकहरी व दुहरी पंखुड़ी वाले इस फूल को डेजी भी कहते हैं। गोलाई लिए लंबे पत्ते जमीन पर ही फैले रहते हैं व फूल बीच में से निकली डंडियों के अग्र भाग में खिलता है। पत्थरों के बीच, ढलानों व क्यारी बार्डर, स्टैंडर्ड गुलाब के नीचे लगाने के लिए सुंदर पुष्प है। मुर्झाए फूलों को डंडी समेत काट देने से नए फूल दीर्घ अवधि तक आते रहते हैं।

मिमुलस : शीत, ऊँचाई पंद्रह से तीस सेंटीमीटर तक, खिलना तीन महीने बाद। पीले फूल पर लाल नारंगी, ताँबई रंग के छीटों वाला यह अत्यंत विचित्र फूल है और इसे 'मंकी फ्लावर' भी कहते हैं। इसका फूल आकृति में एंटीरहीनम जैसा होता है, परंतु पंखुड़ी पतली व नाजुक होती है। साथ ही, एक डंडी पर एक ही फूल खिलता है। पत्ते हल्के हरे रंग के नरम व किनारे कटावदार होते हैं जो कि जमीन के साथ-साथ फैलते जाते हैं। ये फूल पत्थरों के बीच ढलानों व गमलों में लगाए जाते हैं। मिली-जुली धूप छाया में आसानी से हो जाते हैं। बीज द्वारा पौध तैयार करके स्थानांतरित किया जाता है। इसे फूलदान में नहीं लगा सकते क्योंकि इसकी डंडी बहुत छोटी होती है।

मिसीमब्राइंथिमम : शीत, ऊँचाई बीस सेंटीमीटर तक, दो महीने बाद फूल खिलते हैं। चमकदार चिकनी पंखुड़ियों वाला यह नाजुक फूल अत्यंत लोकप्रिय है। गमलों, पत्थरों के बीच ढलानों में, स्टैंडर्ड गुलाब के नीचे व पेटियों आदि में यह अत्यंत सुंदर लगता है। फूल चूँकि सूर्योदय के साथ खिलते हैं अतः खुली धूप जरूरी होती है। इसके पत्ते भी चमकदार व मोटे और लेसदार होते हैं। पानी की आवश्यकता इसे कम रहती है। फूल चटक रंग के न होकर भी अत्यंत चमकदार होते हैं इसलिए खूब देर तक चमकते हैं।

मैटरीकेरिया : शीत, ऊँचाई बीस से तीस सेंटीमीटर तक, खिलना दो महीने बाद। बटननुमा पीले सुंदर फूलों वाला यह पौधा छोटा होता है, जिसे क्यारी के बॉर्डर, पत्थरों के बीच में लगाया जाता है। फूल कटोरीनुमा व पत्ते चिकने कटावदार होते हैं। बीज से पौधे तैयार करके स्थानांतरण किया जाता है। खुली धूप व ठंडी जलवायु इसे पसंद है।

मैथिओला : शीत, ऊँचाई चालीस से अस्सी सेंटीमीटर तक, फूल ढाई से तीन महीने बाद। स्टॉक नाम से प्रसिद्ध यह सुंदर फूल लंबी टहनियों के बाजरे की बाल की तरह खिलता है। ये फूल इकहरी व दुहरी गुंथी हुई पंखुड़ियों वाले दोनों प्रकार के हो सकते हैं। डंडी में चारों ओर ये फूल इस प्रकार खिलते हैं मानो किसी ने फूलों के गजरे को टहनी में पिरो दिया हो। इसमें दो किस्में होती हैं–(1) भुट्टे जैसा केवल एक टहनी वाला...जिसे नॉन-ब्राचिंग किस्म कहते हैं। इसमें लंबे पत्तों के बीच में से केवल एक टहनी निकलती है जिसमें गुंथी हुई पंखुड़ी वाले फूल घने होकर टहनी के चारों ओर खिले होते हैं। (2) पौधे में से इकहरी व दोहरी गुंथी पंखुड़ी वाले फूलों की बहुत सी टहनियाँ निकलती हैं और झाड़ी का आकार ले लेती हैं। इसे ब्रांचिंग किस्म कहते हैं। इन दोनों किस्मों में फूल हल्की सुगंध वाले होते हैं। ये फूल सफेद, हल्के पीले, गुलाबी, मैरुन,

नीले गहरे जामुनी व फालसई रंग के होते हैं। क्यारी व गमले दोनों ही में यह लगाया जा सकता है। खुली धूप व पोषक तत्त्वों से युक्त मिट्टी इसके लिए ठीक रहती है। भुट्टे वाली किस्म में फूल की एक ही टहनी आती है। इसलिए इसे काटते नहीं हैं। इसकी बौनी किस्म भी आती है। स्टॉक अत्यंत भव्य पुष्प है और क्यारी हो या गमला दोनों में खूब रौनक देता है।

मोलोसेला : शीत, ऊँचाई सत्तर सेंटीमीटर से एक मीटर तक, बेल्स-ऑफ-आयरलैंड नाम से लोक प्रसिद्ध यह एक विचित्र प्रकार का पुष्प है। हरी उभरी सतह वाले कटावदार किनारों वाले पत्ते व पत्तों के जोड़ पर टहनी में तीखे काँटे होते हैं। इन्हीं के साथ घंटीनुमा हरे रंग की कटोरी जैसी लगती है, जो कि टहनी के चारों ओर होती है। इसी हरी घंटी के बीच सफेद रंग का पुष्प खिलता है। ये फूल जीभ के आकार के होते हैं। घंटीनुमा पादपटल ही इसका सौंदर्य है। पौधा सूख जाने पर भी यह घंटियाँ सूखकर टहनी पर लगी रहती हैं और सजावट के काम आती हैं। इसे गमले व क्यारी दोनों में लगाया जा सकता है। सहारे के लिए खपच्ची लगानी पड़ती है। गोबर की खाद इसे लाभ पहुँचाती है।

रूडबेकिया : शीत, ऊँचाई पैंतालिस से साठ सेंटीमीटर तक, तीन से चार महीने बाद खिलता है। चटक पीले रंग के डेजी जैसे बड़े-बड़े फूल जिसका गहरा भूरा लगभग काले रंग का केंद्र भाग ऊपर को उभरा होता है—कोन-फलावर के नाम से पुकारे जाते हैं। पत्तियाँ लंबी होती हैं और फूल लंबी-लंबी डंडियों के अग्र भाग में खिलता है। एक डंडी पर एक ही फूल होता है। क्यारियों व गमलों और पत्थरों के बीच उसे सफलता पूर्वक उगाया जा सकता है। खुली धूप व खाद से भरपूर जमीन पसंद है। संकर किस्म में विभिन्न रंगों के फूल आ रहे हैं जिनमें 'गोल्डन-फ्लेम', 'माई-जॉय' अच्छी किस्में हैं।

लाईनेरिया : शीत, ऊँचाई पच्चीस से चालीस सेंटीमीटर तक, खिलना ढाई से तीन महीने में। इसके फूल एंटीरहीनम जैसे नन्हे-नन्हे होते हैं और नाजुक पतली डंडियों के ऊपरी हिस्से में खिलते हैं। पत्तियाँ भी पतली व नाजुक होती हैं। फूल विविध रंगों के होते हैं और सफेद, पीले, शरबती, गुलाबी, नीले, लाल, बैंगनी, जामुनी आदि कई रंगों में उपलब्ध होते हैं, फूल के निचले ओठ का रंग हमेशा दूसरे रंग का होता है जिसके कारण फूल अत्यंत आकर्षक व नाजुक लगता है। पौधा जब दस सेंटीमीटर का हो जाए तो उसे ऊपर से काट देना चाहिए ताकि वह पूरी तरह भराव ले सके। गमले, क्यारी, पत्थरों के बीच खाली स्थानों में ये फूल अत्यंत आकर्षक लगते हैं। गमले में चारों ओर खपच्ची लगाकर धागे से बाँध देना चाहिए। धूप व खाद वाली मिट्टी इसे पसंद है। बीज से पौध तैयार कर के उसे स्थानांतरित कर दिया जाता है। 'एक्सेलसियर', 'फेयरली', 'बुके', 'नार्दन-लाईटस' कुछ अच्छी किस्में हैं।

लाईनम रूब्रम : शीत, ऊँचाई पैंतीस से साठ सेंटीमीटर तक, खिलना ढाई से तीन महीने में। अलसी परिवार का यह फूल अत्यंत नाजुक और कमनीय है। इसकी टहनियाँ व पत्ते अत्यंत पतले व नाजुक होते हैं। टहनियों के अग्र भाग में कटोरीनुमा गोल घूमी

हुई पंखुड़ी वाला लाल फूल होता है। क्यारी में लगे पौधे जब हवा के झोंकों से इधर-उधर घूमते हैं तो क्यारी में लहरें-सी बनने लगती हैं। फूलों की पंखुड़ियों में रेशमी चमक होती है, जो उसे आकर्षक बना देती है। ये फूल क्यारी में अधिक सुंदर लगते हैं। साधारण अलसी के फूल नीले रंग के होते हैं। खुली धूप व हल्की मिट्टी इसके लिए अच्छी होती है।

लाइमोनियम : शीत, ऊँचाई पैंतालिस से साठ सेंटीमीटर तक, खिलना तीन से साढ़े तीन महीने में । स्टेटीज व सी. लेवेडर नाम से प्रसिद्ध यह चटक रंगों के फूलों वाला पौधा है जिसके फूल सूखने पर भी अपने असली रूप में रहते हैं। कटावदार गहरे हरे रंग की पत्तियाँ चौकोर टहनी के चारों ओर लगी होती हैं। टहनी के अग्रभाग में छोटे-छोटे फूल गुच्छों में खिलते हैं। फूल पीले, सफेद, जामुनी, गुलाबी रंग के होते हैं। इनमें गंध नहीं होती है। फूल क्यारी में पत्थरों के बीच में और गमलों में लगाए जा सकते हैं। ठंडी जलवायु व खुली धूप इसे पसंद है।

लैथीरस ओडोरेटस : शीत, ऊँचाई डेढ़ से ढाई मीटर तक, खिलना दो महीने के बाद। स्वीट पी नाम से लोकप्रिय शीत ऋतु का सबसे सुगंधित पुष्प है। विविध रंगों वाले तितली जैसे फूल उद्यान में फूलों की दीवार अथवा पर्दा-सा बना देते हैं। अनेक रंगों वाली सुगंधित पृष्ठभूमि इससे अधिक सुंदर और कुछ नहीं हो सकती है। बीज क्यारी में सीधे बो दिए जाते हैं। पौधा बीस सेंटीमीटर ऊँचा हो जाए तो सहारे के लिए या तो लोहे की तार वाली जाली लगानी चाहिए या फिर सुतली की सहायता से जाल बुनना चाहिए। इसकी क्यारी कम-से-कम दो फीट गहरी खोदनी चाहिए। बीज को दस सेंटीमीटर गहरा बोना चाहिए जब तक बीज अंकुरित न हो जाए पानी का केवल छिड़काव करें। बीज के अंकुर मीठे होते हैं। अतः चिड़ियों व गिलहरी से रक्षा करनी चाहिए। स्वीट-पी के लिए सहारा कम-से-कम ढाई मीटर ऊँचा बनाना चाहिए। पौधे में नीचे पच्चीस सेंटीमीटर तक पत्तियाँ और टहनियाँ न फूटने दें। इसे खुली धूप की आवश्यकता होती है। अतः क्यारी बनाते समय इसका ध्यान रखें कि वह दक्षिण की ओर मुख किए हुए धूप वाले स्थान पर हो। स्वीट-पी लहरदार पंखुड़ियों व सीधी पंखुड़ियों दोनों किस्मों में आती है। इसके सुगंधित पुष्प फूलदान में लगा देने से कमरा महक उठता है और फूल भी काफी दिनों तक टिके रहते हैं। यूँ भी स्वीट-पी की क्यारी के पास से हवा निकल जाए तो पूरा वातावरण सुगंधित हो उठता है।

लोबेलिया : शीत, ऊँचाई दस से बीस सेंटीमीटर, खिलना तीन महीने बाद। छोटे-छोटे फूलों वाला यह पौधा अत्यंत मनोहारी लगता है। फूल सफेद, गहरे नीले व मैरून रंग के आते हैं जिनका केंद्र सफेद या पीला होता है। पत्थरों के बीच के खाली स्थान भरने के लिए, खिड़की के आगे की पेटियों, लटकती टोकरियों व गमलों में लगाने के लिए सुंदर पौधा है। 'ब्रिज', 'ब्लू,-एंपरर', 'विलियंस', 'क्रिस्टल-पैलेस', 'सफायर', 'व्हाईट-लेडी', 'स्नोबॉल' आदि कुछ अच्छी किस्में हैं।

ल्यूपिनस : शीत, ऊँचाई पैंतालिस से पचहत्तर सेंटीमीटर तक, खिलना तीन महीने

में। मटर के फूलों जैसी आकृति वाले फूलों का यह पौधा झाड़ीनुमा होता है। पत्ते रोएँदार व खुली हथेली जैसे लगते हैं। टहनी भी रोएँदार होती है। भुट्टे की बाल के समान टहनी के अग्रभाग में फूल नीचे से ऊपर खिलते जाते हैं। ये फूल फीके पीले, नीले, गुलाबी व जामुनी रंग के होते हैं। इन्हें क्यारी में लगाया जाता है। इसके बीज क्यारी में सीधे बो दिए जाते हैं। बाद में फालतू पौध निकालकर पौधों को कम घना कर दिया जाता है। खाद से भरपूर नमी वाली जमीन और खुली धूप इसे पसंद है। इसके फूल ही नहीं पत्ते भी सजावट के लिए फूलदान में लगाए जाते हैं। 'अल्बास', 'रोजज', 'जायंट-किंग' एवं हायब्रिड मिक्स किस्में अच्छी होती हैं।

वर्बीना : शीत, ऊँचाई बीस से तीस सेंटीमीटर तक, खिलना तीन महीने में। सफेद, गुलाबी, लाल, नीले, बैंगनी, जामुनी रंग के नन्हे-नन्हे सितारेनुमा फूलों के समूह वाला यह फूल क्यारी व गमलों दोनों में ही लगाया जा सकता है। रोएँदार त्वचा व कटावदार किनारे वाले पत्ते छोटे-छोटे होते हैं। फूल टहनी के अग्रभाग में गुंथे हुए खिलते हैं जो कि देखने में एक पुष्प के समान लगते हैं। बीज बोकर पौध तैयार की जाती है, फिर उसे इच्छानुसार स्थानांतरित कर दिया जाता है। बड़े फूल वाली संकर किस्म भी उपलब्ध है। इसके फूल दीर्घ अवधि तक खिलते रहते हैं। यह बहुत ही आसानी से कहीं पर भी खूब आसानी से उगाई जा सकती है। 'मिस-सूजी', 'लेवेंडर-ग्लोरी', 'ग्रैंडीफ्लोरा-मिक्सड' आदि सुंदर किस्में हैं।

वाएला ट्रीकलर : शीत ऊँचाई बीस से पच्चीस सेंटीमीटर तक, खिलना दो से ढाई महीने बाद। इसे पैंजी भी कहते हैं। इस पुष्प में तीन पंखुड़ियाँ आगे व दो पंखुड़ियाँ पीछे ऊपर की ओर इस प्रकार रखी होती हैं मानो किसी पशु के कान हों व केंद्र भाग में गोल छेद जिसके चारों ओर लंबी तीखी किरणें जैसी रेखाएँ खिंची होती हैं मानो मुँह और मूँछें हों...इस प्रकार यह पुष्प मिकी-माऊस जैसा लगता है। विविध चटक रंगों व लहरदार पंखुड़ियों वाला यह पुष्प बहुत ही आकर्षक होता है। क्यारी में किनारे पर, पत्थरों के बीच ढलानों में, खिड़की के आगे की पेटियों, स्टैंडर्ड गुलाब के नीचे व गमलों में यह बहुत अच्छा लगता है। पत्ते गोलाई लिए हुए आगे से नुकीले व किनारों पर हल्का-सा कटाव होता है। फूल की पंखुड़ियाँ मखमली व विभिन्न चटक रंगों वाली होती हैं। आकार में यह बारह सेंटीमीटर व्यास तक का मिलता है। छोटा पौधा होने पर भी अपने फूलों के कारण काफी महत्त्वपूर्ण है। गोबर व पत्ती की भरपूर खाद इसे पसंद है। पंद्रह दिन के अंतर पर तरल खाद डालने से लाभ होता है। जायंट किस्मों के अलावा एफ-वन व एफ-टू संकर किस्म के फूल अत्यंत आकर्षक होते हैं।

वॉएला कॉरजुटा : शीत, ऊँचाई दस सेंटीमीटर से 15 सेंटीमीटर तक, खिलना दो महीने बाद। पैंजी की ही किस्म का यह फूल आकृति में पैंजी जैसा ही होता है परंतु आकार में बहुत छोटा होता है। दूसरा अंतर है कि इसके पीछे की दोनों पंखुड़ियाँ एकदम गोल कान जैसी स्पष्ट होती हैं जबकि पैंजी में अगली पंखुड़ी से अलग नहीं होती हैं। इसके नन्हे-नन्हे फूल ढलानों में पत्थरों के बीच में व क्यारी के बॉर्डर पर अत्यंत आकर्षक

लगते हैं। अक्सर लोग बॉएला कारनुटा को ही पैंजी समझने की भूल कर बैठते हैं। इसके फूल कम खाद व धूप में भी अच्छी तरह हो जाते हैं। 'परफेक्शन', 'एडमाईरेशन', आर्कराईट', 'रूबी' व 'टॉयलैंड' आदि सुंदर किस्में हैं।

हैली क्राइसम : शीत, ऊँचाई पचहत्तर से नब्बे सेंटीमीटर तक, खिलना तीन महीने के बाद। सूखे फूलों के लिए पसंद किया जाने वाला यह एक सुंदर पुष्प है जो पीले, लाल, गुलाबी, कत्थई, नारंगी कत्थई, ताँबई आदि कई रंगों में खिलता है। पंखुड़ियाँ बीच की ओर घूमी हुई प्याले फूल का रूप प्रदान कर देती हैं व बाहरी पंखुड़ियाँ प्लेट की भाँति चारों ओर फैल जाती हैं। इन्हें क्यारी में ही लगाना चाहिए। खुली धूप वाले कैसे भी स्थान में इसे सरलता पूर्वक उगाया जा सकता है।

हैलीएंथस : ग्रीष्म, ऊँचाई पचास सेंटीमीटर से दो मीटर तक, खिलना दो से ढाई महीने बाद। सनफ़्लावर एवं सूर्यमुखी नाम से प्रसिद्ध अत्यंत लोकप्रिय फूल है। इसमें एक किस्म में पौधे झाड़ीनुमा व फूल छोटे होते हैं व दूसरी किस्म में छत्तीस से लेकर पैंतालिस सेंटीमीटर व्यास के बड़े-बड़े फूल खिलते हैं व पौधा सीधा जाता है व झाड़ी जैसा नहीं होता है। इसके बीज तेल निकालने के लिए काम आते हैं। पर्दा बनाने अथवा पृष्ठभूमि की दृष्टि से ये बड़े फूलों वाली किस्म बहुत अच्छी रहती है। झाड़ीनुमा किस्म क्यारी में कहीं पर भी धूप वाले स्थान में लगाई जा सकती हैं। बीज बोकर पौध को बाद में स्थानांतरित कर दिया जाता है।

साल्विया : शीत, ऊँचाई साठ से नब्बे सेंटीमीटर तक, खिलना दो महीने से तीन महीने तक। रक्त जैसे सुर्ख लाल फूलों वाला यह पौधा झाड़ीनुमा होता है। इसके फूल टहनियों के अग्रभाग में लम्बी बाल के समान खिलते हैं और दीर्घ अवधि तक खिलते रहते हैं। फूल की कटोरी के भीतर से लंबी जीभ जैसी निकलती है। चूँकि ये फूल छाया में आसानी से हो जाते हैं इसलिए खूब पसंद किए जाते हैं। यद्यपि इसमें पीले, मैरून व नीले, गुलाबी रंग की किस्में भी आती हैं परंतु यह सुर्ख सबसे अधिक लोकप्रिय है। नमदार ठंडी व कम धूप वाली जगह इसे पसंद है। इसे क्यारी व गमलों में लगाया जा सकता है। बीज को बोकर पौध को स्थानांतरित किया जाता है।

सपोनेरिया : शीत, ऊँचाई पंद्रह से तीस सेंटीमीटर तक, खिलना दो महीने के बाद। हल्के हरे रंग की चिकनी लंबी पत्तियाँ व सितारेनुमा नाजुक गुलाबी फूलों वाला यह पौधा वाटिकाओं में खूब उगाया जाता है। इसे क्यारी में उगाया जाता है। इसके फूल काट कर फूलदान में लगाने के लिए पसंद किए जाते हैं। फूल अत्यंत बिखरे-बिखरे खिलते हैं परंतु संख्या में खूब होते हैं व सुंदर लगते हैं।

सिनरेरिया : शीत, ऊँचाई तीस से साठ सेंटीमीटर तक, खिलना ढाई से तीन महीने तक। एक ठंडी छायादार जगह में खिलने वाला डेजी जैसा यह फूल विविध रंगों वाला होता है। श्वेत, नीले, गुलाबी, जामुनी, लाल, बैंगनी, गहरे नीले आदि सुंदर रेशमी रंगों वाला फूल पौधे के ऊपर गुच्छों में खुले छाते के समान खिलता है। इसके पत्ते खूब बड़े-बड़े गोल परंतु आगे से नुकीले एवं रोएँदार होते हैं। फूल की टहनियाँ हरे पत्तों के

ऊपर निकलकर छाता-सा तान देती हैं। फूलों के केंद्र भाग चटक रंगों वाले होते हैं व फूल की पंखुड़ी के किनारे भी अलग रंग के होते हैं। ये फूल काटकर फूलदान में लगाने योग्य नहीं हैं। क्यारी व गमले दोनों में ही इसे लगाया जा सकता है। इसे पत्ती की खाद व पोटाश बहुत प्रिय है। जमीन ठंडी व पानी लगातार मिलते रहना चाहिए यदि मौसम ठंडा हो तो फूल काफी समय तक खिले रहते हैं। इसके बीज बहुत छोटे होते हैं। अतः रेत के साथ मिलाकर बोना चाहिए। 'कोपेन-हेगन' 'कार्केटा', 'अर्ली फेवरेट', 'मैक्सिमा-ग्रैंडीफ्लोरा', 'मैक्सिमा-नाना', 'नाना-मल्टीफ्लोरा' कुछ सुंदर किस्में हैं।

सेंच्यूरा स्यानस : शीत, ऊँचाई साठ से नब्बे सेंटीमीटर तक, खिलना तीन से साढ़े तीन महीने में। कॉर्न-फ्लावर नाम से प्रसिद्ध यह विविध रंगों वाला फूल है। इसकी पत्तियाँ पतली व गहरे रंग की होती हैं। फूल की पंखुड़ियाँ लहरदार होती हैं व फूल अत्यंत सुंदर लगता है। सफेद, नीला, गुलाबी, लाल, गहरा लाल, मैरून रंग के फूल इसमें खिलते हैं जो कि टहनियों के अग्र भाग में अलग-अलग खिलते हैं। इसे क्यारी में ही लगाना चाहिए।

सेंच्यूरा मोसचाटा : शीत, ऊँचाई साठ से सौ सेंटीमीटर तक, खिलना तीन महीने बाद। फूल की मधुर गंध के कारण इसे 'स्वीट-सुल्तान' भी कहते हैं। इसके पत्ते लंबे व किनारे कटावदार होते हैं। हरे रंग की बेर जैसी गोल कली में से फालसई रंग की फूल की पंखुड़ियाँ निकलती हैं, जिसके किनारे लहरदार होने के साथ कटावदार भी होते हैं। पर पंखुड़ी पीछे की ओर जुड़ी होने से तिकोनी टोपी का आकार ले लेती है। हल्के फालसई बैंगनी सफेद व पीले रंग के फूल इस विचित्रता के कारण बहुत सुंदर लगते हैं। इसे क्यारी में ही लगाना चाहिए। फूलदान में लगाने के लिए यह सुंदर फूल है। 'अल्बा', 'स्पेल्डंस', 'सुवालिओंस', 'ओडोराटा' आदि कुछ अच्छी किस्में हैं।

साइनोग्लोसम : शीत, ऊँचाई तीस से साठ सेंटीमीटर तक, खिलना ढाई महीने बाद। नन्हे-नन्हे नीले फूलों वाला यह पौधा क्यारी में अत्यंत सुंदर लगता है। इसके फूल फॉरगेट-मी-नॉट के समान होते हैं, परंतु सुगंधित होते हैं। यही फर्क होता है। छायादार स्थानों में इसे सरलता पूर्वक उगाया जा सकता है। 'ब्लू-बर्ड' एवं 'फरमामेंट' सुंदर किस्में हैं।

स्पीरुला : शीत ऊँचाई एक मीटर तक, हॉली हाक्स के परिवार वाला यह अत्यन्त दृढ़ स्वभाव वाला पौधा है। गुलाबी नीले फूल आकार में छोटे और पत्तों के जोड़ पर खिलते हैं। पौधा हल्की धूप छाया में हो जाता है। गमले व क्यारी दोनों में ही रौनक देता है। परन्तु फूलदान में लगाये जाने योग्य नहीं है।

सदाबहार पौधे एवं फर्न

रंगीन पुष्पों, लताओं एवं वृक्षों के बीच विभिन्न रूप व आकार वाले, हरे-भरे पत्तों वाले पौधों का महत्त्व भी कम नहीं है। ग्रीष्म ऋतु की तपती धूप व असह्य गर्मी में अपने उद्यान का हरा-भरा कोना मन एवं आँखों को अत्यंत ताजगी प्रदान करता है। वर्षा की रिमझिम फुहार में नहाते हुए पत्ते, अनोखा लावण्य प्रस्तुत करते हैं। बैठक अथवा बरामदे में रखा फर्न का एकमात्र गमला भी अपने आप में आकर्षक लगता है। जब काटकर फूलदान में लगाने योग्य कोई फूल उपलब्ध नहीं होता, तब फर्न की एक-दो टहनियाँ अथवा एस्परागस की नाजुक पत्तियाँ भी काट कर लगाई जाने पर कमरे की शोभा बढ़ाती हैं। इन पौधों की देखभाल में उतना ही श्रम एवं समय लगता है जितना अन्य पौधों में। अंतर केवल यह है कि ये पौधे एक बार लगा देने पर पूरे साल रौनक देते रहते हैं। बस, उन्हें समय-समय पर आवश्यकतानुसार खाद व पानी मिलते रहना चाहिए। हरित आभा में मिले-जुले कई रंग इनके सौंदर्य को दुगुना कर देते हैं। इसी प्रकार फूलों के गमलों की पृष्ठभूमि में ये सदाबहार पौधे अधिक सौंदर्य प्रस्तुत करते हैं, और आपके चयन एवं परिश्रम को सार्थक कर देते हैं। यदि इनका पूरा ध्यान रखा जाए तो थोड़े श्रम से वर्ष भर इन पौधों का आनंद लिया जा सकता है। इन पौधों को तीखी सीधी हवाएँ, चाहे ठंडी हों अथवा गर्म नुकसान पहुँचाती हैं। अक्सर इनके लिए शीतघर यानी ग्रीन हाउस बनाए जाते हैं। परंतु आजकल ग्रीन हाउस केवल बड़े-बड़े उद्यानों अथवा वनस्पति-विज्ञान पढ़ाने के लिए कॉलेजों में बनाए जाते हैं। वे अत्यंत महँगे पड़ते हैं, साथ ही जगह की कमी भी इनके बनाने में रुकावट डालती है। यदि ग्रीन हाउस बनाने का सामर्थ्य एवं साधन आपके पास है, तो अवश्य बनाइए।

शीतघर

यह जहाँ कहीं भी बनाया जाए, उसके लिए पहले मुख्य आधार बनाना चाहिए। गोल, अष्टकोण, षटकोण, वर्गाकार या किसी भी आकार से आप अपनी रुचि के अनुसार बना सकते हैं, यह तो स्थान पर ही निर्भर करता है। कई लोग शीशे के कमरे में कई प्रकार के पौधे, गमलों में लगाकर उसे ग्रीन हाउस की संज्ञा दे देते हैं जो गलत है। केवल पौधों का संग्रह करके संग्रहालय बनाया जा सकता है, उन पौधों के लगाने में जब तक रुचि

एवं कलात्मकता का पुट न होगा वह तब तक निर्जीव ही लगेगा। ग्रीन हाउस का आधार लोहे अथवा अल्यूमीनियम की पाइप, सरिया अथवा लकड़ी की बल्ली भी हो सकता है। यदि आप लकड़ी की बल्ली आदि का प्रयोग करें तो कोलतार अथवा कीटाणु-निरोधक वस्तु की उस पर पॉलिश अवश्य करें, अन्यथा कीड़ों द्वारा खाए जाने पर पूरा शीतघर गिर जाएगा। सबसे पहले बीच में बल्ली अथवा खंभा गाड़ें फिर चारों ओर कम-से-कम 6 मीटर के फासले पर एक-एक खंभा गाड़ना चाहिए। इस घर का दरवाजा उत्तर की तीखी हवा से बचाकर पूर्व अथवा दक्षिण-पश्चिम की ओर रखना चाहिए। चारों ओर तार की जाली अथवा तार की सहायता से जाल बुनवा दें। इसकी छत पर कभी भी बेल न चढ़ाएँ, अथवा बहुत भारी वस्तु से ढकें नहीं, क्योंकि पत्तों के स्वस्थ रंग-रूप एवं चमक के लिए क्लोरोफिल उन्हें सूर्य की किरणों से ही मिलता है। ग्रीष्म ऋतु में दोपहर को व शीत ऋतु में रात को ही पौधों की विशेष सुरक्षा की आवश्कयता होती है। आजकल प्लास्टिक की बुनी एक विशेष हरे रंग की जाली मिलती है जो कि तेज धूप व पाले से पौधों की रक्षा करती है। धूप इसमें छनकर नीचे पहुँचती है। इसमें चारों ओर पत्थरों से टेढ़ी-मेढ़ी क्यारी बनाएँ। इन पत्थरों के बीच में विभिन्न प्रकार के सदाबहार पौधे लगाएँ। इन पत्थरों में मेडन हेयर फर्न, जबरीना, टिलेंडेंशिया, पाइलिया, ट्रेडेसकेशिंया जैसे रेंगकर चलने वाले पौधे लगाएँ ताकि यह पत्थरों को ढक दें। गहरे सलेटी रंग के पत्थरों की पृष्ठभूमि में पौधे और भी सुंदर लगेंगे तथा वातावरण को अधिक स्वाभाविक बना देंगे। चारों ओर अंदर ही अंदर एक टेढ़ा-मेढ़ा फुटपाथ अथवा पगडंडी अवश्य रखें जो ईंटों का नहीं होनी चाहिए, अन्यथा अंदर की ठंड व नमी के कारण उस पर काई जम जाएगी। नदी के गोल चिकने पत्थर अथवा बजरी उसके लिए अच्छी रहेगी। इस ग्रीन हाउस के बीच में पानी का एक छोटा-सा जलाशय अवश्य बनाएँ, इससे वातावरण खुश्क नहीं होने पाता और नमी रहती है। पत्थरों की क्यारियों से पानी की निकासी का पूरा प्रबंध होना चाहिए, नहीं तो पौधे की जड़ें गलने लगेंगी।

चारों ओर के खंभों पर आडवी, फिलोडेंड्रान, पोथोस, मानस्टेरा जैसे बेल की तरह चलने वाले पौधे चढ़ा दें, ताकि खंभों की कुरूपता ढक जाए। हरे-भरे पौधों के बीच छाया में खिलने वाले फूल सिनरेरिया, जिरेनियम, वायलेट जैसे पौधे लगाने से हरे रंग की एकरसता दूर की जा सकती है। इन पौधों को पानी देने के साथ-साथ उनके पत्तों को छिड़काव द्वारा धोना अत्यंत आवश्यक है। वर्ष में एक बार वर्षा के बाद इन्हें खाद देना आवश्यक होता है। इसके लिए पत्ती की पुरानी खाद, रेत, लकड़ी के कोयले का चूरा और थोड़ा चूना तथा थोड़ी गोबर की खाद का मिश्रण बना लें और जड़ों के पास अच्छी तरह सफाई करके उसे मिट्टी में मिला दें। पुराना चूना मकानों की चिनाई के टुकड़े में मिलता है। आजकल यह मुश्किल से मिलता है। इसके लिए बुझा हुआ पुराना चूना थोड़े से मिश्रण में मिला दें। यदि बहुत वर्षा के कारण जमीन बहुत कमजोर व सुस्त लगे तो चूने के पानी का घोल बहुत हल्की मात्रा में मिट्टी में डाल दें। ग्रीन हाउस के बाहर बिगनोनिया, क्लेरोडेंड्रॉन, थनबर्जिया, वरनोनिया जैसी सदाबहार बेलें चढ़ा दें

जो वर्ष भर पत्तों से ढकी रहती हैं और ऋतु आने पर फूल भी देती हैं। परंतु ध्यान रहे कि ये बेलें छत पर चढ़कर धूप न रोक लें। अतः बीच में कटाई-छटाई करते रहें।

यदि आपके पास जगह कम हो अथवा आप व्यर्थ का खर्च नहीं करना चाहते हों तो घर की दक्षिणी पूर्वी दीवार की आड़ में इन पौधों को रखिए, ताकि सीधी तीखी सर्द हवा अथवा लू इन्हें हानि न पहुँचा सके। दीवार को ही आधार बनाकर आप दो ओर से ढक दें और तीसरी ओर दरवाजा रख कर ग्रीन हाउस बना सकते हैं। यदि आपके पास बहुत थोड़े गमले हैं तो उन्हें बरामदे आदि में रखकर धूप व हवा से बचा सकते हैं। इसी प्रकार यदि उद्यान में ही बड़े-बड़े वृक्ष हों तो उसके तने को आधार बना कर उसके चारों ओर ग्रीन हाउस बनाया जा सकता है। ग्रीन हाउस के बीच में ऊपर छत से बाहर निकला यह वृक्ष अत्यंत आकर्षक लगेगा। वास्तव में उद्देश्य तो पौधों को तीखी धूप, सर्दी, हवा से बचाना ही है। शेष तो आप अपनी रुचि के अनुसर कल्पना-शक्ति का प्रयोग करें।

अकैलिफा : 75 सेंटीमीटर से लेकर डेढ़ मीटर की ऊँचाई तक जाने वाला यह एक सदाबहार आकर्षक पत्तों वाला पौधा है, जिसके पत्ते मुख्यतः हरे, ताँबई, सुनहरे, लाल, रंग के बड़े आकार के होते हैं। लगभग पूरे वर्ष इसमें पतली लंबी चुटिया के समान ताँबई लाल रंग के फूलों की लड़ी-सी लटकती रहती है। इसमें 'ट्राइकलर', 'मार्जिनेटा' 'ग्लेब्रेरा' आदि कई किस्में हैं जो हरे, लाल, नारंगी, ताँबई रंग के मिश्रण के कारण अत्यंत लुभावने लगते हैं। यह पौधा बहुत तेजी से बढ़कर झाड़ी का आकार ले लेता है। 'हिस्पिडा' अत्यंत आकर्षक किस्म है जिसे 'कैटस्-टेल' भी कहते हैं। इसमें सुर्ख रंग के नाजुक फूल एक लंबी लड़ी में जो लगभग अठारह सेंटीमीटर की हो जाती है, बिल्ली की दुम की तरह लटकती रहती है। अकैलिफा के पौधे कलम द्वारा बहुत आसानी से तैयार किए जा सकते हैं। गर्म एवं नम जलवायु एवं मिली-जुली धूप छाया इसे प्रिय है।

अगावे : मोटे सख्त तलवार जैसे नुकीले, साथ ही कटावदार किनारे के लंबे-लंबे पत्तों वाले इस पौधे को 'सेंच्यूरी प्लांट' भी कहते हैं। लंबी आयु वाले इस सकुलेंट पौधे में लगभग पचास वर्ष की आयु में जाकर फूल आता है। इसकी 'अमेरिकन मार्जिनेटा' किस्म पीली, सफेद, हरी धारी वाले विशाल पत्तों के लिए प्रसिद्ध है। 'विक्टोरिया रेगिना' के पत्ते सीधे एवं कमल-पुष्प की पंखुड़ियों के समान बीच में से बाहर की ओर सीधे निकलते हैं। अगावे डेढ़ से लेकर पाँच मीटर की ऊँचाई तक मिलता है। यह धूप व कम पानी में अच्छी तरह विकसित होता है।

एकमिया : यह छोटे सख्त पत्तों वाला अनन्नास की जाति का पौधा है। पत्तों के ऊपर का केंद्र वाला भाग कटोरे के समान हो जाता है, जिसके बीच से लिली की तरह लंबी टहनी पर लाल नन्हे मोतियों जैसे पुष्प खिलते हैं। जड़ के पास से निकलने वाले अंकुरों का विभाजन करके नया पौधा तैयार किया जा सकता है। इसे भी खुली धूप व कम पानी चाहिए। इन्हें तोड़ने के बाद एकदम बोना नहीं चाहिए, बल्कि कुछ दिनों तक खाली ही पड़े रहने देना चाहिए। जब नीचे वाला भाग सूख जाए तब बोना चाहिए।

रुका हुआ पानी अगावे की भाँति इसे भी नुकसान पहुँचाता है।

एलोकेसिया : हृदय की आकृति जैसे बड़े-बड़े तनिक मोटाई लिए चमकदार पत्तों के कारण यह पौधा लोकप्रिय है। जमीन में, बाग के नम छायादार कोने में या कहीं भी कम तीखी धूप वाले स्थान में यह आसानी से उगाया जा सकता है। इसकी जड़ें अदरक के समान गाँठदार होती हैं जिन्हें विभाजित करके नए पौधे तैयार किए जा सकते हैं।

एपिस्किया : लगभग 40 विभिन्न किस्मों वाला वह पौधा छाया प्रेमी होता है एवं स्ट्रॉबेरी की भाँति धरती पर रेंग कर बढ़ता है। बदलते समय इसे बहुत ही सावधानी की आवश्यकता होती है। अन्यथा जरा-सी भी चोट से यह मर जाता है। कुप्पी के आकार वाले इसके अलग-अलग विभिन्न रंगों के फूल होते हैं जो कि धरती पर कालीन की तरह खिलकर अत्यंत सुंदर दृश्य उपस्थित करते हैं। 'रेप्टेंस', 'लाइलेसीना', 'डायंथीफ्लोरा', 'मैकुलेटा' आदि विभिन्न रंग वाली किस्में हैं। जड़ के पास के अंकुरों को अलग करके नया पौधा तैयार किया जा सकता है।

एनथ्यूरियम : हृदय की आकृति वाले पत्तों के बीच प्लास्टिक जैसी मोटी पंखुड़ी वाले मखमली लाल फूल के कारण यह पौधा बहुत आकर्षक लगता है। लाल पंखुड़ीनुमा फूल के बीच शिवलिंग के समान एक पुंकेसर होता है, जो पुष्प के वैचित्र्य एवं सौंदर्य को बढ़ाता है। उष्ण कटिबंधीय विशेषकर नमी वाले प्रदेशों में ही यह उगता है। भारत में दक्षिण के केरल, कर्नाटक में यह फूल पाया जाता है। संसार में इसकी लगभग साढ़े पाँच सौ किस्में हैं जिनमें चटक लाल, गुलाबी, सफेद, पीले आदि विभिन्न रंग वाले फूल होते हैं। इसकी पुष्पनुमा पंखुड़ी को स्पेथ एवं बीच के नलीनुमा केसर को स्पेडिक्स कहते हैं। इसकी जड़ गाँठदार होती है। हल्की एवं ह्यूमस वाली मिट्टी व छाया इसके विकास के लिए सहायक होती है। थाइलैंड, श्रीलंका दक्षिणी अमेरिका में यह पाया जाता है। 'एल्बम' में सफेद स्पेथ, 'रूबरम' में गहरे गुलाबी रंग का स्पेथ, 'रोडोक्लोरम' में सुर्ख लाल रंग का फूल होता है। छायादार नमी वाले स्थान में इसकी गाँठनुमा जड़ होनी चाहिए। पानी का निकास अच्छा होना चाहिए। जब नए अंकुर फूटने लगें तो उसे स्फैग्नस मॉस से ढक देना चाहिए। यदि कमरे में लगाएँ तो एक ट्रे में पानी रखकर उसमें गमला रखना चाहिए।

ऐग्लाओनिमा : 10 सेंटीमीटर से लेकर 30 सेंटीमीटर ऊँचाई वाला यह सदाबहार पौधा अपने श्वेत छींटेदार लंबे नुकीले पत्तों के कारण अत्यंत आकर्षक लगता है। एरम लिली की भाँति इसमें एक श्वेत पुष्प भी निकलता है। 'नोबिलिस', 'पिक्टम', 'सिंपलेक्स', 'लवली-आई' आदि कुछ आकर्षक किस्में हैं। 'पिक्टस ग्रेसाइल' भी एक और अत्यंत सुंदर किस्म है। गमले में लगाने पर यह अत्यंत सुंदर लगता है। जड़ों को विभाजित करके नए पौधे तैयार किए जा सकते हैं।

ऐस्पीडिस्टरा : विक्टोरियन युग के लोगों द्वारा 'कैनन बॉल' नाम से पुकारा जाने वाला यह पौधा अत्यंत कठोर एवं मजबूत प्रकृति का होता है। इसमें गर्मी, धूप, धुएँ,

छाया आदि सभी को झेलने की पूरी सामर्थ्य एवं शक्ति है। इसे कहीं भी रखा जा सकता है। गोलाकार लंबी परंतु फीतेनुमा बड़ी-बड़ी व चिकनी पत्तियाँ होती हैं जिनमें श्वेत रूपहली धारियाँ होती हैं। इसका फूल बहुत महत्त्वपूर्ण नहीं बेशक पत्तों के कारण इसका महत्त्व है। जड़ों को विभाजित करके नया पौधा तैयार किया जा सकता है।

ऐस्परेगस : हरी नाजुक तंतु जाल जैसी हल्की कोमल पत्तियों वाला यह सदाबहार पौधा झाड़ी व लता दोनों ही किस्मों में आता है। पत्तों की बनावट कोमल व कलात्मक लेस के समान होती है। श्वेत नन्हे-नन्हे नाजुक पुष्प गुच्छों में खिलते हैं जो बाद में नन्हे-नन्हे गोल मटर जैसे नारंगी फलों में बदल जाते हैं। श्वेत फूल स्थायी नहीं होते हैं व साथ-साथ झड़ जाते हैं। 'मेडियोलायड्स' लगभग दो मीटर तक जा सकने वाली लता है। इसमें नन्हे परंतु अत्यंत तीखे काँटे भी होते हैं। पत्ते नाजुक झालर के समान ऊपर से नीचे लटके रहते हैं। 'प्लूमोसस' फर्न की भाँति फैलने वाला पौधा है। नए कोमल पत्ते हल्के रंग के व शेष गहरे हरे रंग के होते हैं। पत्ते बारीक तंतुओं के समान डंडीनुमा पतली टहनियों में लगे होते हैं। 'स्प्रिंगेरी' फर्न के समान फैलने वाला पौधा है, इसे यदि टोकरी में लगाकर बरामदे में लटका दिया जाए तो अत्यंत आकर्षक लगता है। पत्ते लेसनुमा व नाजुक होते हैं। जड़ों में छोटे-छोटे ट्यूमर होते हैं, जिन्हें अलग करके नए पौधे तैयार किए जा सकते हैं। वर्षा ऋतु में इसकी फालतू जड़ों को अलग करके नई मिट्टी व खाद के साथ तैयार करें।

कुरकुलिगो : घास व ताड़ के बीच की किस्म वाला, यह हिमालय निवासी सदाबहार पौधा है। इसकी देखभाल बाँस के समान की जाती है। इसमें वेरीगेटा किस्म सर्वोत्तम है। इसकी पत्तियों में हलके पीले रंग की धारियाँ होती हैं। जड़ों एवं गाँठों का विभाजन करके इसे तैयार किया जाता है।

क्लोरोफाइटम : लिली की जाति की 215 किस्मों में यह एक सदाबहार किस्म है। जिसका मूल स्थान अफ्रीका है। पीली धारी जैसे चपटे पत्ते, फूल की पंखुड़ी की भाँति केंद्र से ऊपर की ओर फूटते हैं। पत्तों के बीच में से एक लंबी डंडीनुमा टहनी फूटती है और उसी में से नए पौधे, नन्हे-नन्हे रूप में जन्म लेती हैं। अपनी ट्यूबर जैसी जड़ों द्वारा यह धरती के भीतर ही भीतर फैलता जाता है। गमले अथवा टोकरी में लगाकर यदि इसे बरामदे में लटका दिया जाए तो यह चारों ओर फैलकर नीचे की ओर लटकने लगता है और अत्यंत आकर्षक लगता है। जमीन में भी यह शीघ्रता से बेल की भाँति फैलता जाता है। पौधा पुराना हो जाने से अक्सर अव्यवस्थित एवं बदरंग हो जाता है। तब जड़ों को विभाजित करके नया पौधा तैयार कर लेना चाहिए। अत्यधिक छाया रहने से इसकी रंगीन धारियाँ समाप्त हो जाती हैं, तब यह आकर्षक नहीं लगता।

क्रिपटेंथस : मोटे पत्तों वाला, पत्थर व पेड़ पर अंकुरित होने वाला यह पौधा, अपनी ऑक्टोपस की बाँहों के समान चारों ओर फैले पत्तों के कारण अत्यंत आकर्षक लगता है। इसीलिए इसे अर्थस्टार भी कहते हैं। धूप-प्रेमी यह पौधा चौड़ी पेंदी वाले, कम गहरे गमले में भी उगाया जा सकता है।

केलेडियम : ट्यूबर जड़वाला यह पौधा अपने आकर्षक पत्तों के कारण बहुत लोकप्रिय है। हरे रंग के हाथी के कान जैसे पत्तों में लाल सफेद छींटे अथवा सफेद धारियों का जाल बुना होता है। गर्म एवं नम जलवायु-प्रेमी यह पौधा दक्षिण भारत, बंगाल, ब्राजील, थाईलैंड, श्रीलंका में अधिक होता है। केरल में जंगली पौधे के रूप में रेल की पटरियों के साथ-साथ बिखरे ये पौधे अत्यंत लुभावने लगते हैं। उत्तर भारत में मार्च के महीने में जब इसके ट्यूबर फूटने लगते हैं, तब इन्हें गमलों में बो दिया जाता है। बोने से पूर्व नारियल की जटा अथवा रेत को गीला करके दबा देने से अंकुरण जल्दी होता है। गमलों में कोयले का चूरा, रेत, पत्ती की पुरानी खाद आदि का मिश्रण तैयार करने के बाद इसके अंकुरित ट्यूबर लगा दिए जाते हैं। ट्यूबर को मिट्टी में गहरा दबाना नहीं चाहिए और शुरू में कुछ दिन तो गमले में पानी भरने की अपेक्षा उस पर केवल छिड़काव करना चाहिए। जब अंकुर मिट्टी में से अच्छी तरह फूट आए तब पानी से गमले को भर देना चाहिए। इसे तीखी गर्म हवा व धूप से बचाएँ। सुबह-शाम की धूप इसके लिए बहुत आवश्यक है। अधिक छाया होने से पत्तों की डंडियाँ लंबी हो जाती हैं व रंग भी चटक नहीं रहते। ये पौधे बरामदे व कमरे के भीतर भी रखे जा सकते हैं। वर्षा की समाप्ति पर जब पत्तों के रंग फीके पड़ने लग जाएँ तो पानी देना रोक दें और मिट्टी सूख जाने के बाद ट्यूबर को निकाल कर सूखी जगह पर सँभाल कर रख देना चाहिए। 'बाईकलर' में हरे पत्तों पर लाल नसें व सफेद छींटे होते हैं। 'कंडीडम' में सफेद पत्तों पर हरी नसें व हरे रंग का जाल-सा बुना होता है। 'मोकाहयाना' में लाल नसें व गुलाबी छींटे तथा 'सीगल' में गहरे हरे रंग के पत्तों पर सफेद नसें होती हैं।

कैलेथिया : मरांटा की जाति का यह पौधा गाँठनुमा जड़ों को विभाजित करके तैयार किया जाता है। इसके पत्ते आम के पत्तों की भाँति लंबे व किनारे लहरियादार होते हैं। इन सख्त पत्तों के बीच नसों पर हलके पीले, लाल, कत्थई, उन्नावी सफेद रंग की धारियाँ होती हैं। पत्ते का पृष्ठ भाग जामुनीपन लिए होता है। छाया, गर्मी व नमी इसे बहुत प्रिय है। इसकी 'माकोहयाना' किस्म को 'पीकॉक प्लांट' भी कहते हैं, क्योंकि यह मोर के पंखों की झलक वाला होता है। 'इनसिग्निस' किस्म में पत्ते लगभग 27 सेंटीमीटर तक लंबे हो जाते हैं और जड़ों से निकल कर टहनी सहित डंडियों वाले पत्ते गुलदस्ते की भाँति चारों ओर फैल जाते हैं। भाले के फल जैसी नुकीली पत्तियों में गहरे हरे रंग के छींटे होते हैं। 'लिंडेनियामा' किस्म में पत्ते 36 सेंटीमीटर लंबे परंतु गोलाई लिए हुए वह हलके हरे रंग के होते हैं। जिसमें गहरे हरे रंग का मिश्रण होता है। मरांटा की भाँति यह पौधा भोजन-प्रिय होता है। हर वर्ष गमलों की खाद बदलने के अतिरिक्त ऊपर से पोटाश एवं खली की तरल खाद देनी चाहिए। वर्षा का पानी इसके लिए लाभदायक होता है, परंतु जड़ में पानी रुकना नहीं चाहिए।

कोलोकेशिया : पेगू (बर्मा) का निवासी यह पौधा 90 सेंटीमीटर से लेकर डेढ़-दो मीटर ऊँचाई तक चला जाता है। हृदय के आकार वाले परंतु आगे से नुकीले विशाल पत्ते अत्यंत भव्य लगते हैं। वाटिका के किसी छायादार कोने में लगा यह पौधा एक

अजीब-सी ठंड का आभास देता है। इसके ट्यूबर को विभाजित करके तैयार किया जा सकता है। एलोकेसिया की भाँति अधिक सर्दी पड़ने पर कई बार इसके पत्ते मुरझा जाते हैं। गर्मी, वर्षा व नमी इसे बहुत प्रिय है।

कोस्टस : बंगाल का निवासी यह पौधा दलदली इलाकों में अपने आप ही बहुतायत से होता है। वर्षा ऋतु में अत्यंत सुंदर पुष्प श्वेत व हलके गुलाबी रंग में खिलते हैं। पत्तियाँ बड़ी लंबी व गहरे हरे रंग की होती हैं। कलियाँ ब्रेकेटनुमा लाल रंग की होती हैं। अदरक की गाँठों की भाँति इसे उगाया जाता है। 'अमेजोनिका' और 'एलीगैंस' संग्रह योग्य किस्में हैं।

कोर्डीलाइन : यूका एवं अगावे की भाँति तलवार जैसी नुकीली तीखी पत्तियों वाला यह एक सदाबहार पौधा है जिसे माली अक्सर ड्रेसीना कह देते हैं। इसकी जड़ गाजर की भाँति होती है। मार्च में छोटे-छोटे पंखों की भाँति इसमें अनगिनत श्वेत पुष्प खिलते हैं। इसके पत्ते लाल भूरे, गुलाबी, कत्थई आदि अनेक रंगों व छींटों में मिलते हैं। 'मारग्रेट स्टोरी' किस्म में हरे पत्तों पर गुलाबी लाल छींटे, 'बपतीसी' किस्म में चौड़ी गहरी हरी ताँबई पत्तियों पर गुलाबी एवं हलके पीले छींटे तथा 'एनसीफोलिया' की रिबन जैसी चौड़ी व लगभग 70 सेंटीमीटर लंबी पत्तियाँ होती हैं। फरवरी मास में इसमें श्वेत पुष्प आते हैं। इसे कलम व जड़ों के विभाजन द्वारा तैयार किजा जा सकता है।

कोर्डिईयम : विश्व में उपलब्ध लगभग साढ़े सात सौ किस्मों वाला यह पौधा क्रोटन के नाम से प्रसिद्ध है। इसके पत्ते विभिन्न रंग वाले, धारीदार, छींटेदार, लंबे, पतले, लहरियादार आदि विभिन्न आकार के होते हैं। इसकी बहुत-सी किस्में, दवाइयाँ, गोंद आदि बनाने के काम आती हैं। इसके पौधे उपयुक्त भूमि व जलवायु पाने पर दो तीन मीटर तक ऊँचे चले जाते हैं। सुंदरता की दृष्टि से इसकी कई किस्में चटक पीले, लाल, हरे रंग का एक सुंदर मिश्रण होती हैं। गर्म व नम जलवायु एवं पर्याप्त ह्यूमस वाली मिट्टी इसे प्रिय है। भूमि में लगे पौधों का विकास गमले की अपेक्षा अच्छा होता है। एकदम तीखी गर्म व सर्द हवा इसके अनुकूल नहीं होती है। पौधों को मिली-जुली धूपछाया वाले स्थान पर रखना चाहिए। एकदम छाया में रखने में पत्ते का रंग फीका हो जाता है। पीला, लाल, हरा, कत्थई, नारंगी, भूरा ताँबई आदि रंगों का मिश्रण, छींटे व धारियों के रूप में अलग-अलग किस्म में उपलब्ध होता है। यही इसका आकर्षण भी है। रेत में इसकी कलम लगाकर इसके नए पौधे तैयार किए जा सकते हैं।

कोलियस : तकरीबन नौ सेंटीमीटर लंबाई व बारह सेंटीमीटर चौड़ाई लिए लगभग गोलाकार कटावदार किनारे वाले रंगीन पत्तों का यह पौधा कलम एवं बीज दोनों तरह से तैयार किया जा सकता है। गर्म एवं नम जलवायु तथा मिली-जुली धूपछाया इसे पसंद है। तीखी हवा चाहे गर्म हो या ठंडी इससे सही नहीं जाती है। अधिक छाया होने पर पत्तों पर चटकदार रंग नही आ सकते हैं। इसका पौधा हर वर्ष नया तैयार करना पड़ता है। नए पौधे के बीच की कोंपल तोड़ते रहना चाहिए व गमले को चारों ओर घुमाते रहना चाहिए। इससे गमला चारों ओर से भर कर खिलता है। पौधे कलम व बीज दोनों

ही वर्षा ऋतु में लगाने चाहिए। अधिक पानी जड़ों को हानि पहुँचाता है।

गाई-न्यूरा : रंगीन मखमल जैसे नरम पत्तों वाला यह पौधा अत्यंत आकर्षक होता है। इसके पत्ते गोलाई लिए हुए लंबे, परंतु कटावदार किनारों वाले होते हैं। वास्तव में नरम हरे पत्तों वाली टहनी पर नरम नन्हे-नन्हे जामुनी रोएँ दूर से देखने पर इसे जामुनी आभा प्रदान करते हैं। तीखी धूप व हवा दोनों ही इसे पसंद नहीं है। गाई-यूरा के पत्ते व टहनी बेल की तरह घुमावदार होती है अतः उन्हें सहारा देना चाहिए। लटकती टहनियों में यह टहनी ऊपर से चारों ओर फैली अत्यंत आकर्षक लगती है। आरेंटिएका एक दूसरी किस्म है। गाई-यूरा के पौधे को कलम काटकर हर वर्ष नया पौधा तैयार करना चाहिए अन्यथा पुराना हो जाने पर पौधे का आकार खराब हो जाता है। अधिक छाया व जड़ों में रुका पानी हानिकारक होता है।

जेबरीना : भूमि पर रेंगकर चलने वाला यह पौधा सुंदर रुपहली धारियों वाली जामुनी पत्तियों के कारण अत्यंत आकर्षक लगता है। बहुत ही शीघ्रता से बढ़ने के कारण पत्थरों के बीच की खाली जमीन, ढलान आदि घेरने के लिए सर्वोत्तम है। पत्ते मोटे व चिकने लेसदार होते हैं। टहनी जहाँ भी जमीन को छूती है जड़ें बनकर धरती में घुस जाती हैं। अत्यधिक शीत इसे नुकसान पहुँचाती है। काट देने पर नई टहनियाँ निकल आती हैं।

टीनेंथी : मरांटा की जाति के ही लंबी अंडाकार पत्तियों वाले इस पौधे को 'नेवर-नेवर प्लांट' का नाम क्यों दिया गया, ज्ञात नहीं। इन्हीं पत्तियों पर हलके पीले व हरे रंग की धारियाँ होती हैं तथा पृष्ठभाग बैंगनी रंग का होता है। कम गहरे गमलों और तेजाबी मिट्टी में खूब पनपता है।

ट्रेडेसकेशिया : 'वांडरिंग ज्यू'—व्यापारी की भाँति चारों ओर घूमने वाला है और भटकने के स्वभाव के कारण ही शायद इसका यह नाम पड़ा है। यह पौधा भी जेबरीना की जाति का ही है। केवल इसका रंग हरा है तथा उस पर श्वेत धारियाँ होती हैं। पत्तियाँ लेंसदार चिकनी सतह वाली होती हैं। इसे जेबरीना की भाँति तैयार किया जाता है।

टैका : यह सदाबहार पौधा कठोर शीत के कुछ दिन छोड़कर शेष वर्ष भर हरा रहता है। 40 से 60 सेंटीमीटर ऊँचाई वाले इस पौधे में गहरे जामुनी बल्कि कत्थई जैसे रंग के फूल आते हैं जो टहनी के ऊपरी भाग में छाते के समान फैलकर खिलते हैं। पत्तियाँ गोलाकार 30 से 40 सेंटीमटर लंबाई वाली होती हैं। इसकी जड़ गाँठदार होती है जो जमीन के भीतर ही भीतर फैलती जाती है। इसी से नया पौधा तैयार किया जा सकता है।

थूया : मोरपंखी, थूजा आदि नामों से प्रसिद्ध यह सदाबहार पौधा जुनीपर की जाति का है। इसकी पत्तियाँ सख्त, मोटी व छोटी-छोटी डंडीनुमा जैसी होती हैं जो आपस में मिलकर एक लेसनुमा पत्ते का रूप धारण कर लेती हैं। भारत की जलवायु में यह उत्तर से लेकर दक्षिण तक सभी जगह आसानी से उगाया जा सकता है। गमलों में, घरों में, उद्यानों में सभी जगह इसका प्रचलन बहुत है। आप अपनी रुचि व आवश्यकतानुसार

इसे कैंची द्वारा काटकर रूप व आकार दे सकते हैं। पत्तों में हलकी-हलकी गंध होती है व हल्के हरे रंग के मोटे-मोटे बेर जैसे फल भी लगते हैं। इन्हीं के द्वारा नया पौधा तैयार किया जा सकता है। यह पौधा हर प्रकार के मौसम को सह लेता है। 'ओरिंयटलिस' बहुतायत से प्रचलित किस्म है। 'ओरिया' किस्म गोलाकार व छोटी होती है। इसे छोटी बाड़ के रूप में लगाया जा सकता है।

डीफेनबैकिया : बड़े-बड़े चिकने पत्तों पर सफेद धब्बे व चकत्ते वाला यह पौधा कमरों के भीतर लगाने के लिए बहुत प्रचलित है। उत्तर भारत की कठोर शीत एवं पाले में यह अक्सर मर जाते हैं, साथ ही सीधी तीखी धूप भी इसे प्रिय नहीं है। पत्ते गोलाई लिए हुए लगभग एक फुट और उससे लंबे, मोटे एवं चिकने होते हैं। इसे जड़ के पास फूटने वाले पौधों एवं कलम दोनों के द्वारा तैयार किया जा सकता है। गोबर की पुरानी खाद इसे प्रिय है। 'पिक्टा' आम तौर पर उपलब्ध किस्म है जिसमें फीकी पीली आभा वाले छींटे होते हैं। 'बोसाई' में पत्तियाँ हलकी पीली आभा लिए हरी गहरे हरे रंग के छींटों, नसों व किनारों से युक्त होती हैं। 'सेग्विन डेकोरा' में पत्ते गहरे हरे रंग के व फीके हलके पीले रंग के छींटों वाले होते हैं तथा पत्तों का डंठल पीला होता है। इसका रस गले के लिए खतरनाक होता है अतः इसे काटने के बाद हाथ अच्छी तरह धो लें।

ड्रेसीना : अपने सुंदर पत्तों एवं दृढ़ कठोर प्रकृति के कारण यह काफी लोकप्रिय है। यह गमलों से लेकर, क्यारी, पत्थरों के बीच, पहाड़ीनुमा उद्यानों और बरामदों आदि में खूब चलता है। इसकी बहुत सारी किस्में होती हैं। पत्ते गोलाई में फूल की पंखुड़ी के समान टहनी के अग्रभाग में बीच से फूटते हैं। कलम द्वारा एवं जड़ों के विभाजन द्वारा नए पौधे तैयार किए जा सकते हैं। 'गोल्डिवना' किस्म में पत्ते अपने संधि स्थल से गुंथे हुए, गोलाई में फूटते हैं। लंबे-लंबे पतले पत्तों में पीली आभा वाली हरीतिमा और रुपहली धारियाँ मिली हुई होती हैं। 'फ्रैगरेंस वेरीगेटा' में रंगीन धारी वाली पत्तियाँ व सुगंधित पुष्प खिलते हैं। 'डरेमेनसिस लोंगी' एक नाजुक किस्म है जिसके पत्ते बीच में से एकदम सफेद होते हैं। नम एवं गर्म जलवायु प्रिय, इस पौधे के लिए तीखी धूप हानिकारक है।

पाइलिया : नन्हे-नन्हे श्वेत पुष्प व हरे चिकने कटावदार एवं धारीदार पत्तों वाले इस पौधे को 'अल्यूम्यूनियम प्लांट' भी कहते हैं जो इसकी सफेद धारियों की धातु जैसी चमक के कारण है। इसे पत्थरों के बीच, टोकरियों, गमलों या छायादार जगह कहीं पर भी लगाया जा सकता है। अत्यंत कठोर व दृढ़ स्वभाव वाला होने के कारण यह कहीं पर भी लगाया जा सकता है। पुराना हो जाने पर टहनियों की कटाई कर देनी चाहिए एवं जड़ों के विभाजन द्वारा नया पौधा तैयार करना चाहिए।

पिलयोनिया : आकर्षक पत्तों वाला, बेल की तरह जमीन पर रेंगकर चलने व फैलने वाला यह अत्यंत आकर्षक पौधा है जो नम, ठंडी व छायादार जगहों को घेर लेता है। टोकरियों में लगाकर बरामदे में लटकाने पर सुंदर लगता है, 'पल्क्रा' एवं 'डवीयूना' इसकी सुंदर किस्में हैं।

प्लियोमेली : ड्रेसीना से मिलता-जुलता यह पौधा अपने हरे आकर्षक पत्तों के कारण अत्यंत लोकप्रिय है। पत्ते नुकीले, चिकने व कुछ मोटाई लिए हुए, बीच वाली नस के बिना होते हैं। इसकी दो ही किस्में हैं–'थालियोडस' एवं 'वेरीगेटा'। वेरीगेटा में हरे पत्तों में फीके पीले रंग की धारियाँ होती हैं। इसे कलम द्वारा तैयार करते हैं।

पेपरोमिया : आकर्षक पत्तों वाले पौधों में यह भी एक सुंदर पौधा है, जो बहुत जल्दी चारों ओर फैल जाता है। हल्की मिट्टी व मिली-जुली धूपछाया इसके लिए लाभकारी है। इसकी पत्तियों एवं पत्ती की छोटी-से-छोटी कलम भी जड़ बना लेती है। लकड़ी पर मॉस द्वारा भी इसे भलीभाँति उगाया जा सकता है। इसकी 'सॉण्डरसी' किस्म की पत्तियाँ, बड़ी-बड़ी गोल होती हैं व चटक हरे पत्तों पर रुपहली धारियाँ होती हैं। 'ब्रेवीपेस' किस्म में हलके भूरे रंग का नाजुक पत्ता होता है जो लटकने वाली टोकरियों में खूब सजता है। 'मार्मेरिटा' में हरे व सफेद रंग की सुंदर धारियाँ होती हैं।

पोथोस : (देखें, अध्याय–'लताएँ')

फिलोडेण्ड्रॉन : चिकने मोटे, सदाबहार 30 सेंटीमीटर से लेकर 60 सेंटीमीटर लंबे पत्तों वाला यह पौधा बेल की तरह चलता है। इसके बढ़ने की गति मॉन्स्टेरा की भाँति धीमी होती है। तीखी धूप व तेज हवा की अपेक्षा शांत, ठंडा छायादार कोना व दीवार अथवा वृक्ष का सहारा इसे प्रिय है। 'कारडेरी' किस्म में पत्ते लंबाई लिए, हृदय की आकृति वाले गहरे हरे रंग के होते हैं, परंतु नया पत्ता हलके हरे रंग का होता है। 'सेलोयम' में गहरे, कटावदार, जालीनुमा पत्ते अत्यंत विशाल होते हैं। 'रेडियुएटम' में पत्ते मुख्यतः मध्य की नस से फूटती किरणों के समान कटे हुए होते हैं। ये पौधे गमलों व जमीन दोनों में ही अच्छी तरह चलते हैं। बढ़ते समय नीचे की पत्तियाँ पीली पड़कर स्वयं ही गिरती जाती हैं। इससे कई बार नीचे का तना एक मोटी रस्सी की तरह खाली होकर भद्दा लगने लगता है। ऐसी स्थिति में नया पौधा तैयार कर लेना चाहिए। अगल-बगल फूटने वाले पौधों को अलग करके नया पौधा तैयार किया जा सकता है। इसके अतिरिक्त एक मोटे डंडे पर स्फैगनम मॉस लपेटकर इसे चढ़ाकर सुंदर पौधा तैयार किया जा सकता है।

फाइक्स एलास्टिका : 'रबर प्लांट' के नाम से प्रसिद्ध यह पौधा गहरे हरे रंग के मोटे, चिकने व लंबोतरे गोल पत्तों के कारण बहुत पसंद किया जाता है। कमरे में गमलों में लगाया जा सकने वाला यह पौधा, भारत का मूल निवासी है। इसके मोटे चिकने पत्ते लंबाई में 20 सेंटीमीटर लंबे व लगभग 18 सेंटीमीटर चौड़े होते हैं। धीमी गति से बढ़ने वाले इस पौधे का रूप अत्यंत कमनीय होता है। नई कोंपल एक नुकीली लंबी कली के रूप में ऊपर खिलती है। इसकी टहनी काट कर इसे तैयार किया जा सकता है। चूँकि इसमें दूध जैसा तरल पदार्थ निकलता है, इसलिए इसकी टहनी काटकर उसका सिरा सूखने के लिए रख देना चाहिए तब मिट्टी में लगाना चाहिए। इसकी एक किस्म 'डेकोरा' की मध्य-नस नई पत्तियों के बीच की सतह में लाल होती है। 'वेरीगेटा' में पत्तियाँ लंबी, सँकरी, हलके हरे रंग में गुलाबी आभा के साथ होती हैं जो बाद में बदल

कर पीली हो जाती हैं।

फिट्टोनिया : रेंगकर फैलने वाले इस पौधे के गहरे हरे रंग के सुंदर लगभग 12 सेंटीमीटर तक लंबे व गोलाई लिए पत्ते, जिनमें नसें लाल रंग की होती हैं, अत्यंत सुंदर लगते हैं। गर्म नम जलवायु इन्हें प्रिय है। टहनी काटकर इसका नया पौधा भी तैयार किया जा सकता है। वैसे यह जहाँ भी फैलते हैं जड़ बनाते हैं। 'जाइगैंटिया', 'पियर्सीआई', 'आर्गाइयरोंब्यूरा' इसकी सुंदर किस्में हैं।

ब्रोमलायड : इसके पत्तों में तीतर की पूँछ की भाँति लाल, हरी, भूरी, सलेटी व बैंगनी रंगों की मिली-जुली चितकबरी धारियाँ होती हैं। 'वाईवीटेटस' किस्म में लाल व हलके हरे रंग की तथा 'जोनाटस' में भूरे रंग की धारियाँ होती हैं। रुका हुआ पानी इसकी जड़ों को नुकासान पहुँचाता है।

बर्टोलोनिया : ब्राजील निवासी यह सुंदर पौधा अपने आकर्षक पत्तों के कारण लोकप्रिय है। इसके पत्ते अंडाकार परंतु हृदय की आकृति वाले होते हैं। नीचे की सतह गहरे बैंगनी रंग की एवं ऊपरी सतह पर नसों के आसपास कत्थई एवं सफेद धारियाँ होती हैं। फूल सफेद, हलके बैंगनी रंग के होते हैं। 'मार्मोरिटा' अत्यंत सुंदर कलात्मक रंग वाली किस्म है, जो 18 सेंटीमीटर ऊँचाई तक चली जाती है।

बिगोनिया : बिगोनिया जाति के पौधे ट्यूबर गाँठ, कंदमूल आदि विभिन्न प्रकार से तैयार होने के कारण अलग-अलग किस्म वाले कहलाते हैं। इनके पत्ते चौड़े, मोटे, हलके रोएँदार होते हैं और उन पर बनी विभिन्न रंगों की आकर्षक आकृति और नन्हे पुष्प-गुच्छ बड़े सुहावने लगते हैं। राइजोम जैसी जड़ वाले में बिगोनिया के पुष्प आकार व आकृति में छोटे गुलाब से कम नहीं होते व विभिन्न रंगों में उपलब्ध होते हैं। भारत में असम, दार्जिलिंग, शिमला, सिक्किम व पूर्वी उत्तरी हिमाचल प्रदेश में विभिन्न किस्मों का बिगोनिया पाया जाता है। आजकल इसकी संकर किस्में भी बन रही हैं जो मूल बिगोनिया से रूप व रंग में भिन्न व आकर्षक हैं। बिगोनिया की एक किस्म केवल अपने रंगीन, आकर्षक पत्तों के कारण लोकप्रिय है तथा दूसरी अपने पुष्पों के कारण। इसकी जड़ें गाँठदार होती हैं, भूमि की सतह से कुछ ऊपर निकली रहती हैं व अत्यंत नाजुक स्वभाव वाली हैं। वर्षा ऋतु में जड़ों में रुका हुआ पानी इनके लिए हानिकारक होता है। अच्छा यही है कि इसके गमले तैयार किए जाएँ अथवा इन्हें ढलान वाली भूमि में पहाड़ी उद्यान में लगाया जाए। गमला तैयार करते समय आधा गमला ईंट के टुकड़ों से भर दें व शेष में पत्ती की पुरानी खाद, रेत व पुराने चूने के टुकड़े गोबर की पुरानी खाद में बराबर मात्रा में मिलाकर भर दें ताकि मिट्टी में पानी के निकास की सामर्थ्य बढ़ जाए। यह ध्यान रखना चाहिए कि जड़ों के पास इसमें नमी रहे। बिगोनिया की पत्ती के छोटे-छोटे टुकड़े करके रेत में रखकर नए पौधे तैयार किए जा सकते हैं। गाँठदार जड़ों वाला 'रेक्स-बिगोनिया' अपने सुंदर, चौड़े, रंगीन, आकर्षक पत्तों के कारण अत्यंत सुंदर लगता है। फाइबर जैसे मूल वाले बिगोनिया अपने आकर्षक रंगीन पुष्पों के कारण लोकप्रिय हैं। ट्यूबर से बनने वाले पौधे को बीज द्वारा भी तैयार किया जा सकता है।

इसी की एक किस्म में लाल गुलाबी, हरे तथा मिले-जुले रंग वाले चिकने व मोटे पत्तों के बीच लाल गुलाबी छोटे-छोटे पुष्प एकदम लालमणि के समान चमकते हैं। बिगोनिया स्वभाव से कोमल, नाजुक परंतु अत्यंत आकर्षक पौधा है।

बिलबर्जिया : सदाबहार अनन्नास की जाति का यह पौधा ब्राजील का निवासी है जो पेड़ों पर आर्किड की भाँति उगाया जा सकता है। ट्यूब की नली के आकार के पुष्प गुच्छों में लटकते रहते हैं। सर्दियों में इसे पानी की आवश्यकता कम होती है। ग्रीष्म ऋतु में इसका विकास अपेक्षाकृत तीव्रता से होता है। जड़ों के आसपास फूटने वाले नए पौधों द्वारा यह तैयार किया जा सकता है। लकड़ी के लट्ठों पर मॉस लपेटकर उस पर भी इन पौधों को उगाया जा सकता है। 'न्यूटैंस' में लगभग डेढ़ फुट लंबी पत्तियों, नीले किनारे वाले हरे फूल जिनकी डंडियाँ लाल होती हैं—नीचे को लटकते अत्यंत लुभावने लगते हैं। 'सैंडरियाना' में लगभग एक फुट लंबी नुकीली पत्तियाँ पीली हरी डंडियों वाले नीले फूल गुच्छों में लटकते हैं।

मरांटा : 'प्रेयर प्लांट' नाम से प्रसिद्ध इस पौधे की पत्तियाँ अत्यंत सुंदर होती हैं। यह रात को जुड़ी हथेली के समान प्रार्थना की मुद्रा में सीधी हो जाती हैं। जिस कारण इसे यह नाम मिला है। पत्ते तोते के समान चटक हरे रंग के गोलाकार लंबे होते हैं। उन पर गहरे हरे रंग की चौड़ी धारियाँ नसों के समान पड़ी रहती हैं। इसकी बहुत सारी किस्में हैं। गर्मी व नमी इसे पसंद है। जल्दी बढ़ने के स्वभाव के कारण इसकी पाचन शक्ति भी काफी तेज है, इसलिए हर वर्ष इसे नई खाद भरपूर मात्रा में मिलनी चाहिए। जड़ों के विभाजन द्वारा पौधा तैयार किया जा सकता है। वर्षा का पानी इसे प्रिय है अतः वर्षा के दिनों में इसके गमले को बाहर रख देना चाहिए। तीखी तेज ठंडी हवा इसकी शत्रु है।

मांस्टेरा : (देखें अध्याय—'लताएँ')

मैनीहॉट : भारतीय टेपीओका की जाति का यह पौधा अपनी खुली हथेली की अँगुलियों जैसी पीली हरी पत्तियों के कारण आकर्षक लगता है। पत्ते तने के चारों ओर निकलते हैं और पूरा पौधा पीले हरे रंग का आकर्षक स्तंभ लगता है। सर्दियाँ इसकी शत्रु हैं। तने के टुकड़े करके कलम बना ली जाती है। 'ग्लेजियोवाई' किस्म के पत्ते अत्यंत सुंदर होते हैं।

रस्कस : नोकदार परंतु गोल पत्तों वाला यह सदाबहार पौधा 'बूचर्स ब्रूम' नाम से लोकप्रिय है। पत्तों की सतह पर नन्हे-नन्हे श्वेत पुष्प खिलते हैं। इसके पत्ते सख्त व गहरे हरे रंग के होते हैं। जड़ों के विभाजन द्वारा नया पौधा तैयार किया जा सकता है।

रोइयो : सदाबहार, लगभग 30 सेंटीमीटर लंबी तलवार जैसी नुकीली मोटी, चिकनी, लेसदार पत्तियों वाले इस पौधे को 'मोजेज-इन क्रेडल' भी कहते हैं। पत्तों को ऊपरी सतह हरी और किनारे व नीचे की सतह बैंगनी होती है। सूर्य की फूटती किरणों की भाँति इसकी पत्तियाँ चारों ओर निकली रहती हैं। पत्तियों के आधार के पास सीप के खुले मुँह के समान दो पंखुड़ियाँ होती हैं जिनके बीच से झाँकते हुए श्वेत पुष्प इसे अत्यंत

आकर्षक बना देते हैं। पत्थरों के बीच व गमलों में यह अत्यंत सुंदर लगता है। अत्यधिक छाया में पत्तों का बैंगनी रंग हरा हो जाता है। अतः इसके लिए धूप जरूरी है। जड़ के पास फूटने वाले पौधों को अलग करके नया पौधा तैयार किया जा सकता है।

साइप्रस-पाम : अंब्रैला ग्रास एवं अंब्रैलापाम नाम से प्रसिद्ध यह पौधा छिछले पानी, दलदल, नम जगह एवं गमलों में उगाया जा सकता है। इसकी सख्त टहनी लगभग 60 से 70 सेंटीमीटर और कभी-कभी एक मीटर तक लंबी चली जाती है। इस टहनी के अग्रभाग में चारों ओर पतली लंबी पत्तियाँ निकली होती हैं जो देखने में खुले छाते की कमानी के समान लगती हैं। बीच में हलके हरे रंग के छोटे-छोटे नन्हे पुष्प खिलते हैं। इस पौधे का मुख्य आकर्षण यह पत्तियाँ ही हैं। इसकी गाँठदार जड़ों को अलग करके नया पौधा तैयार किया जा सकता है। छायादार कोने इसके लिए उपयुक्त हैं। तेज ठंड इसके लिए हानिकारक होती है। इसे जलाशय में भी लगाया जा सकता है।

साइगोनियम : फिलोडेंड्रान के पत्तों की आकृति जैसे, परंतु छोटे पत्तों वाली यह सदाबहार लता पोथोस की तरह ही चलती है और बरामदों, पेड़ों के नीचे ठंडे नम छायादार स्थान व कोनों में खूब बढ़ती है। टहनी को काटकर नया पौधा तैयार किया जा सकता है। सफेद रंग के मिले-जुले रंग वाली 'वेरीगेटा' किस्म भी है।

स्पेथीफाइलम : एनथ्यूरियम जाति का यह पौधा अपने तीर के फलनुमा पत्तों के कारण अत्यंत प्रसिद्ध है। इसके बीच के श्वेत पुष्प का स्पेथ निकलने के कारण इसका यह नाम पड़ा। स्पेथे एक पंखुड़ी वाला पुष्प होता है जिसके बीच सख्त लंबा व मोटा पुंकेसर वाला भाग होता है। यह पौधा अत्यंत शीघ्रता पूर्वक बढ़ता है। जड़ों का विभाजन करके नया पौधा तैयार किया जा सकता है। छायादार, गर्म व नम जगह इसे प्रिय है।

सेटक्रीसिया : लगभग दस सेंटीमीटर लंबे जामुनी रंग के मोटे चिकने व लसदार पत्तों वाला यह सदाबहार पौधा जेबरीना की ही जाति का होता है। इसके पत्तों से पौधों के नीचे जमीन पर जामुनी रंग का कालीन जैसा बिछ जाता है। नन्हे-नन्हे गुलाबी रंग के आकर्षक पुष्प इसके अग्रभाग में खिलकर उसके सौंदर्य को बढ़ा देते हैं। अधिक छाया होने से रंग फीका पड़ जाता है अतः मिली-जुली धूपछाया इसे प्रिय है रुका हुआ पानी जड़ों को नुकसान पहुँचाता है। पौधे को पाले से बचाना पड़ता है। यह पहाड़ीनुमा उद्यानों में पत्थरों के बीच, ढलानों में व लटकती टोकरियों में अत्यंत लुभावना लगता है।

सैंसेविएरिया : इसके छोटे सख्त नोकदार पत्ते, साँप की केंचुली जैसी धारियों वाले होते हैं। तलवार जैसी सख्त नोक एवं दृढ़ क्षमता कठोर प्रकृति के कारण ही शायद इसका नाम 'मदर-इन-लॉज टंग' पड़ा। किसी भी जलवायु, स्थान व मिट्टी को यह पौधा बर्दाश्त कर लेता है। इसे पशु नहीं खा सकते अतः लोग घरों के बाहर दीवार के साथ इसे लगा देते हैं। 'हॉहनाई' जाति का पत्ता चौड़ा, चपटा व गोलाकार फूल की भाँति चारों ओर निकलता है। 'ट्राइफस्कियाटा' के पत्ते एक मीटर तक लंबे चले जाते हैं। जड़ों के विभाजन द्वारा नया पौधा तैयार किया जा सकता है। रुका पानी जड़ों के लिए हानिकारक होता है।

यूफ़ोरबिया : छोटे-छोटे पौधों से लेकर बड़े झाड़ीनुमा पौधे के परिवार में लगभग पाँच सौ किस्में पाई जाती हैं। इसके पत्तों व टहनियों से श्वेत लसदार दूध जैसा तरल पदार्थ निकलता है। यह द्रव्य अक्सर विषैला होता है। इसकी कई किस्में अपने सकुलेंट जैसे सदाबहार आकर्षक पत्तों के कारण प्रसिद्ध हैं, परंतु जिस लाल आकर्षक पुष्प के कारण पोएनसेटिया मशहूर है यह वास्तव में फूल न होकर इसके पंखुड़ीनुमा लाल पत्ते हैं, वास्तविक फूल तो अपेक्षाकृत सख्त कली की भाँति मोटा व पत्तों के मध्य में होता है। काँटेदार टहनी व लाल छोटे फूलों के गुच्छे वाली किस्म 'सप्लेंडेंस' बोलचाल की भाषा में 'किस-मी-नॉट' कहलाती है। तेज धूप व कम पानी में भी यह खूब सरलता से उगाया जा सकता है। पशु भी इसे नहीं खाते हैं। इसकी प्रमुख किस्म 'पोएनसेटिया पल्चेरिमा' है, जिसे अकसर लोग क्रिसमस फ्लॉवर भी कह देते हैं क्योंकि क्रिसमस के आसपास यह खिलता है। फूल 20 से 30 सेंटीमीटर व्यास में टहनियों के अग्रभाग में खिलते हैं, जो वास्तव में पंखुड़ीनुमा लाल पत्ते होते हैं। इसका पौधा डेढ़ मीटर ऊँचाई तक चला जाता है। बड़े-बड़े हरे पत्तों के बीच ये चटक पुष्प खूब आकर्षक लगते हैं। वर्षा में कलम लगाकर नया पौधा तैयार किया जा सकता है। टहनी का दूधदार द्रव्य सूखने पर ही कलम बोनी चाहिए।

यूएनिमस जपोनिका वेरीयगाटा : हरे पीले रंग के पत्तोंवाली एक सदाबहार झाड़ी है जो कि कई बार ऊँचाई में दो मीटर तक चली जाती है। गोलाकार पत्तों में चटक पीला व गहरे हरे रंग का मिश्रण उसे आकर्षण प्रदान कर देता है। रंग चटक रहे इसके लिए धूप आवश्यक है।

यूक्का : अगावे की भाँति सख्त पत्तियों वाला यह पौधा अत्यंत सुंदर है। इसका विशेष आकर्षण इसकी श्वेत विशाल पुष्प-गुच्छ वाली बड़ी टहनी है जो पौधे के बीच में से सीधी निकलकर ऊपर को जाती है। श्वेत पुष्प हल्की पीली आभा लिए लगभग डेढ़ मीटर लंबी टहनी पर चारों ओर लटकते रहते हैं। यह पौधा बड़े उद्यानों में ही उपयुक्त है।

फर्न : साधारणतया हर नाजुक पत्ते वाले सदाबहार पौधे को लोग फर्न कह देते हैं, परंतु वास्तव में फर्न नाजुक पत्तियों वाला वह पौधा है जिसमें पुष्प व बीज नहीं आते। वस्तुतः इन्हें नपुंसक कहा जा सकता है। फिर भी इनमें प्रजनन होता है जिसकी प्रक्रिया काफी अनोखी है। फर्न के पत्तों के नीचे भूरे रंग के उभरे हुए कुछ दाने से आ जाते हैं जिन्हें 'फ्रॉण्ड' कहते हैं। इनके अंदर ही इनका बीज छिपा होता है। इसी फ्रॉण्ड को हलकी मिट्टी में बो कर नया पौधा तैयार किया जाता है। इससे भी सरलतम उपाय है पौधे की जड़ों का विभाजन। मानसून के समय यह कार्य अच्छी तरह हो जाता है। फर्न को मुख्य रूप से छाया, ठंड व नमी की आवश्यकता होती है। पर्वतीय प्रदेशों में पेड़ों की घनी छाया में अथवा बहती नन्ही जलधारा के किनारे पत्थरों पर, पेड़ों के तनों व जड़ों में अथवा कुआँ के अंदर यह बड़ी सुगमता पूर्वक हो जाती है। इनके लिए पत्ती की पुरानी खाद, कोयले का चूरा, पुराना चूना आदि मिलाकर मिट्टी को हल्का कर लेना

चाहिए। पानी का निकास ठीक प्रकार होता रहे इसके लिए ईंट के टुकड़े डाल देने से लाभ होता है। फर्न की सैकड़ों किस्में संसार में उपलब्ध हैं, यहाँ कुछ प्रमुख किस्मों का परिचय प्रस्तुत है :

एडिएंटम : इसे 'मेडनहेयरफर्न' भी कह देते है। इसकी काले रंग की टहनी अत्यंत सख्त होती है जिसके दोनों ओर नाजुक गोलाकार पत्ते लगे हुए होते हैं। यह एक अत्यंत नाजुक किस्म की फर्न है व देखने में अत्यंत कमनीय लगती है। इसे तेज गर्मी, धूप व कड़कती सर्दी दोनों ही नुकसान पहुँचाते हैं।

एथीरियम : एकदम ठंडे छायादार स्थानों में होती है इसमें 'फिलिक्स-फेमिना' जिसे लेडी-फर्न भी कहते हैं एकदम नाजुक किस्म है।

ऐस्पलेनियम : इसमें लगभग साढ़े छह सौ किस्में आती हैं। नमीदार पथरीले स्थानों पर सुगमता पूर्वक उगाई जा सकती हैं। इसे 'स्पलीन वर्ट' भी कहते हैं। इसकी 'नीडुस' किस्म में एक मीटर तक लंबाई वाले, केले के पत्ते के समान चिकने हल्के हरे रंग के पत्ते अत्यंत आकर्षक लगते हैं। बीच की नस गहरी भूरी या काले रंग की होती है।

एक्टीनियोटेरिस : पंखेनुमा ताड़ पत्तों के आकार की यह फर्न आगरा के पथरीले प्रदेश व पुरानी दीवार की चिनाई में खूब आराम से उगती है।

ओनोक्लीया : नमी वाले स्थानों में पानी की धारा, झरनों के किनारे उगने वाली यह अत्यंत दृढ़ क्षमता वाली फर्न है। पानी की नमी का अनुभव करके ही यह जड़ ज़मा लेती है व जरा भी सूखापन होने पर तत्काल मर जाती है इसीलिए इसे 'सेंसेटिव फर्न-भी कहते हैं।

डावेलिया : लगभग चालीस किस्मों वाली यह फर्न वृक्ष एवं लकड़ी के टुकड़ों पर खूब सुगमता पूर्वक चलती है। एक अंगुल के बराबर मोटाई वाली इसकी रोएँदार टहनी जमीन पर मिट्टी के ऊपर पड़ी रहती है जो अन्य पत्तियों को सहारा देती हैं। टोकरी में लगाने पर चारों ओर से लटकती हुई अत्यंत मनोहर-सी लगती है।

ड्राईआप्टेरिस : लगभग डेढ़ सौ किस्म वाली इस फर्न को 'बकलर फर्न' भी कहते हैं इसमें भूसे जैसी भीनी गंध के कारण एक नाम 'हे-फर्न' भी है। दलदली क्षेत्र एवं चूने की बहुतायत इसे प्रिय है।

टेरिस : लगभग ढाई सौ किस्मों वाली इस फर्न को 'रिबन फर्न' भी कहते हैं। इसमें सफेद व हल्के पीले रंग की धारियों वाली किस्म भी है। इसके पत्ते चपटे व लंबे रिबन जैसे होते हैं।

नेफ्रोलेपिस : लगभग तीस किस्मों वाली यह अत्यंत कमनीय फर्न है। यह अत्यंत शीघ्रता से चलती है। इसकी पत्तियाँ कई बार नब्बे सेंटीमीटर तक लंबी चली जाती हैं। 'कार्डीफ़ोलिया' व 'एक्जाल्टा' सुंदर किस्में हैं।

प्लेटीसीरियम : यह परजीवी फर्न है जिसमें लगभग सतरह किस्में उपलब्ध हैं। पत्ते मोटे चपटे गहरे हरे रंग के, बारहसिंगे के सींग के समान होते हैं। इसे नई स्फेगनम मॉस के साथ लकड़ी पर बाँधकर तैयार करना चाहिए। वर्षा का पानी इसके लिए लाभकारी

होता है।

पॉलीपोडियम : कंद जैसी जड़ वाली इस फर्न की लगभग पचहत्तर किस्में हैं। नमी व छाया दोनों पसंद हैं। इसकी 'ऑरियम' जिसे 'गोल्डन फर्न' कहते हैं सुंदर किस्म है।

पॉलिस्टिकम : इसमें एक सौ से अधिक किस्में उपलब्ध हैं। पत्ते गहरे हरे रंग के व मोटे व चिकने होते हैं, अक्सर लोग इसे फर्न न मानने की भूल कर बैठते हैं।

गुलाब

दिवंगत राष्ट्रपति डॉ. जॉकिर हुसैन ने एक स्थान पर लिखा है, 'यदि गुलाब न होता है तो यह संसार अत्यंत दरिद्र होता।' यह वाक्य वास्तव में तथ्यपूर्ण है। गुलाब ही एकमात्र पुष्प है जो वास्तव में अंतर्राष्ट्रीय है—देश, धर्म, राजनीति, जाति की सीमाओं का उल्लंघन उसने सदा ही बड़ी सरलता से किया है। गुलाब का अर्थ है—गुल-आब। अर्थात् सुगंधयुक्त पुष्प। इसके वर्णन एवं चित्रण दोनों के ही प्रमाण ईसा पूर्व से मिलते हैं। प्राचीन स्थापत्य में इसका अंकन पाँच पंखुड़ियों वाले खिले पुष्प के रूप में ही अधिक हुआ है और रंग भी श्वेत गुलाबी आभा लिए लाल अथवा गुलाबी ही माना गया। जहाँगीर की प्रिया नूरजहाँ व ब्रिटेन के ट्यूडर राजाओं के इतिहास में यह पुष्प राजकीय शान से जुड़ा रहा। इत्र, दवा, अर्क, वेणी, हार, पूजा उत्सव एवं मृत्यु आदि अनेक जरूरतों के लिए इसका प्रयोग होता रहा है, परंतु यदि आज के गुलाब की तुलना उस युग के गुलाब से करें तो यह रूप, रंग, गंध, सभी में अत्यंत भिन्न है। आज का गुलाब विभिन्न रंगों वाला, जिसमें एकदम काला रंग छोड़ शेष सभी रंग उपलब्ध हैं, और कई बार यह बिना सुगंध वाला भी होता है। फिर भी वह शतप्रतिशत-गुल-आब ही कहलाएगा। दमिश्क गुलाब, चाईना गुलाब व प्रोवेंस द्वीप वाला सेंटीफोलिया, वास्तव में आज के गुलाब के पूर्वज थे। ये आमतौर पर पाए जाने वाले गुलाब थे। उन्नीसवीं शताब्दी में गुलाब के संकरण से नई किस्मों का प्रयोग प्रारंभ हुआ, जो आज तक निरंतर चल रहा है। इन प्रयोगों के फलस्वरूप अत्यंत सुंदर आकार वाले, विभिन्न रंगों वाले फूल हमें प्राप्त हुए। केवल एकदम नीला व काला गुलाब अभी तक उपलब्ध नहीं हो सका है। गुलाब की देख-रेख व इसका ज्ञान इतना विशद हो गया है कि अब जगह-जगह 'रोज सोसाइटीज' बन गई हैं जो प्रदर्शिनियों का प्रबंध करती हैं। अनुभवों के आदान-प्रदान व परीक्षणों के नए-नए परिणामों का विवरण देती रहती हैं। एक छोटे अध्याय में इसका विशद वर्णन संभव नहीं है, तो भी हम एक सामान्य जानकारी प्रस्तुत कर रहे हैं।

टी गुलाब : चाय जैसी भीनी महकदार सुगंध के कारण ही इसे यह नाम मिला है। इसका पुष्प सुंदर होने पर भी शीत के विरुद्ध कम प्रतिरोधात्मक क्षमता रखता है, इसीलिए इसका संकरण परपेच्युल गुलाब से करके इनकी सुगंध व प्रतिरोधात्मक क्षमता के मेल के जरिए नया गुलाब तैयार किया गया।

हायब्रिड परपेच्युल : दमिश्क एवं गैलिका गुलाब के संकरण द्वारा यह किस्म निकाली गई है जिसके पुष्प व पौधे आकार में बड़े हैं, परंतु फूल संख्या में अपेक्षाकृत कम होते हैं। परंतु इसकी प्रतिरोधात्मक क्षमता काफी होती है।

हायब्रिड टी : टी गुलाब एवं हायब्रिड परपेच्युल के मेल द्वारा जो नया फूल आया है वह सुगंध, रंग, रूप आकार व आकृति में भी अत्यंत मोहक है। इसके फूल भी बड़े व पौधे में प्रतिरोधात्मक क्षमता भी अधिक होती है। 'एंविलस्पार्क', 'फर्स्ट प्राइज', 'एफ्ल टावर', 'मोंटेजुमा', 'बजाजो' जैसे पुष्प इसी वर्ग के हैं।

फ्लोरीबंडा : पोलीएंथा एवं हायब्रिड टी गुलाब के मेल द्वारा जो नई किस्म निकली, उसमें फूलों की संख्या अधिक है और फूल गुच्छे में आते हैं। आकार में ये थोड़े छोटे एवं कभी-कभी बिना सुगंध वाले होते हैं। इस वर्ग में 'सी-पर्ल', जैसी किस्में निकलीं जिनके पुष्प अत्यंत सुंदर होते हैं। उद्यानों की शोभा भी अक्सर यही फ्लोरीबंडा की क्यारियाँ ही होती हैं।

पोलीएंथा : इसके छोटे-छोटे फूलों के गुच्छे एक छत्ते से कम नहीं लगते हैं। इनकी प्रूनिंग अर्थात् कटाई बहुत कम करनी चाहिए, केवल पुरानी रोगी टहनियाँ ही काटनी चाहिए। 'रोज चेटेलियन' एक सुंदर किस्म है।

मिनीएचर : यह वास्तव में गुलाब का नन्हा बौना आकार लगता है। छोटे, सुंदर, गुँथी हुई पंखुड़ी वाले फूलों का यह छोटा पौधा गमले में भी लगाया जा सकता है। यह नन्हा पौधा पूरी बैठक की शोभा बनने का सामर्थ्य रखता है। 'बेबी मास्करेड', 'पिक्सी' जैसी अत्यंत सुंदर किस्में हैं।

रेंबलर एवं क्लाईंबर गुलाब : गुलाब की कई किस्में विशाल झाड़ी एवं लताओं के रूप में भी होती हैं। रेंबलर गुलाब की पुरानी टहनी पर अक्सर फूल नहीं आता। अतः जिस टहनी पर एक बार फूल आ जाए, उसे फूल की समाप्ति पर नीचे से काट देना चाहिए। परंतु क्लाइंबर में इसके विपरीत पुरानी टहनी से निकली छोटी-छोटी टहनियों में अत्यंत सुंदर पुष्प आते हैं। हायब्रिड टी किस्म वाले गुलाबों की भी लताएँ होती हैं। इसमें कटाई के लिए कोई एक नियम नहीं होता, अपितु हर पौधे की आवश्कयता के अनुसार प्रूनिंग अथवा कटाई होनी चाहिए। 'मार्शनील', 'प्रोसपैरिटी', 'गोल्डन शॉवर', 'कसीनो' आदि अच्छी किस्म वाली लताएँ हैं। इनके अतिरिक्त 'बानकेसिया' गुलाब अपनी सफेद गुँथे हुए फूलों से लदी लंबी-लंबी लतरों के लिए अत्यंत प्रसिद्ध हैं। पर्वतीय प्रदेशों में कई प्रकार की गुलाब की झाड़ियाँ, ग्रीष्म ऋतु में अत्यंत सुंदर छटा बिखेरती हैं, परंतु मैदानी क्षेत्रों में लगाए जाने पर इनकी रौनक नहीं रहती है, कभी-कभी तो एक बार फूल देकर ही वे चुक जाती हैं।

गुलाब के तैयार पौधे किसी भी अच्छी नर्सरी से लेने चाहिए। अच्छा यही है कि मार्च में ही इनका ऑर्डर दे दिया जाए, ताकि अक्टूबर में लगाते समय कमजोर पौधों को लेकर निराश न होना पड़े। देर हो जाने पर बचे-खुचे माल पर ही संतोष करना पड़ता है। इनके लिए क्यारी अथवा गड्ढे जून में ही तैयार कर लेने चाहिए। एक मीटर गहराई

तक अच्छी प्रकार खोदकर मिट्टी को बार-बार पलटने से एक तो वह हल्की हो जाती है दूसरे, सूर्य की किरणों के संपर्क में आने से कीटाणु रहित भी हो जाती है। बाग के बचे-खुचे कूड़ा-करकट में इसी जगह पर आग लगा देने से क्यारी को भी लाभ होता है। यदि मिट्टी भारी एवं चिकनी है तो इस हिसाब के एक वर्ग मीटर भूमि के लिए आधा किलो चूने की तह नीचे मिट्टी में मिलाकर डाल देनी चाहिए। फिर कम-से-कम 5 किलो गोबर की खाद, हड्डी का चूरा एवं सुपर फॉस्फेट को मिलाकर गड्ढे को भर देना चाहिए। गड्ढे को भरते समय मिट्टी का स्तर पर्याप्त ऊँचा रखना चाहिए, क्योंकि वर्षा ऋतु में पानी भर जाने से मिट्टी नीचे बैठ जाएगी। यदि दीमक का अंदेशा हो तो एल्ड्रीन अथवा कोई दीमक नाशक दवा भी मिला देनी चाहिए। सितंबर के अंत में जहाँ पौधा लगाना हो तो गड्ढे एवं क्यारी की गुड़ाई अच्छी प्रकार करनी चाहिए, तब मिट्टी निकाल कर गुलाब को बीच में बैठा दें। गुलाब लगाते समय उसकी खराब टहनियों को निकाल देना चाहिए और यदि जड़ों की मिट्टी बहुत सख्त हो तो उसे तोड़ देना चाहिए, ताकि जड़ों को हवा से भोजन ग्रहण करने में सुविधा हो सके। पौधा लगाकर उस जगह को मिट्टी से भर कर पौधे को पैरों की सहायता से चारों ओर से भली प्रकार दबा दें, ताकि बीच में खाली स्थान में हवा न रह जाए। फिर पानी से अच्छी तरह भर दें। यदि क्यारी गीली हो तो थोड़ा ठहर जाएँ, क्यारी सूखने पर ही पौधा डालें।

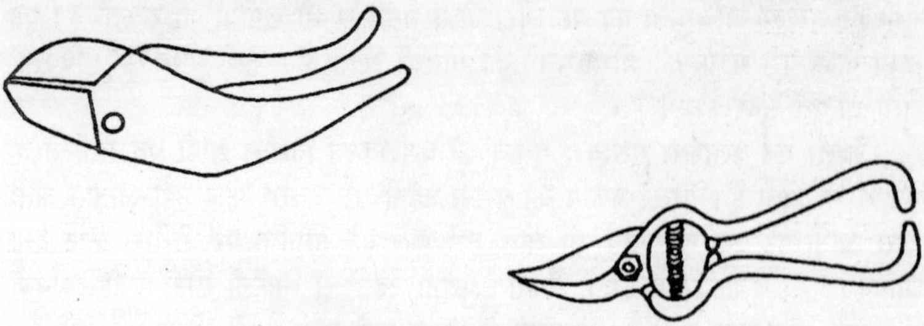

गुलाब छाँटने की कैंचियाँ

अक्टूबर के पहले-दूसरे सप्ताह में पुराने पौधों की कटाई छंटाई कर देनी चाहिए। छंटाई करते समय हायब्रिड टी गुलाब के पौधे की नीचे से तीन-चार आँख छोड़ कर कलम की भाँति तिरछा, व आँख से अंदर की ओर काटना चाहिए। इसकी छंटाई के लिए तेज धार वाली विशेष कैंची सकेटियर लेनी चाहिए, ताकि एक ही बार में कट जाए। काटने के साथ ही कीटनाशक दवा लगाकर इसे बन्द कर देना चाहिए। यह दवा घर पर बनाई जा सकती है। दो हिस्सा नीला थोथा (कॉपर कार्बोनेट), दो हिस्सा नारंगी सेंदूर (रेड लेड) जो पूजा के लिए प्रयोग किया जाता है, व एक हिस्सा बी. एच. सी. पाउडर को मिलाकर अलसी के तेल में 'पेंट' की भाँति मिला दें। किसी मोटे ब्रश की सहायता से कटे हुए स्थान पर इसे ठीक प्रकार तत्काल लगा दें। छंटाई इस प्रकार करें

कि पौधा गोलाकार, समान रूप में बन जाए। बीच में टहनियों की भीड़ नहीं होनी चाहिए, ताकि धूप पूरी लग सके। पोलीएंथा एवं मिनीएचर पौधों की छंटाई नहीं होती है, इनकी केवल पुरानी कमजोर, सड़ी-गली टहनियाँ निकाल देनी चाहिए। छंटाई के समय बादल व वर्षा दोनों ही नहीं होने चाहिए। अच्छी धूप व साफ मौसम होना चाहिए। क्यारी भी सूखी होनी चाहिए, पानी खड़ा नहीं होना चाहिए। लताओं की छंटाई अलग-अलग तरह से उनकी आवश्यकता का ध्यान रखकर करनी चाहिए। बहुत अधिक पुरानी टहनी हो जाने पर तीन वर्ष में एक बार अवश्य अच्छी तरह काट देना चाहिए। यदि टहनी बहुत मोटी हो तो आरी का प्रयोग भी किया जा सकता है।

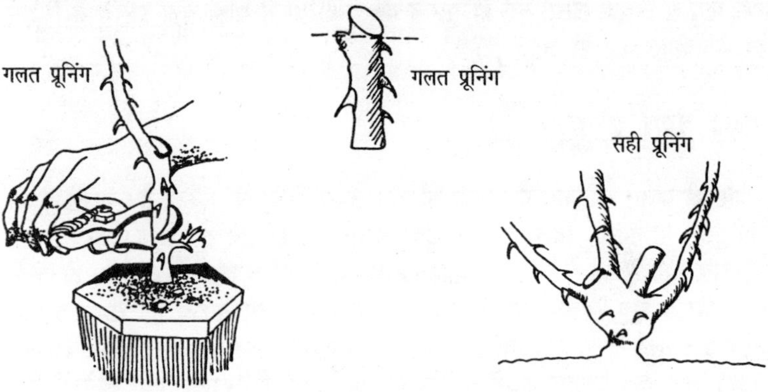

प्रूनिंग

छंटाई के साथ ही एक वर्ष से अधिक पुराने गुलाब की जड़ें भी खोल देनी चाहिए। पहले काँटे की सहायता से पूरी क्यारी की मिट्टी की गुड़ाई कर देनी चाहिए, फिर हर पौधे के चारों ओर कम-से-कम एक फुट मिट्टी हटाकर जड़ों को एकदम खोल देना चाहिए व कम-से-कम छह-सात दिन तक खुला छोड़ दें। पानी बिलकुल नहीं जाना चाहिए। धूप द्वारा जड़ों को रोग प्रतिरोधक शक्ति मिलती है और अधिक वर्षा द्वारा उत्पन्न नमी, व कीटाणु दोनों ही समाप्त हो जाते हैं। फिर प्रत्येक पौधे में आधी टोकरी गोबर की पुरानी खाद, दो मुट्ठी भर सरसों, मूँगफली अथवा नीम की खली, सौ ग्राम सुपर फास्फेट, पचास ग्राम पोटाश व एक चम्मच हड्डी का चूरा और यदि दीमक की आशंका हो तो दीमक नाशक दवा डालकर पौधे को बंद करके पैरों से चारों ओर अच्छी प्रकार दबा दें। रासायनिक खाद पौधे के तने से हटाकर डालनी चाहिए। जड़ों में खोखली जगह नहीं रहनी चाहिए। अब पानी भर देना चाहिए। इसके साथ ही मेलाथियान का छिड़काव करके टहनियों को ऊपर से नीचे तक धो देना चाहिए, ताकि नई कोपलों पर मकड़ियों तथा अन्य कीटाणुओं का आक्रमण न हो सके। इसके तीन सप्ताह बाद खली का तरल मिश्रण बनाकर अथवा 10 ग्राम अमोनियम सल्फेट, 30 ग्राम सुपर फास्फेट

और 5 ग्राम पोटाश एवं 2 ग्राम फोरस सल्फेट को 5 लीटर पानी में घोलकर प्रत्येक पौधे को एक लिटर मिश्रण देना चाहिए। यह हर दसवें दिन अवश्य देना चाहिए। आजकल बाजार में 'रोज मिक्स' के नाम से बहुत-सी तैयार खाद मिलती है, यह भी बहुत अच्छी रहती है। इसी प्रकार 'सी क्येसट्रओन' अथवा स्टेरामील नामक कई प्रकार के खनिज लवणों का मिश्रण भी मिलता है जिसको प्रत्येक पौधों में एक चम्मच के अनुपात से देकर विभिन्न खनिज लवणों की कमी को दूर किया जा सकता है। हर पंद्रहवें दिन एक ग्राम डाई अमोनियम फोस्फेट व मेलाथियान मिलाकर एक लीटर पानी में घोलकर पौधे के पत्तों एवं टहनियों पर अच्छी तरह छिड़काव करने से लाभ होता है। वर्षा ऋतु में अथवा उससे पूर्व ही गुलाब की क्यारियों में थोड़ा चूना डालने से मिट्टी का तेजाबीपन कम हो जाता है।

गुलाब तैयार करना

गुलाब को कलम काटकर, एवं कली बाँधकर तैयार किया जा सकता है। कलम केवल मिनीएचर, पोलीएंथा, रेंबलर एवं क्लाइंबर गुलाब की ही लग सकती है। फरवरी-मार्च में कलम काटकर रेत में दबा देनी चाहिए। वर्षा की समाप्ति तक यह अंकुरित हो जाती है। धब्बा व दाब रेंबलर तथा क्लाइंबर का ही अच्छा लग सकता है। धब्बा व दाब अपेक्षाकृत जल्दी तैयार हो जाता है। दाब के लिए दबाते समय सेराडिक्स नामक हारमोन पाउडर लगा देना चाहिए, इसमें जड़ें जल्दी फूट आती हैं। इसके तैयार होने में चार से छः सप्ताह तक लग जाते हैं। अतः मूल पौधे से अलग करने में शीघ्रता नहीं करनी चाहिए। गुलाब बनाने की सर्वोत्तम विधि, चश्मा चढ़ना जिसे बडिंग अथवा कली बाँधना भी कहते हैं, होती है। इसके लिए काफी कुशलता एवं सावधानी की आवश्यकता होती है। इसके लिए उत्तरी भारत के मैदानी क्षेत्रों में दिसंबर से लेकर फरवरी तक का समय सर्वोत्तम है। इन्हीं दिनों स्वस्थ एवं अच्छे किस्म के फूलों की आँख अर्थात् बीज मिल सकता है। इसके लिए कोहरे, बादल व पाले वाले अत्यधिक ठंड वाले दिन की अपेक्षा, खुली धूप व कम सर्दी वाला दिन देखना चाहिए। अच्छे, साफ व खुले मौसम में ही आँख बाँधना चाहिए। आँख लगाने से पहले मुख्य पौधा जिसे 'स्टॉक' कहते हैं, लगाना चाहिए। यह मल्टीफ्लोरा, रोजा इंडिका अथवा एडवर्ड रोज में से किसी का भी चल सकता है। इसकी मोटाई एक कलम अथवा अनामिका अँगुली से अधिक नहीं होनी चाहिए। जिस किस्म का गुलाब तैयार करना हो उसकी फूल वाली टहनी में से आँख निकालनी चाहिए। फूल खिल जाने पर, उस टहनी पर, पत्ती व टहनी के संधिस्थल पर एक छोटा-सा उभार निकल आता है जो कली जैसा नुकीला होता है। इसी को आँख कहते हैं। आँख के ऊपर 2 सेंटीमीटर व नीचे भी इतना लेकर अगल-बगल से चीरा देना चाहिए। फिर ऊपर व नीचे सीधा निशान लगाकर आयताकार टुकड़ा आँख वाला, टहनी की त्वचा व छाल के साथ निकाल कर पानी वाली कटोरी में रख लेना चाहिए।

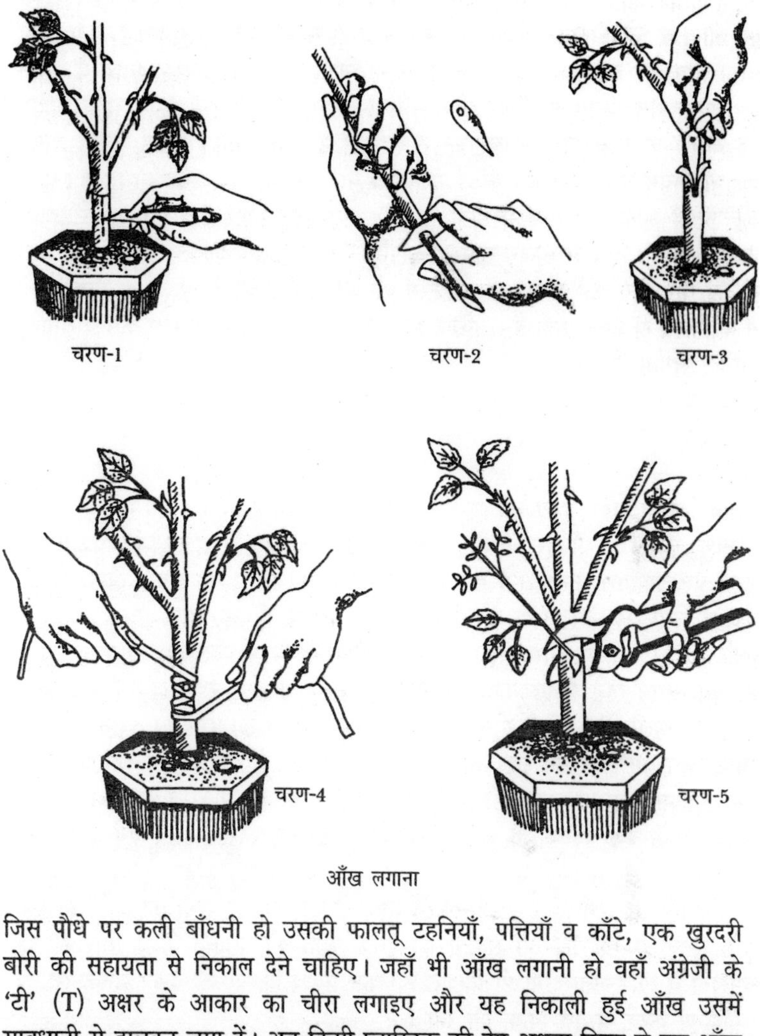

आँख लगाना

जिस पौधे पर कली बाँधनी हो उसकी फालतू टहनियाँ, पत्तियाँ व काँटे, एक खुरदरी बोरी की सहायता से निकाल देने चाहिए। जहाँ भी आँख लगानी हो वहाँ अंग्रेजी के 'टी' (T) अक्षर के आकार का चीरा लगाइए और यह निकाली हुई आँख उसमें सावधानी से डालकर जमा दें। अब किसी प्लास्टिक की टेप अथवा रिबन से उस आँख को कस कर बाँध दें। इस स्टॉक को आँख बाँधे गए स्थान से लगभग 15 सेंटीमीटर ऊँचाई पर काटकर कीटनाशक दवा से बंद कर दें। आँख चढ़ाने के बाद ध्यान रखें कि मूल पौधे की जड़ के आसपास नए अंकुर न फूटने पाए व टहनी में आँख वाले स्थान को छोड़कर और कहीं पर पत्तियाँ न निकलें। निकलने पर उन्हें तोड़ दीजिए। जब आँख में और कोंपल व टहनी फूट आए और कम-से-कम 18 सेंटीमीटर तब लंबी हो जाए तो प्लास्टिक टेप को सावधानी पूर्वक खोल दें। इस नई बाँधी आँख पर शुरू

में फूल नहीं आने देना चाहिए, अन्यथा पौधा कमजोर हो जाएगा। अब मुख्य टहनी को आँख से 5 सेंटीमीटर ऊँचाई का काटकर दवा से बंद कर दें। गुलाब कितना ऊँचा बाँधा जाए, यह व्यक्ति की अपनी रुचि पर भी निर्भर करता है। अक्सर क्यारी में लगाने के लिए जमीन से 30 सेंटीमीटर ऊँचा बाँधना चाहिए। यह अवश्य ध्यान रहना चाहिए कि क्यारी के सभी पौधे बराबर की ऊँचाई पर ही बाँधे जाएँ। स्टैंडर्ड गुलाब बनाने का भी नियम यही होता है। स्टैंडर्ड गुलाब 2 मीटर ऊँचाई तक लोग बाँधते हैं। फूलों की ऊँचाई आँखों की सीध में होनी चाहिए। अतः एक मीटर ऊँचाई वाला स्टैंडर्ड ही ठीक रहता है। नीचे से भोजन ऊपर तक पहुँचने में भी उतनी शक्ति लगेगी। एक पौधे में कई बार लोग कई अलग-अलग किस्म की आँख बाँध देते हैं परंतु एक स्टैंडर्ड पौधे में दो किस्में ही ठीक रहती हैं। अधिक हो जाने से सौंदर्य व कलात्मकता कम व तमाशा अधिक लगता है।

देखभाल

गुलाब जितना सुंदर व राजसी फूल है, उसके उतने ही नखरे हैं। विभिन्न प्रकार के कीटाणु, मकड़ियाँ, एफिड्स, फफूँद, वायरस रोग आदि जड़ से लेकर पत्तियों टहनियों, फूलों पर आक्रमण करते रहते हैं। शायद, सुंदरता के कारण वह सबके आकर्षण का केंद्र व ईर्ष्या का पात्र जल्दी बनता है। एफिड, गुबरैले, दीमक, थ्रिप, मकड़ी, रेडस्केल आदि निरंतर उस पर आँख गड़ाए रहते हैं। इनके विषय में पहले ही बताया जा चुका है, अतः समय रहते ही छिड़काव कर रोकथाम करनी चाहिए। रेडस्केल तने व टहनियों पर लगने वाली चेचक जैसी गोल-गोल दानों वाली बीमारी है। प्रभावित स्थानों को दाँत साफ करने वाले ब्रश की सहायता से मेथिलेटेड स्पिरिट से अच्छी तरह रगड़कर उतार देना चाहिए। गुलाब बहुत ही नाजुक पौधा है। इसकी प्रतिरोधात्मक क्षमता को अधिक-से-अधिक बढ़ाया जा सके, इसके लिए वैज्ञानिक निरंतर शोध एवं प्रयास कर रहे हैं।

गुलाब की अभी तक सैकड़ों किस्में निकाली जा चुकी हैं, सभी का वर्णन तो एक पूरी पुस्तक में भी नहीं आ सकता है। इनके फूलों की बनावट के अनुसार ही वह प्रमुखता व विभिन्नता दोनों ही दिखाते हैं। कुछ प्रमुख किस्मों का वर्णन उनके रंग का वर्गीकरण करके प्रस्तुत किया जा रहा है—

हायब्रिड टी : इस वर्ग के गुलाब अपने आकार, आकृति, पंखुड़ियों की बनावट, सुगंध, रंग आदि के कारण अत्यंत भव्य एवं आकर्षक लगते हैं। प्रदर्शनी एवं कमरे की सजावट के लिए इस वर्ग के फूलों का कोई सानी नहीं है। एक-एक पंखुड़ी की बनावट फूल को कलात्मक रूप प्रदान करती है। यह संख्या में कम ही खिलते हैं। मुख्यतः एक टहनी पर एक ही फूल खिलने देना चाहिए।

लाल रंग : इस रंग के सभी फूल सुगंधित होते हैं व चटक लाल से लेकर मखमली

गहरे कत्थई, उन्नावी, व कालिमा लिए गहरे लाल मिलते हैं। अरूणा, ओपेरा, जोसफीन ब्रूस, एलेक्स रेड, अनुपमा, एवन, क्रिश्चियन-डॉयर, बोन-नाईट, चार्ल्स-मेलरिन, सुगंधा, क्रिमजन ग्लोरी, फ्रेगरेंट क्लाऊड, ओक्लोहामा, कालिमा, मिस्टर लिंकन, पापा मीलेंड, भीम।

गुलाबी : एफिल-टावर, फर्स्ट-प्राइज, मॉरिया-कलास, शेनन, पिक्चर, पीटर-फ्रेंक-फील्ड, ईना- हॉर्स्टमेन, माइकेल मीलेंड, स्वॉथमोर, एलीजाबेथ, सुषमा, जाकिर हुसैन, बैले ऑफ पंजाब, बैले।

पीला : मैकग्रेडी-सनसेट, मैकग्रेडी-एलो, किंग्ज-रेनसम, कनकाँगी, गोल्डन-स्पलेंडर, पूर्णिमा, बुकेनियर, गोल्डन जॉयट, ग्रैंडमेयर-जैनी, काबुकी।

नारंगी : सुपरस्टार, ताहिती, ग्रैनाडा, चेरी ब्रांडी, फ़्लेमिंग सनसेट।

गहरा गुलाबी : मोंटेजुमा, सबीना, फैबीओला, सोरयूया, स्टेला, थॉयस, माई चॉयस, मिसचिफ, पोलीनेशियन सनसेट।

सफेद : यूकीसॉन, विरगो, मेटरहॉर्न, डॉ. होमी भाभा, तुषार, क्वीन एजिजाबेथ, पास्कली, मेसेज।

कुछ फूल ऐसे भी होते हैं जो न सफेद होते हैं, न पीले अथवा गुलाबी बल्कि उनमें तीनों रंगों की मिली-जुली आभा होती है। यह अत्यंत आकर्षक, मोहक एवं सुंदर होते हैं। इनमें 'गार्डन-पार्टी', 'किस-ऑफ-फॉयर', 'रोज-गजार्ड', 'अमेरिकन हेरीटेज', 'रीनाहरहोल्ट', 'पीस', 'परफेक्टा', 'ग्रेनाडा', 'पिकेडिली' आदि अत्यंत सुंदर किस्में हैं। कुछ फूलों की पंखुड़ी दो रंग वाली होती है अर्थात् ऊपर की सतह पर एक रंग व नीचे की सतह पर पर दूसरा रंग। इसमें 'बजाजो', 'डॉ. वेलीयोज', 'डुएट', 'कोरोनाडो' आदि सुंदर फूल हैं। कुछ किस्में ऐसी भी होती हैं जिनमें एक रंग की पंखुड़ी पर दूसरे रंग के छींटे होते हैं, मानो किसी ने स्टेंसिल ब्रश के रंग बिखेर दिया हो। इसमें 'एंविल्स-स्पार्क' एवं 'केयरलेसलव' अत्यंत सुंदर गुलाबी व लाल फूल की किस्में हैं जिस पर बैंगनी व पीले सुनहरे रंग की छींटे व धारियाँ होती हैं। एकदम नीले रंग का गुलाब अभी तक नहीं बना परंतु उससे मिलते-जुलते सुरमई, फालसई व गुलाबी नीले रंग के फूल बनाए जा चुके हैं, जिसमें 'प्रिल्यूड', 'अफ्रीकन-स्टार' एवं 'ब्लू-मून' सुंदर फूल हैं।

फ्लोरीबंडा : इस वर्ग के गुलाब फूल संख्या में अधिक खिलने के कारण बहुत पसंद किए जाते हैं। क्यारी की भव्यता यदि हायब्रिड टी गुलाब है तो रंग की बहार व छटा के लिए फ्लोरीबंडा किस्में सर्वोत्तम रहती हैं। इनमें अपेक्षाकृत सुगंध कम होती है। आजकल 'सी. पर्ल' जैसी किस्में भी बनाई जा रही हैं जो आकार व आकृति में किसी हायब्रिड टी गुलाब से कम नहीं हैं। फ्लोरीबंडा किस्म में फूल गुच्छों में चार या पाँच की संख्या से लेकर बीस तक खिलते हैं।

सफेद : क्वीन-एलिजाबेथ, आइसबर्ग, हिमांगिनी, सारा-टोसा।

गुलाबी : एलिजाबोथ-ऑफ-ग्लेमीज, लाजोला, पिंक-परफेट, टिकी, सी. पर्ल फैशन,

हवाई, देहली-प्रिंसेस।

लाल : अरेबियन-नाइट्स, बंजारन, सेलेस्टियल-स्टार, कैबरे, कामिनी, फ़्लेमिंगो।

पीला : गोल्डेन-बेल, गोल्ड-मेरी, रंभा।

नारंगी : ओरेंजेड, चार्ल्सटन, सर्कस, जांबरा, प्रिंसेस-मिचिको, स्पार्टन, जरीना।

पोलीएंथा : छोटे-छोटे फूल गुच्छों में आते हैं। कुछ ऐसी भी किस्में हैं कि एक गुच्छे में 60-70 से 100 तक फूल आते हैं। 'चेटिलियन रोज', लाल शर्बती फूलों की ऐसी ही किस्म है। 'ईको', 'बेबी फारेक्स', 'स्वाति', 'अंजनी' आदि सुंदर रंगों वाली किस्में हैं। वर्षा के बाद छंटाई करते समय इसकी कटाई कम करनी चाहिए।

मिनिएचर : यह वास्तव में गुलाब की बौनी किस्म है। नन्ही-नन्ही पत्तियाँ, नन्हे-नन्हे फूल परंतु अत्यंत आकर्षक-गमलों में लगे अत्यंत सुंदर लगते हैं। जगह कम होने पर भी इसे गमले में सरलता पूर्वक उगाया जा सकता है और ड्राइंग रूम में रखे इसके पौधे नन्हे वृक्ष का आभास तो देंगे ही, कमरे की शोभा भी दुगनी कर देते हैं। 'बेबी-डॉर्लिग', 'बेबी-गोल्ड स्टार', 'बेवी-मास्करेड', 'सिंडरेला' 'लॉली-पॉप', 'ड्वार्फ-किंग', 'लिटिल-फ्लर्ट', 'रेड-एल्फ', 'स्टारीना', 'टिंकल-बेल' आदि विभिन्न रंगों में आकर्षक किस्में हैं।

क्लाइंबर एवं रेंबलर : इन्हें खंभों दरवाजों, रेलिंग, मंडपों व दीवारों पर चढ़ाने से पूर्व धूप के रुख का अंदाजा अवश्य लगा लें, अन्यथा उस पर आने वाली छटा से आप वचिंत रह जाएँगे। **कैसीनो**–हल्के पीले रंग का बड़ा फूल, **अमेरिकन पिलर**–गुलाबी बड़े फूल, **क्लाइंबिंग कॉकटेल**–लाल पीली आभा वाले, इकहरी पंखुड़ी वाले आकर्षक फूल जो कि पूरे वर्ष भर गुच्छों में खिलते रहते हैं। **कोपेन होगेन**–दोहरी पंखुड़ी वाले लाल फूल, **दिल्ली-पिंक पर्ल**–गुच्छों में गुलाबी फूल, **डौरोथी पारकिनसंस**–बड़े-बड़े गुलाबी सुगंधित पुष्प, **गोल्डन शॉवर**–गुच्छों वाले पीले फूल, **मॉर्शनील**–पीले दोहरी गुँथी पंखुड़ी वाले फूल, **प्रौसपेरिटी**–सफेद दोहरी गुँथी पंखुड़ी वाले पुष्प जो गुच्छों में लगभग पूरे साल खिलते रहते हैं। **बैंकसाई**–सफेद गुँथी हुई पंखुड़ी वाले फूल जो कभी-कभी 2 मीटर तक लंबी टहनियों पर खिलते हैं। वर्ष में एक बार मार्च के प्रारंभ में खिलते हैं। **स्कूल गर्ल**–नारंगी पुष्प, इसके अतिरिक्त **क्रिमसन ग्लोरी, पीस, विरगो, ग्रैडमेयर-जेनी, पिंकी, मिशेल मीलैंड** आदि कई किस्में हैं जिनके पुष्प हायब्रिड टी गुलाब जैसे बड़े व सुगंधित होते हैं। परंतु ये फूल संख्या में कम आते हैं।

विशेष देखभाल

इन सब बातों के अलावा जमीन की निराई व गुड़ाई अवश्य करते रहना चाहिए। ध्यान रहे कि जमीन में पानी अधिक न रहे। जब क्यारी सूखी लगे तब ही पानी देना चाहिए। दिल्ली जैसी गर्मी एवं लू वाले स्थानों में संध्या के समय पत्तों को धोना बहुत लाभ पहुँचाता है। खासतौर से ऐसे समय जब धूल भरी आँधियों में पत्तों के ऊपर मिट्टी

की तह जम जाती है। उसे धो देने से पौधों को साँस लेने की सुविधा रहती है। ग्रीष्म में लॉन की घास जब काटें तो गुलाब की क्यारी में उसकी तह फैला देनी चाहिए, इससे जड़ों में ठंड रहती है व वाष्पीकरण भी कम होता है। इतनी देखभाल के बाद व लगातार ध्यान रखने से आपको गुलाब के फूलों का आनंद अवश्य मिलेगा।

सकुलेंट गूदेदार सरस पौधों का परिवार

नई दुनिया की खोज ने जहाँ अपने सुंदर फूलों से पूरी दुनिया को आकर्षित किया, वहीं वहाँ के रेगिस्तानी प्रदेश में वृक्षनुमा दैत्याकार कंटीले पौधों व उनके फूलों ने सबको विस्मित कर दिया। बीहड़ शुष्क प्रदेशों में पाए जाने वाले ये विशाल वृक्ष एक विचित्र सम्मोहक वातावरण प्रस्तुत करते हैं। इन काँटेदार पौधों ने अपनी विचित्रता, शुष्क प्रदेशों में रहने की सुदृढ़ क्षमता व मनोहारी फूलों से पुष्प प्रेमियों को आकर्षित कर लिया। जल्दी ही वह समय आ गया कि लोगों के उद्यानों व व्यक्तिगत संग्रहों में ये पौधे स्थान पा गए। भारत में इस विषय पर काफी समय तक उपेक्षा का भाव रहा। बीहड़ प्रदेशों में पाया जाने वाला काँटेदार किस्म का पौधा बदशुगनी का प्रतीक माना जाता था। परंतु एक समय ऐसा आ गया कि समाज में उपेक्षित यह पौधा, समाज में उच्च स्तर का प्रतीक बन गया और मनीप्लांट की भाँति ड्राइंगरूम सभ्यता का प्रतीक बन गया।

कैक्टस के संबंध में सबसे प्रमुख भ्रांति यह रही कि हर काँटेदार पौधा कैक्टस होता है। जबकि सत्य यह है कि हर काँटेदार पौधा कैक्टस नहीं होता है। प्रकृति ने पानी की कमी वाले क्षेत्रों में भी अपनी वनस्पति को वरदान दिया है और साथ में उनमें कम और कई बार नाम मात्र पानी में जीवित रहने व फलने-फूलने की क्षमता भी प्रदान की है। ये पौधे अपने शरीर, पत्तों, जड़ों के कंदीय भाग में पानी का भंडार एकत्र कर लेते हैं और धीरे-धीरे वर्ष भर उसी से अपना काम चला लेते हैं। पानी के भंडारण की इस क्षमता के कारण ये सभी पौधे सकुलेंट पौधों की जाति में आ जाते हैं। कैक्टस भी इसी जाति की एक प्रजाति है जिसमें काँटे होते हैं। सभी गूदे वाले पौधे चाहे काँटेदार कैक्टस हों या फिर दूध जैसे श्वेत स्राव वाले यूफोर्बिया या फिर मोटी सतह की पत्ती वाले विशाल अगेव हों, इसी परिवार में आ जाते हैं। इन सभी पौधों में कम पानी में जीवित रहने, पानी के भंडारण की क्षमता के साथ-साथ अपने अंगों में वाष्पीकरण न होने देने की क्षमता एक मुख्य विशेषता है।

इस जाति के पौधों के लिए खाद मिट्टी की आवश्यकता अलग होती है। दिल्ली में पाई जाने वाली बदरपुर की मोटी बजरी या फिर नदी की दानेदार मोटी रेत बहुत अच्छी रहती है। दो भाग बजरी, एक भाग पत्ती की पुरानी खाद व एक भाग गोबर की पुरानी खाद व एक गमले में एक चम्मच के अनुपात से हड्डी का चूरा ठीक रहता है। इस मिश्रण में लोग अपने-अपने अनुभव के आधार पर कम ज्यादा कर लेते हैं, परंतु

ध्यान इसी बात का रहना चाहिए कि मिट्टी हल्की हो और उसमें पानी का निकास अच्छी तरह हो सके।

सकुलेंट परिवार के पौधों के अलग-अलग अंगों में पानी के भंडार की क्षमता के अनुसार ही उन्हें तीन वर्गों में रखा जाता है। 1. टहनी वाले सकुलेंट, 2. पत्ती वाले सकुलेंट, 3. जड़ वाले सकुलेंट पौधे।

कैक्ट्स परिवार : इस परिवार के पौधे टहनी वाले सकुलेंट होते हैं जो कि अधिकतर उत्तरी एवं दक्षिणी अमेरिका में पाए जाते हैं। आकार में नन्हे मैमेलेरिया से लेकर पच्चीस मीटर ऊँचे विशालकाय वृक्ष के रूप में भी मिलते हैं। पौधा चाहे गोलाकार हो या स्तंभाकार, सभी के शरीर पर उभरी धारियाँ लंबायमान रूप में होती हैं जिन्हें रिब्स अर्थात् शिरा कहते हैं। इन्हीं उभरी शिराओं पर एक ही स्थान से चार या उससे अधिक काँटे निकले होते हैं। ये काँटे अत्यंत तीखे सख्त अथवा बाल जैसे नरम भी हो सकते हैं। ये काँटे ही पौधे को वाष्पीकरण से बचाते हैं और ओस के रूप में प्राप्त पानी को भी समेट लेते हैं। इस परिवार में अत्यंत सुंदर, चटक रंग के धातु जैसी चमक वाले पुष्प खिलते हैं बाद में इन्हीं में से बीजों से भरा गूदेदार फल निकलता है। कैक्टस की 'ओपनशिया' किस्म जिसे भारत में नागफनी कहते हैं, भारत में आम पाई जाती है। इसके अंग अक्सर गोलाई लिए हुए लंबे व चपटे होते हैं। नन्हे-नन्हे पौधे का समूह 'मैमलेरिया' जो कि आसानी से उगता है, कालीन की तरह फैलता जाता है। गोल कद्दू की आकृति वाला 'इकीनोकैक्टस', 'एस्ट्रोफायटम', बिना काँटेवाला 'लीफोफोरा', 'स्तंभाकार' 'सीरियस', 'इकीनोसीरियस', 'इकीनोप्सिस', 'इपीफीलम' जिसे चपटी पत्तीनुमा अंगों के कारण 'लीफ कैक्टस' भी कहते हैं आदि अनेक प्रकार की किस्में पाई जाती हैं। कैक्टस परिवार की कुछ किस्मों में पत्तियाँ भी होती हैं जैसे 'पेरेस्किया' एवं 'पेरिस्कयोपसिस'। कैक्टस के नए पौधे बीज द्वारा बनाए जाते हैं। ये बीज बहुत ही छोटे होते हैं। इसके लिए विशेष रूप से हल्की एवं कीटाणुरहित मिट्टी होना जरूरी है। पुराने पौधों पर चश्मा चढ़ाकर नए पौधे बनाना भी एक कला है जिसका आजकल बहुत प्रचलन हो गया है। इस विधि द्वारा नन्हे पौधों को स्वस्थ आधार मिल जाता है। शीत एवं वर्षा ऋतु में पानी एकदम बंद कर देना चाहिए। चूँकि ये पौधे कृत्रिम वातावरण में उगाए जाते हैं इसलिए इन्हें कभी-कभी गोबर की तरल खाद व एन. पी. के. की तरल खाद हल्की मात्रा में देने से लाभ होता है।

यूफोर्बिया परिवार : इस परिवार में पाँच हजार तक पौधे आते हैं। अक्सर काँटेदार पौधों को भी लोग कैक्टस कह देते हैं। यूफोर्बिया परिवार के पौधों की मुख्य विशेषता पौधे की टहनी एवं पत्तों में से निकलने वाला दूध जैसा गाढ़ा सफेद, चिपचिपा द्रव्य है। कई बार यह बहुत विषैला होता है। इस परिवार के पौधे में काँटे एक या दो ही होते हैं और फूल वास्तविक फूल न होकर रंगीन पंखुड़ियों वाला ब्रेक्ट या सहपत्रक होता है। नन्हा-सा फूल उस सहपत्रक के भीतर होता है जो कि प्रमुखता से दिखाई नहीं देता है। 'किस-मी-नॉट' या प्रसिद्ध 'यूफोर्बिया स्पेलंडस' इसका उदाहरण है। 'जट्रोपा', 'क्रोटन',

'अकेलीफा' जैसे सुंदर पौधे इसी परिवार में आते हैं।

अगावे परिवार : इस परिवर के पौधे भारत, अफ्रीका व अमेरिका सभी जगह पाए जाते हैं। 'अगावे' 'ड्रेसीना' 'यूका', 'फरकेरिया', 'सेंसेवेरिया', नोलिना इसी परिवार में आते हैं। इस वर्ग के पौधों में सुंदर फूल भी आते हैं जो कि अक्सर तीन-चार मीटर लंबी टहनी के ऊपर गुच्छे में लगते हैं। बड़े उद्यानों, सीमेंट के गमलों में भी इन्हें लगाया जा सकता है। पथरीले शुष्क स्थानों में इनकी सहायता से सुंदर भूद्रश्यावली बनाई जा सकती है। नीचे अगल-बगल से निकलने वाले नन्हे पौधों को अलग करके नया पौधा बनाया जा सकता है। ड्रेसीना अपने नन्हे पतले पत्तों से लेकर सुंदर चटक लाल, ताँबई, हरे बड़े पत्तों के लिए पसंद किया जाता है। इन्हें गमले में लगाकार बरामदे को भी सजाया जा सकता है। लोकप्रिय पुष्प ट्यूबरोज इसी परिवार का सदस्य है

सकुलेंट लिली परिवार : इस परिवार के पौधे अपने फूल जैसी आकृति के आकर्षक पत्तों के कारण पसंद किए जाते हैं। चिकने पत्ते ही पौधे में वाष्पीकरण को रोकते हैं। इस परिवार के पौधों में अत्यंत कमनीय पुष्प भी आते हैं। 'अलोए', 'हैवर्थिया', 'गस्टेरिया' आदि अनेक सुंदर पौधे इस परिवार में आते हैं। 'अलोए', जिसे घृतकुमारी भी कहते हैं, अपने औषधीय महत्त्व के लिए लोकप्रिय है।

मिल्कवीड परिवार : इस परिवार के पौधे औषधीय वनस्पति झाड़ियों व लताओं में मिलते हैं...यह जरूरी नहीं कि सभी में दूध जैसा श्वेत गाढ़ा द्रव्य निकले। भारत में 'स्टेपेलिया', 'कैरालूमा', 'होया' एवं 'सेरोपीजिया' 'स्टीफोनोटिस' के पौधे पाए जाते हैं। लंबे मोटे गूदेदार तनेनुमा पौधों में सितारे जैसा काफी चटक भूरा बैंगनी फूल खिलता है। ये फूल अक्सर दुर्गंध वाले होते हैं। पथरीले उद्यानों में पाँच पंखुड़ीवाले सितारेनुमा फूल जब खिलते हैं तो अत्यंत आकर्षक लगते हैं।

अडेनियम, पैचीपोडियम परिवार : इस परिवार में बहुत थोड़े ही पौधे आते हैं परंतु अपने आकर्षक फूलों व सुंदर आकृति के पौधों के लिए पुष्प प्रेमियों में बहुत लोकप्रिय है। छोटा-सा पौधा भी देखने में नन्हा-मुन्ना वृक्ष लगता है। अडेनियम का तनाकंदनुमा जड़ के पास उभरा रहता है...व टहनी के अग्र भाग में गुलाबी श्वेत मिले-जुले रंग वाले सुंदर पुष्प गुच्छों में खिलते हैं। पेचीपोडियम में कैक्टस की भाँति तीखे काँटे होते हैं। लोकप्रिय वृक्ष 'प्लूमेरिया पेगोडा' इसी परिवार का वृक्ष है।

पत्थरनुमा पौधे व मिसीमब्राइथ्रिमम : गूदेदार पत्तों वाले पौधे मूल रूप से अफ्रीका निवासी हैं। कई बार दो मोटे पत्तों वाले ये पौधे धरती पर पड़े छोटे-छोटे पत्थरों का आभास देते हैं। जब इनमें चटक रंगों वाले रेशमी सतह के फूल खिलते हैं तब पूरी धरती रंगों का कालीन लगने लगती है। नदी के पत्थरों समान दिखने वाले ये अत्यंत सुंदर गूदेदार पौधे हैं। सर्दी में खिलने वाली मिसीमब्राईथिमम नामक आकर्षक फूलों वाला पौधा इसी परिवार का अंग है। इसके फूल अपनी धातु जैसी रेशमी चमक के कारण आकर्षक लगते हैं।

क्रैसुला परिवार : इस परिवार में असंख्य सुंदर पौधे आते हैं जो कि अपने सुंदर

पत्तों की आकृति, रूप, रंग के कारण पसंद किए जाते हैं। पत्तों द्वारा ही नए पौधे भी आसानी से बना लिए जाते हैं। कलैंचो पौधा इसी परिवार का है। नन्हे-नन्हे मटर के गोल दानों जैसे पत्तों वाला 'सीडम', खिले फूल की आकृति में आकर्षक पत्तों एवं कमनीय पुष्पों वाला 'इकेवेरिया' विभिन्न रूप वाले 'कलैंचों', 'सैंपरवीवम', 'ब्रायोफिलम', 'कोटीलीडोन' आदि अनेक किस्में इस परिवार का अंग हैं। ये जड़ के समीप निकलने वाले सकर्स-अंतःभूस्तरी एवं पत्तों द्वारा नए पौधे तैयार किए जा सकते हैं। पौधा पुराना हो जाने पर कई बार आकारहीन हो जाता है। तब काटकर नया पौधा बना लेना चाहिए। पौधों के लिए मिट्टी हल्की होनी चाहिए जिससे पानी का निकास भली प्रकार हो सके। पौधों के लिए धूप-छाया मिली-जुली होनी चाहिए। जिन घरों में खुली जमीन की समस्या हो वहाँ इस परिवार के विभिन्न पौधों द्वारा छत, बरामदा, टोकरियों एवं खिड़की के आगे बक्सों व गमलों में सजाया जा सकता है।

गूदेदार सकुलेंट जाति का परिवार अत्यंत विशाल है...छोटे गमलों, नाँदों में विभिन्न प्रकार के पौधे लगाकर तश्तरीनुमा नन्हे उद्यान भी बनाए जा सकते हैं। चूँकि इन पौधों को पानी की आवश्यकता बहुत कम होती है, अतः इनकी देखभाल में मुश्किल नहीं आती। आप भी इस नन्हे उद्यान में पहाड़ियाँ, पत्थर, नदी पुल की कल्पना करके सुंदर भू-दृश्यावली बना सकते हैं। यदि आपके पास इस जाति के पौधों का विशाल संग्रह है तो आपको इसके लिए ऐसा स्थान बनाना पड़ेगा जहाँ पर खुली धूप व हवा हो परंतु नमी न हो। जून की तीखी धूप पौधे को झुलसा न दे इसके लिए फाइबर अथवा प्लास्टिक से ऊपर से ढक दें, परंतु नीचे चारों ओर से खुला रखें ताकि हवा का आना-जाना बिना रोक-टोक के हो सके। बहुत तीखी धूप कैक्टस एवं सकुलेंट परिवार के कई पौधों के लिए हानिकारक होती है...तब ऐसे प्रकाशयुक्त हवा-घर लाभकारी रहते हैं।

कैना-डहलिया-क्राइसैंथेमम-आर्किड

विभिन्न प्रकार की जड़ों वाले कुछ पौधे अपने सौंदर्य के कारण अत्यंत लोकप्रिय होते हैं। इनकी कंद, गाँठ अथवा ट्यूबर जैसी जड़ों को सँभाल कर रखना पड़ता है। जड़ों को विभाजित करके अथवा उनसे फूटने वाले नए अंकुरों द्वारा नया पौधा तैयार किया जा सकता है। डहलिया एवं क्राइसैंथेमम की कलम द्वारा नया पौधा तैयार किया जा सकता है।

कैना

केले के पत्तों के समान पत्ते होने के कारण माली अक्सर कैना को 'केली' कह कर पुकारते हैं। यह भारत में आमतौर पर पाया जाने वाले सुंदर पौधा है। बड़े-बड़े उद्यानों में लगी कैना की क्यारियाँ जब ग्रीष्म एवं वर्षा ऋतु में अपने यौवन पर आती हैं, तो दूर-दूर तक रंगीन चादर-सी बिछ जाती हैं। उसके पत्ते भी चमकदार, हरे और कभी-कभी अत्यंत सुंदर होते हैं और फूल न होने की स्थिति में भी अत्यंत सुंदर हरे-भरे लगते हैं। इसका पुष्प यद्यपि अन्य पुष्पों की भाँति नाजुक तो नहीं होता परंतु इसमें एक अलग प्रकार का विशिष्ट सौंदर्य एवं गरिमा होती है जो अन्य फूलों में नहीं होती। इसका पौधा स्वभाव से ही बहुत पेटू होता है। कितनी भी खाद डालिए, पानी दीजिए, यह सब हजम कर लेगा। परंतु यह अकृतज्ञ नहीं है। फूल की किस्म, संख्या, रंग, रूप, आकार द्वारा उसका असर स्पष्ट नजर आएगा। सीधी धूप की अपेक्षा छायादार मिली-जुली धूप, नमी एवं गर्मी इसे अधिक प्रिय होती है। मिट्टी में रेत इसके अनुकूल बैठती है। नीची जगह में जहाँ पानी इकट्ठा हो जाता है, वहाँ इसे लगा देने पर लाभ की संभावना काफी रहती है।

लगभग पचास किस्मों वाला कैना मरांटा जाति से ही मिलता-जुलता एक पौधा है। गहरे लाल, धारीदार, चिकने, मोटे गोलाई लिए हुए लंबे परंतु आगे से नुकीले व चीरने पर केले के पत्ते जैसे रेशेदार, पानी की झिलमिलाती बूँदों से खेलते इसके पत्ते अत्यंत आकर्षक लगते हैं। कंदनुमा इसकी जड़ें दक्षिणी अमरीका के मूल निवासियों द्वारा भोजन के रूप में खाई जाती हैं।

इनकी जड़ों को विभाजित करके अथवा बीजों को बोकर नए पौधे तैयार किए

जा सकते हैं। इसके बीज गोल, काले व अत्यंत सख्त होते हैं। इसलिए इसे चौबीस घंटे पानी में भिगोने के बाद बोना चाहिए अथवा रेगमार कागज द्वारा चारों ओर से रगड़ कर खुरच देना चाहिए। जड़ द्वारा तैयार करना हो तो इसकी गाँठदार जड़ों को एकत्र करना चाहिए। क्यारी को गहरा खोदकर उसमें अच्छी तरह गोबर की पुरानी खाद अथवा अस्तबल की खाद मिला देनी चाहिए, फिर जमीन में कुछ अंतर पर इन गाँठों को लगा देना चाहिए। कंद जमीन की सतह से लगभग तीन सेंटीमीटर नीचे रहे। गाँठ लगाने के बाद क्यारी को पानी से एकदम भर देना चाहिए। सर्दियों में तरल खाद देने से फूलों के रूप-रंग में बहुत अंतर आता है। कैना की क्यारी को हर वर्ष खाद अवश्य मिलनी चाहिए। विशेषकर पोटाश की कैना को बहुत आवश्यकता रहती है।

कैना की तीन मुख्य किस्में हैं, इन्हीं से नई संकर किस्में तैयार की जाती हैं। इंडिका, फलेक्सिडा, ग्लॉका। कैना सजावटी फूल के लिए कम प्रसिद्ध है। कलियाँ सख्त डंडीनुमा टहनी के ऊपरी सिरे में एक के अंदर एक गुँथी हुई रहती हैं। फूल काफी बड़े, चटकदार रंगों में मखमली नरम पंखुड़ी वाले, धारीदार व छींटेदार होते हैं। पौधे की ऊँचाई 60 सेंटीमीटर से लेकर दो मीटर तक होती है। कुछ मुख्य किस्में इस प्रकार हैं–

अमरेकिन ब्यूटी–लालिमा लिए नारंगी फूल
एपरीकॉट–गुलाबी आभा लिए फीके पीले फूल
हायब्रिड प्रेसीडेंट–चटक सुर्ख लाल फूल व पत्ते हल्के हरे रंग के
लूसिफर–लाल पुष्प के सुनहरे पीले किनारे
डोरिस–फीके गुलाबी रंग के फूल
गोल्डन वेडिंग–छोटा पौधा व पीले फूल
रोजिया जाइगेंटिया–हल्के व गहरे गुलाबी रंग के बड़े फूल
एलोकिंग हंबर्ट–चटक पीले फूलों पर लाल छींटे

इन्हें गमलों में भी लगाया जा सकता है। फूल समाप्त होने पर कंदनुमा गाँठें अच्छी तरह सुखाकर ठंडे स्थान पर रख दें। पोटाश चाहे राख के रूप में हो या हड्डियों का चूरा बहुत लाभकारी है। कीटाणु से बचाने के लिए दवा का प्रयोग जरूर करना चाहिए। अपनी नरम पंखुड़ी के कारण इसका फूल बुलबुलों व अन्य रस चूसने वाली छोटी चिड़ियों का भी भोजन बहुत जल्दी बन जाता है।

डहलिया

आज से लगभग दो सौ वर्ष पूर्व मैक्सिको के बॉटानिकल गार्डन के सुपरिटेंडेंट श्री विंसेंट सर्वांटेस ने स्पेन में मेड्रिड के श्री ऐंबे कवानिलिस को एक नए तरह का विचित्र सुंदर फूल भेजा था और उन्होंने सुप्रसिद्ध वनस्पतिज्ञ कार्ल लाईनस के शिष्य

डॉ. एंडरियास डहल के नाम पर उसका नाम डहलिया रखा, जो आज संसार के सुंदरतम फूलों में से एक माना जाता है। यह फूल 40 सेंटीमीटर व्यास से लेकर छोटे पिंगपांग के गेंद के आकार तक मिलता है। प्राचीन युग में इसकी ट्यूबरनुमा जड़ें मूल निवासियों द्वारा भोजन के रूप में प्रयोग की जाती थीं। बाद में साम्राज्ञी जोसिफीन ने इस फूल की देखभाल एवं विकास में खूब रुचि ली। अब तो बीज एवं ट्यूबर जड़ों वाले इस पुष्प की लगभग 100 किस्में उपलब्ध हैं। डहलिया मुख्य रूप से बीज एवं शकरकंदी जैसी जड़ों और कलम द्वारा तैयार किया जाता है। बीज वाले पौधों के बीज सर्दी के आरंभ में अक्तूबर में बोए जाते हैं। इसका फूल मध्य आकार का लगभग 15 सेंटीमीटर व्यास का दो मीटर ऊँचाई तक भी चला जाता है। जब ये छोटे होते हैं सहारे के लिए इन्हें खपच्ची लगानी पड़ती है। कंदनुमा जड़ें ट्यूबर जैसी होती हैं। फूल की समाप्ति पर ये ट्यूबर सँभाल कर रख दिए जाते हैं और वर्षा के अंत में जब उनमें नए अंकुर फूटने लगते हैं तब इसकी कलम लगाई जाती है। नए अंकुर जब कम-से-कम दस सेंटिमीटर लंबे हो जाएँ तब ही कलम काटकर नए पौधे तैयार करनी चाहिए। इन नए पौधों की अंतिम पत्तियाँ तोड़कर, उनका नीचे का भाग हार्मोन पाउडर में डुबोकर रेत में कलमें लगाएँ। जब पौधे स्वस्थ व बड़े हो जाएँ तब इन्हें अलग-अलग लगा दें। पंखुड़ियों के आधार पर इन्हें विभिन्न श्रेणियों में विभाजित किया जाता है।

डहलिया को अच्छी धूप, खुली हवा, प्रकाश एवं भरपूर खाद चाहिए। चाहे कलम द्वारा लगाएँ अथवा बीज द्वारा तैयार करें, यह सभी की आवश्यकता है अतः इसे ध्यान में रखकर ही गमले एवं क्यारी तैयार करें। रुका हुआ पानी इसकी ट्यूबरनुमा जड़ों को हानि पहुँचाता है। जमीन में पौधे लगाने के समय गोबर की पुरानी खाद पर्याप्त मात्रा में एवं पोटाश या हड्डी का चूरा मिलाइए। फिर पौधे को लगाएँ। एक गमले में केवल एक ही पौधा लगाएँ। अधिक बड़ा व स्वस्थ फूल लेने के लिए यह आवश्यक है कि फालतू अंकुरित होने वाली टहनियाँ एवं कलियों को शुरू में ही तोड़ दिया जाए। एक गमले में एक या अधिक से अधिक तीन फूल लेना चाहिए। पॉम्पॉन जैसी छोटी किस्म का भी एक ही पौधा एक गमले में लगाएँ, परंतु फूल आप इसमें अधिक ले सकते हैं।

डहलिया की टहनी फूल की अपेक्षा काफी नाजुक व कोमल होती है। यदि समय पर सहारा न दिया जाए तो फूल के बोझ से न केवल टहनी झुक जाती है, अपितु पौधा भी टूट जाता है। फूल समाप्त हो जाने पर इन कंदनुमा जड़ों को अच्छी तरह सुखाकर कीटनाशक छिड़ककर किसी ठंडे स्थान पर सावधानी पूर्वक रख देना चाहिए। यहाँ सुखाने से तात्पर्य है कि कंद में किसी प्रकार की नमी न रह जाए। इसके ऊपरी भाग में किसी प्रकार की चोट अथवा घाव नहीं लगना चाहिए, क्योंकि यही उसका उत्पादक अंश है। चूहे अथवा अन्य कीटों से भी इसकी रक्षा करनी चाहिए। डहलिया के पौधे में अक्सर विभिन्न प्रकार के कीटाणु एवं एफिड लग जाते हैं जिसके लिए

मेलाथियॉन अथवा फोलीडॉल का छिड़काव करना चाहिए। विषाणु रोग हो जाने पर पूरे पौधे को जलाकर नष्ट कर देना चाहिए। विषाणु से प्रभावित होने पर पत्ते सिकुड़े हुए झुर्रीदार व पीले हो जाते हैं तथा कलियाँ भी सिकुड़ जाती हैं।

डहलिया का वर्गीकरण फूल की आकृति व आकार के आधार पर निम्न प्रकार से किया गया है।

डेकोरेटिव : इस वर्ग में 50 सेंटीमीटर व्यास से लेकर 18 सेंटीमीटर व्यास वाले पुष्प मिलते हैं। गुँथी चौड़ी पंखुड़ियों वाले पुष्प में बीच का चंद्र खूब सख्त गुँथा हुआ कमल की कली के आकार का होता है। इसी आकार के आधार पर इसे जाँयंट, लार्ज, मीडियम, स्मॉल आदि वर्गों में विभाजित किया जाता है। आर्थर हम्बले, क्रायडन एस, क्रायडन, मास्टर-पीस, कीनिया, ग्रेस हे, प्राईम मिनिस्टर, जेक्वेलीन कैनेडी, क्वीन एलिजाबेथ, भिक्खू, भिक्खुज मदर, स्वामी माधवानंद, शारदा देवी, ज्ञानी जैल सिंह डंडापाणी स्पोर्ट, लार्ड बुद्ध, स्वामीलोकेश्वरानंद, तेनजिग नोर्के, चेलेंजर, पॉप होरिस, सुंदर किस्में हैं।

कैक्टस : इस किस्म में फूल की पंखुड़ियाँ सूर्य किरणों की तरह बाहर की ओर निकली होती हैं। पंखुड़ियाँ पतली व आगे से नुकीली होती हैं। ये अत्यंत कमनीय किस्म है। इसमें केतृ, डॉ. बी. पी. पॉल, नीला, जुलियाना, ज्योत्सना व स्वामी गौरीश्वरानंद सुंदर किस्में हैं।

फैंबरिएटेड : इस वर्ग में फूल की पंखुड़ियाँ डोकोरेटिव की भाँति सीधी न होकर लहरदार होती हैं। आकार के आधार पर ये भी लार्ज व मीडियम में वर्गीकृत हैं। कैवरे, फिनोमिनन, लेस-मेकर, सुंदर किस्में हैं।

पाम्पॉन : छोटे गोल फुंदनेनुमा फूलों वाली किस्म में पौधा छोटा व खूब सुंदर लगता है। क्लेरियसा, ग्लोरी ऑफ श्यामलता, के फूल 6 सेंटीमीटर व्यास वाले टेनिस के गेंद जैसे होते हैं।

वाटर लिली : छोटे नाजुक व कुमुद के फूलों जैसी आकृति वाले सुंदर पुष्प होते हैं। जैसा कि नामों से पता चलता है कि भारत में बहुत-सी किस्में बनाई गई हैं। विशेष कर रामकृष्ण मिशन के स्वामी विनयानंद का भारतीय डहलिया में बहुत योगदान है। इस पुष्प के प्रचलन व प्रसार में उनकी बहुत महत्त्वपूर्ण भूमिका रही है। विभिन्न रंगों के अलावा दोरंगे, छींटेदार, धारीदार पंखुड़ियाँ वाली बहुत सारी सुंदर किस्में इस भव्य पुष्प में उपलब्ध है।

गुलदाउदी

शेवंती, चामंती, क्राइसैंथेमम नाम से लोकप्रिय यह पौधा मूलरूप से ईसा से पाँच सौ वर्ष पूर्व चीन में पाया जाता था। चौथी शताब्दी में यह कोरिया होकर जापान पहुँचा और आठवीं शताब्दी के अंत में अपने अप्रतिम सौंदर्य के कारण जापानी राजवंश का

प्रिय फूल बन गया। राजा उदा द्वारा दसवीं शताब्दी में इस पुष्प की प्रदर्शनी कराई गई, वहाँ के झंडे व राजकीय शासन-मुद्रा में आज भी सोलह पंखुड़ी वाले इस पुष्प का मुख्य स्थान है। क्राइसैंथेमम का मूल अर्थ है—'सुनहरा फूल' जिससे यही आभास होता है कि पहले यह फूल केवल पीले रंग में ही मिलता होगा। कैप्टन लुईस पियरे द्वारा यह सत्रहवीं शताब्दी में फ्राँस लाया गया। अठारहवीं शताब्दी में यह पहली बार इंग्लैंड के सुप्रसिद्ध 'क्यू गार्डन' में लगाया गया। उन्नीसवीं शताब्दी में रोबर्ट फॉरच्यून ने चीन से अन्य कई पौधों के साथ 'चुशान डैजी' नामक पॉम्पोन किस्म के पौधे भेजे। इस पुष्प की आकृति फ्रेंच सैनिकों की टोपियों में फुँदने—पांम्पोन—जैसी होने के कारण इसका यही नाम प्रसिद्ध हो गया। इसके बाद अन्य कई वनस्पतिज्ञ जापान से और भी बढ़िया किस्में लाए। इसकी अन्य नई विकसित संकर किस्में बनाने के प्रयास भी हुए और इसके लिए इसके नाम की संस्थाएँ बनीं व पुष्प प्रदर्शनियों में इसे महत्त्वपूर्ण स्थान मिलने लगा। यद्यपि इसका फूल वर्ष में केवल एक बार, वह भी केवल तीन से चार सप्ताह तक ही रहता है फिर भी सजावट, गमलों एवं क्यारियों के लिए यह फूल अत्यंत लोकप्रिय हुआ। विशेष बात यह कि जिन दिनों यह खिलता है उन दिनों अन्य कोई भी पुष्प उद्यानों में उपलब्ध नहीं होता है और इसी से इसकी उपयोगिता भी और बढ़ जाती है।

विभिन्न रंगों वाले छोटे फुटबाल जैसा गोल अथवा 40 सेंटीमीटर व्यास वाला, अनगिनत नाजुक पंखुड़ियों से गुँथा अथवा सूर्य की फूटती किरणों जैसी पतली-पतली पंखुड़ियों वाला यह पुष्प छोटे-से-छोटे आकार में भी मिलता है। सजावट के लिए भी इसका पुष्प फूलदान में दीर्घ अवधि तक खिला हुआ ताजा बना रहता है। पंखुड़ियों के आकार व आकृति के आधार पर इसके निम्न वर्ग माने गए हैं।

इनक्र्वड—इसके फूल गोल गेंद के आकार के होते हैं परंतु पंखुड़ियाँ अंदर की ओर मुड़ी हुई होती हैं।

इंटरमीडिएट—यह रिफलैक्स्ड एवं इनक्र्वड के बीच की किस्म है जिसमें इसके गोल पुष्प दोनों किस्मों से मिलते-जुलते होते हैं।

रिफलैक्सड—इसकी गेंदनुमा गोल पुष्प की पंखुड़ियों की नोक बाहर की ओर होती है और बाहर वाली अंतिम पंखुड़ी नीचे की ओर झुकी होती है।

स्पून—इस किस्म के फूल में सूर्य की किरणों के आकार में पंखुड़ियाँ बाहर की ओर सीधी निकली होती हैं जो शुरू में पतली होकर बाहर की ओर चम्मच की भाँति चौड़ी हो जाती हैं।

रेयोनेट—इसकी पतले धागों के समान पंखुड़ियाँ सूर्य की किरणों की भाँति चारों ओर नजाकत से फैली रहती हैं। इसे 'स्पाइडर-किस्म' भी कहते हैं।

एनीमोन—इसमें बीच की गुँथी हुई पंखुड़ी वाले फूल की पंखुड़ियाँ छोटी व लगभग जुड़ी होती हैं और बाहरी घेरे की पंखुड़ियाँ लंबी-चौड़ी एवं खुली-बड़ी होती हैं।

सिंगल—पाँच सेंटीमीटर अथवा उससे कम घेरे वाली पंखुड़ियाँ डेजी के समान पराग

मंडल के चारों ओर होती हैं।

पॉम्पोन–यही एक छोटी गुँथी हुई पंखुड़ियों वाला प्रकार है जिसमें कोरियन आदि किस्में आ जाती हैं। यह अपने सुंदर वह विभिन्न रंगों के लिए लोकप्रिय है।

गुलदाउदी को अच्छी खाद व उर्वर भूमि चाहिए। जमीन में रुका पानी इसकी जड़ों को नुकसान पहुँचाता है। आप गमले में लगाएँ या क्यारी में–शुरू में उसे पर्याप्त नाइट्रोजन एवं पोटाश की आवश्यकता होती है। जुलाई में वर्षा ऋतु के प्रारंभ में ही इसके पौधे अलग-अलग गमलों में लगा देने चाहिए। आपने यदि पिछली ऋतु में इनकी जड़ें सँभाल कर रखी हों तो उसी की कलम तैयार कर नए पौधे बनाइए। कलम द्वारा बनाए पौधे स्वस्थ होते हैं। इसके लिए खाद में मिट्टी मिलाकर भर दें। जब पानी सूख जाए तब दुबारा फावड़े की सहायता से मिट्टी को हवा लगने व पूरी तरह सूखने के लिए खोल दें। बरसात में छोटे-छोटे कई प्रकार के कीड़े खाद में उत्पन्न हो जाते हैं, इससे वे समाप्त हो जाते हैं। पौधे जब अठारह सेंटीमीटर ऊँचे हो जाएँ तब उन्हें उठाकर गमले या क्यारी में लगा देना चाहिए। सर्वोत्तम ढंग तो यह है कि पौधों के ऊपरी भाग में लगभग पंद्रह सेंटीमीटर लंबी कलम काट लेनी चाहिए। अब एक बड़े गमले या 25 सेंटीमीटर वाली गमलियों में रेत व बदरपुर मिट्टी मिलाकर भर दें, इसमें यह कटी हुई टहनियाँ रोप दें। कलम द्वारा तैयार पौधे ऊँचे कम होने से सुंदर आकार प्राप्त कर लेते हैं। इनके फूल भी निश्चित रूप से अधिक स्वस्थ होते हैं। नए पौधे पहले छोटे गमले में फिर बाद में 30 सेंटीमीटर वाले गमले में बदलना चाहिए। इस क्रमशः भोजन से पौधे का विकास भी अच्छा होता है।

गुलदाउदी के लिए दो हिस्से गोबर की पुरानी खाद, एक हिस्सा रेत एवं एक हिस्सा पत्ती की खाद का मिश्रण सर्वोत्तम रहता है। यदि हड्डी का चूरा मिल सके तो प्रत्येक गमले में एक चम्मच हड्डी का चूरा भी डालें अन्यथा, पोटाश डालें। जब पौधा ठीक प्रकार चल पड़े तो कली आने के समय तक खली, पोटाश सुपरफॉस्फेट का हल्का तरल मिश्रण सप्ताह में एक बार डालते रहें। लकड़ी के कोयले की राख पोटाश का ही काम करती है। आप इसे भी खाद में मिला सकते हैं। पौधों की कुछ दिनों के अंतर में गुड़ाई अवश्य करनी चाहिए ताकि मिट्टी सख्त न होने पाए और हवा के आने-जाने की सुविधा रहे। गुड़ाई करते समय ध्यान रहे कि जड़ को चोट न पहुँचे। दूसरा ध्यान इन पौधों को सहारा देने का रखना चाहिए। बाँस की पतली खपच्चियाँ कीटाणुनाशक घोल में से निकालकर तैयार रखना चाहिए। जब पौधा 30 सेंटीमीटर तक ऊँचा हो जाए तो उसकी संभावित ऊँचाई ध्यान में रखकर खपच्ची धागे से बाँध दें। पौधे की टहनी को बहुत कसकर नहीं बाँधना चाहिए। बाजार में हरे रंग का धागा लच्छियों में मिलता है। इसे बाँधने के लिए वह सर्वोत्तम रहता है। प्रत्येक टहनी के साथ एक खपच्ची लगानी चाहिए। पॉम्पोन किस्मों को तो चारों ओर से गोलाकार रूप में बाँधना चाहिए। कली बनने तक तरल खाद का प्रयोग प्रत्येक सप्ताह करें। इसमें यह ध्यान रखना चाहिए कि खाद हल्की हो। एक बार अधिक खाद देने की बजाए हल्की मात्रा

में बार-बार खाद देने का प्रभाव अधिक होता है।

अच्छे किस्म के, बड़े आकार के फूल लेने के लिए इंक्वर्ड, स्पून आदि किस्म के फूल संख्या में जितने कम होंगे उतना ही उनका आकार बड़ा होगा। अतः छोटे किस्म के फूलों को छोड़कर शेष सब पौधों के नए निकलने वाले अंकुरों व फालतू कलियों को तोड़ते रहना चाहिए। पत्ते एवं टहनी के संधि-स्थल पर कलियों के रूप में नए अंकुर नीचे से लेकर ऊपर तक निरंतर आते रहते हैं। इन्हें सावधानीपूर्वक तोड़ डालना चाहिए। सावधानीपूर्वक इसलिए कहा गया है ताकि टहनी को चोट न पहुँचे। इसी प्रकार पौधे के ऊपरी सिरे पर नन्ही-नन्ही बहुत सारी कालियों का झुरमुट-सा बन जाता है। बीच की एक कली या तीन को छोड़कर शेष को प्रारंभिक अवस्था में ही तोड़ देना चाहिए। यह काम हर दूसरे दिन करना पड़ता है। ये कलियाँ बहुते तेजी से बढ़ती हैं। पौधे में कितनी टहनियाँ व फूल हों, इसका निर्णय आपको करना होता है। यहाँ कुछ प्रचलित किस्मों के नाम दिए जा रहे हैं–

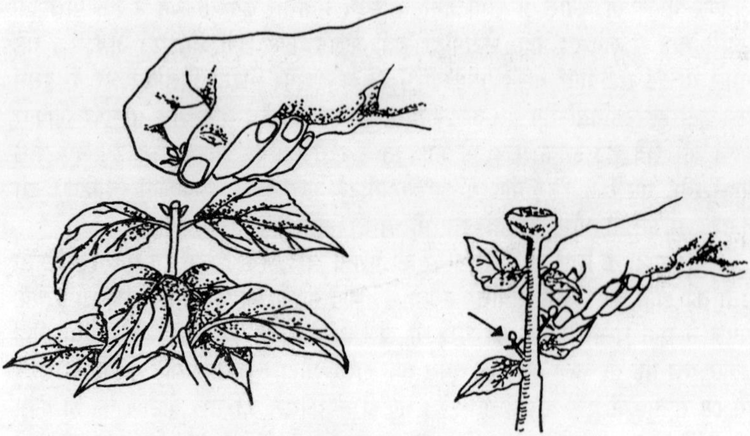

कोपल नोचना-पिंचिंग

इनक्वर्ड किस्म में–ब्रोंज टर्नर, कोजेक, आड्रे-शू-स्मिथ, ग्रीन-गॉडेस, ग्रे-ब्यूटी, चंगेज-खाँ, स्नो-बॉल, क्वीन-ऑफ-टेमलुक, सोनार-बंगला, कॉसा-ग्रांडी, गार्डन-इस्टेट, ऑटम-डिलाइट, डॉरिज-क्वीन, चंद्रमा, कीकूवियोरी, माऊँटेनियर, पिंकक्लाऊड, पिंकपारासोल, शैमरोक आदि।

रिफलेक्स्ड किस्म में–शैफाली, कोरोनेशन-पिंक, फायर-क्रेकर, ऑटम-फेयर-लेडी, लेडी-फ्रैंक-क्लार्क, गैंबिट, इवनिंग-स्टार, एलिजाबेथ-शूस्मिथ, कोरोनेशन पिंक, बिट्रिस-मे।

इंकर्विग–एल्फ्रेड-सिंपसन, क्वर-गर्ल, इवा-टर्नर, रेड शर्ले, विलियम-टर्नर, टेंपटेशन आदि।

स्पाइडर–एचीवमेंट, डायमंड-जुबली, इनोसेंस, गौरी, जया, जयंती, जुबली, व्हाइट-

प्रोलिफिक।

इनके अतिरिक्त महात्मा गाँधी, नोरमा, कस्तूरबा गाँधी, कुंदन, ग्रीन एस्टेसी, ग्रेप बाऊल आदि अनेक किस्में हैं। इस समय संसार में लगभग पाँच सौ से अधिक किस्में उपलब्ध हैं। इसके अलावा सिंगल, एनीमनी पॉम्पोंन किस्म में अनेक रंगों वाले फूल उपलब्ध हैं। गुलदाउदी प्रेमियों के लिए इसी विषय पर पत्रिकाएँ व पुस्तकें निकाली जाती हैं। इसके लिए जितना भी लिखा जाए कम है।

गुलदाउदी विभिन्न कीटाणुओं एवं पक्षियों का भी प्रिय भोजन है। पक्षी पत्तों, कलियों यहाँ तक कि फूल को भी नहीं छोड़ते हैं। रोग-प्रतिरोधात्मक शक्ति भी अपेक्षाकृत इसमें कम होती है। कुछ रोग तो जीवनदायक भोजन, पोटाश आदि की कमी से भी हो जाते हैं। इसके अलावा विषाणु रोग एवं एफिड भी इसे बहुत नुकसान पहुँचाते हैं। पत्तियों एवं कलियों पर कीटनाशक दवाओं का छिड़काव करते रहना चाहिए। गुलदाउदी पर रोगर का छिड़काव नहीं करना चाहिए। फफूँद व विषाणुजन्य रोग होने पर पौधे को निकालकर जला देना चाहिए। कलम व पौधे लेते समय हमेशा स्वस्थ पौधे का चुनाव करना चाहिए।

ऑर्किड

ऑर्किड अत्यंत सुंदर व नाजुक पुष्प है जो ठंडी, नम जगहों पर छायादार स्थानों व घने उष्णकटिबंधीय जंगलों में बहुतायत में पाए जाते हैं। अत्यंत नाजुक, कलात्मक, रंगीन छींटो, धारियोंवाली पंखुड़ियों वाला यह पुष्प थाईलैंड का राष्ट्रीय पुष्प है। बर्मा, इंडोनेशिया, श्रीलंका, ब्राजील, थाईलैंड व भारत के असम, केरल जैसे नमी वाले प्रदेशों, हिमालय की तलहटी में बहुतायत से पाया जाता है। मैदानी स्थानों में इन्हें उगाना व इनसे फूल प्राप्त करना न केवल श्रम-साध्य है अपितु कला भी है। विशेष बात यह है कि जब हम ऑर्किड की जड़ें लगाएँ तो ध्यान रखें कि मूल स्थान की जलवायु व मिट्टी से अधिक अंतर नहीं आने पाए। यही कारण है कि दिल्ली जैसी जगहों में ऑर्किड की कई किस्में केवल जड़ों का समूह बनाकर रह जाती हैं।

ऑर्किड दो प्रकार के होते हैं—एपीफायटिक एवं टेरेसेट्रियल। एपीफायटिक किस्म वाले ऑर्किड उष्णकटिबंधीय प्रदेशों के जंगलों के पेड़ों के तनों व टहनियों पर चिपके हुए मिलते हैं। आसपास से प्राप्त सभी सड़े-गले तत्त्व अपनी जड़ों में पकड़कर भोजन प्राप्त करते हैं। इनकी टहनियाँ काफी मोटी व कुछ-कुछ नकली बल्ब कंदनुमा होती हैं। यही इनके भोजन व पानी का केंद्र होता है। यह कंद काफी छोटे व मोटे होते हैं। इसी नकली कंदनुमा तने के ऊपर से अथवा बगल से पत्तियाँ निकलती हैं। टेरेसट्रियल वाली किस्मों में यह मोटा कंदनुमा अंग नहीं होता और इसे अपने भोजन के लिए निरंतर अपने आसपास पर निर्भर रहना पड़ता है।

ऑर्किड छः पंखुड़ियों वाला फूल होता है। तीन पंखुड़ियाँ भीतर व तीन बाह्य पटल

अर्थात्–सेपल कहलती हैं। नीचे वाली पंखुड़ी अपेक्षाकृत अधिक बड़ी एवं अधिक चटक रंग की होती है। किसी-किसी किस्म के फूल में यह चमरौधे जूते के समान अंदर की ओर घूमी हुई होती है। इन्हें लगाने के लिए ओसमुंडा फर्न की रेशेदार जड़ें स्फैग्नम मॉस, नारियल की जटा के रेशे के कटे हुए टुकड़े व जली हुई लकड़ी बहुत उपयुक्त रहती है। पेड़ के खुरदरे तने पर स्फैग्नम में लपेटकर इसे बाँध देना चाहिए, फिर यह अपने आप चल पड़ता है। शुरू में पानी थोड़ा कम देना चाहिए। जहाँ भी लगाया जाए वातावरण में नमी इसकी मुख्य आवश्यकता है। अतः गर्मियों एवं सर्दियों में जमीन को तर रख कर नमी बनाए रखना आवश्यक है। इसीलिए इसे अक्सर ग्रीन हाउस में लगाया जाता है। वर्षा ऋतु में ऑर्किड की जड़ों के विकास के लिए प्रकाश की आवश्यकता होती है। देहरादून की नम जलवायु में आम, जामुन एवं कटहल के वृक्षों को इसके पौधे ऑक्टोपस की भाँति घेर लेते हैं। एपीफायिटिक किस्म मैदानी क्षेत्रों में अक्सर एक बार फूल देकर रह जाती हैं। टेरेसट्रियल किस्म को गमलों में पर्याप्त नारियल के रेशे के टुकड़े अथवा स्फैग्नम में रखा जाए ताकि यह नमी बनाए रख सके। जब कली पौधे में दिखाई देने लगे तो गोबर का तरल मिश्रण देने से लाभ होता है। सितंबर से दिसंबर तक जड़ों का विकास होता है एवं फरवरी-मार्च में फूल आते हैं। विकास के समय वातावरण में नमी होने से भोजन संग्रह करने वाले कंदनुमा तने का निर्माण अच्छा होता है। यदि ये कंदनुमा तने स्वस्थ नहीं होंगे तो फूल की उत्पादन क्षमता समाप्त हो जाती है।

केटलिया डेड्रोबियम, वेंडा, लीलिया, कैलेंथी, पेफियोपिडीयम, ब्लेटीला सुंदर फूलों वाली किस्में हैं।

लताएँ

इन्हें मंजरी, वल्लरी, वल्लि, बेल आदि कई नामों से पुकारा जाता है। अंग्रेजी में इन्हें क्लाइंबर, रैंबलर, क्रीपर, टिवनर, स्ट्रैग्लर आदि नामों से पुकारा जाता है। ये सभी नाम इसके चरित्र विशेष की ओर पर्याप्त संकेत करते हैं : यानी कोमल, आश्रय प्रेमी, चिपक कर चलने वाली, आगे-आगे बढ़ने वाली, पकड़कर चलने वाली, आश्रय न मिलने पर बिखरने वाली आदि। इसके स्वभाव की खास बात है कि यह कभी स्वतः मजबूती से स्थिर नहीं रह सकती और इसके फलने-बढ़ने के लिए दीवार, तार, वृक्ष, खंबा, रेलिंग आदि का सहारा आवश्यक है। संस्कृत-साहित्य में लता-मंडपों का वर्णन आदिकाल से होता आया है। वनवासी तापस ऋषियों के आश्रम की कुटिया, यज्ञ-मंडप आदि वल्लरियों से ढके रहते थे, उन मंडपों पर मनोहारी लताओं के जाल की छटा निराली होती थी। बाहु के सौंदर्य वर्णन में 'भुजलता' शब्द का प्रयोग उनकी कोमलता एवं आलिंगन की प्रवृत्ति की ओर संकेत करता है। माधवीलता, जूही, लवंगलता आदि के सौंदर्य वर्णन से संस्कृत का ही नहीं हमारा सारा साहित्य भरा पड़ा है।

लताओं का स्थान किसी भी उद्यान की रूपरेखा व स्वरूप-योजना में अत्यंत महत्त्वपूर्ण होता है। घर के छोटे प्रवेश-द्वार पर अर्द्ध स्तूप बनाती, झालर-सी लटकती एंटीगोनन या लाल ईंट की सूनी दीवार पर चढ़ा पीला ऐलामंडा अथवा सूर्योदय की बेला में सुगंध बिखेरती श्वेत पुष्पों वाली चमेली अनायास ही मन मोह लेती है। लताओं का सौंदर्य वृक्ष की अपेक्षा कुछ अलग ही होता है। वृक्ष की भाँति एक मजबूत आधार पर स्थित गौरवांवित महिमामय रूप तो उन्हें नहीं मिल पाता है, परंतु आश्रय की तलाश में इधर-उधर मस्ती से फैली, अल्हड़ता में बिखरी अपनी वल्लरियों की नजाकत दिखाती, अपने यौवन के उन्माद का भरपूर प्रदर्शन लताएँ जिस सौंदर्य एवं वक्रता से करती हैं वह क्षमता किसी अन्य पौधे को उपलब्ध नहीं है। शायद यही कारण है कि गाँवों के नन्हे-नन्हे, दारिद्रय के प्रतीक फूस के झोंपड़े अपनी विपन्नता का कितना ही प्रदर्शन क्यों न करते हों, उस पर फैली कुम्हड़े, लौकी, सेम की लताएँ आँखों को असीम सुख तो देती ही हैं, उस दारिद्रय एवं गंदगी के चित्रपट में सुंदरता का आभास ला देती हैं। लताओं का आश्रय-प्रेमी होना ही उनके सौंदर्य का मुख्य कारण है और इसी स्वभाव के कारण लताओं को अपनी रुचि के अनुसार ढाला जा सकता है, रूप व आकार दिया जा सकता है। ये बंधनप्रिय नहीं होतीं, अतः मनुष्य द्वारा लगाए गए बंधनों से छुटकारा

पाने के लिए वे छटपटाकर इधर-उधर ताक-झाँक करने लगती हैं और उनका यह छटपटाना ही अनुपम सौंदर्य बन जाता है।

लताएँ कई प्रकार की होती हैं, कुछ सदाबहार होती हैं और दीवार के रूखेपन पर अथवा पर्दा के लिए उनका उपयोग होता है। यह अधिकतर छायादार स्थानों, तीखी हवा के झोंकों से छिपकर एक कोने में रहना पसंद करती हैं और मस्ती से बढ़ती जाती हैं। इनमें आइवी, पोथोस, मोनस्टेरा, वरनोनिया जैसी लताएँ सदाबहार हैं। कुछ लताएँ ऋतुविशेष में ही खिलती हैं और शेष समय या तो सूखी रहती हैं अथवा मृतप्राय दिखती हैं। ऐरिस्टोलोकिया, आइपोमिया, कैंपसिस, एंटीगोनेन आदि इसी प्रकार की लताएँ हैं। शेष कुछ लताएँ हर मौसम में लगभग वर्ष भरी हरी-भरी फूलों से खिली रहती हैं, इनमें बोगनविलिया, थनबर्जिया, ऐलामंडा आदि कठोर स्वभाव वाली बेलें हैं।

आइवी : यह लता छायादार ठंडी जगह में खूब चिपककर चढ़ती जाती है। इसकी टहनी के बढ़ने के साथ ही नन्ही-नन्ही पंजेनुमा जड़ बनती जाती है, जो चढ़ते समय अपने आधार को अच्छी तरह जकड़कर, चिपककर चलती जाती है। गर्म व नम जलवायु इसे बहुत पसंद है। ठंडी जगहों में भी इतनी फैल जाती है कि ईंट का रंग भी दिखाई नहीं देता। साठ-सत्तर फीट ऊँची विल्डिंग पर यह बहुत सुगमता पूर्वक चढ़ जाती है व दूर से पूरी बिल्डिंग हरे पत्तों का घर लगती है। इसे सहारा नहीं देना पड़ता, यह अपने योग्य स्थान स्वयं ढूँढ़ लेती है। चूना इसे बहुत प्रिय है। पहाड़ों पर इसकी सफेद हरे रंग के पत्तों वाली वेरीगेटेड किस्म भी मिलती है। इसमें 'स्केन्डेन्स', 'स्टीपुलाटा', 'मिनिमा' विभिन्न किस्में हैं।

आइपोमिया ट्राईकलर : सूर्य की रश्मि के साथ इसके फूलों के खिलने के स्वभावं के कारण इसे 'मार्निंग ग्लोरी' नाम दिया गया है। इसमें कुछ फूल तो दोपहर तक व शेष सूर्यास्त तक खिलकर समाप्त हो जाते हैं। सामने से एकदम चौड़े खुले मुँह वाले भोंपू के आकार वाले फूलों की यह लता जापान की मूल निवासिनी है। नीले फूलों वाली 'पामाटा' किस्म को रेलवे-क्रीपर भी कहते हैं। रेल की लाइन व क्वार्टरों पर अधिक लगाए जाने के कारण संभवतः इसका यह नाम पड़ गया है। 'एक्यूमिनाटा', 'लोबाटा', 'परप्यूरिया' आदि विभिन्न रंगों वाली सुंदर किस्में हैं। 'डे-ग्लोरी' नाम से एक अन्य किस्म है जिसके फूल अधिक समय तक रह सकते हैं। फूल समाप्त हो जाने पर बेल की छँटाई कर देनी चाहिए। ऋतु आने पर यह स्वयं उग आती है।

एगनोस्मा केरियोफिलाटा (एचीटिस) : पुष्पों की लौंग जैसी महक के कारण इसे 'लवंगलता' भी कहते हैं। इसी की दूसरी किस्म को मालती भी कहते हैं। मालती केवल बंगाल में ही मिलती है। वर्षा से पूर्व इसमें लौंग जैसी सुगंध वाले नन्हे-नन्हे श्वेत पुष्प गुच्छों के रूप में खिल जाते हैं। यह बहुत तेजी से बढ़ती है व वृक्षों के ऊपर चढ़कर उन्हें खूब ऊँचाई तक घेर लेती है। इसे अधिक स्थिर पानी पसंद नहीं है। इसकी कलम बनाकर या धब्बा लगाकर तैयार किया जा सकता है।

एंटीगोनन लेप्टीपस : इसे कोरल-वाईन अर्थात् 'मूंगा लड़ी' भी कहते हैं। इसका

हिंदी में प्रचलित नाम इश्कपेंचां भी है। किसी ने इसके नाजुक लाल, गुलाबी, शरबती फूलों की झूलती एवं आपस में उलझी लतरों को देखकर इसकी इश्क की पेंचों-सी कल्पना की होगी। परंतु इसी से पुष्प की रक्तिम आभा, कोमलता इसके नाजुक धागे जैसे तंतुओं का आपस में उलझना, घुमावदार होना इसकी लंबी पुष्पों से लदी लतरों का होना समझा जा सकता है। इसके फूल, नाजुक डंडियों के अग्रभाग में छोटे-छोटे गुच्छों के रूप में पूरी-पूरी लतरों में भर कर झूमते रहते हैं। कटावदार किनारों वाली पान जैसी पत्तियाँ एकदम घुमी हुई होती हैं। ग्रीष्म ऋतु के साथ ही इसके फूल खिलने लगते हैं और फूलों की लतरें तेजी से बढ़कर आपस में उलझती हुई फैलती जाती हैं। सर्दियों में यह लता एकदम सूख जाती है, परंतु इसकी जड़ जमीन के भीतर जीवित रहती है और थोड़ी-सी नमी पाते ही उगने लगती है। इसकी एक किस्म 'अलीपुरनिसिस' गहरे लाल रंग के पुष्पों वाली होती है।

एडनोक्लाइमा एलियासम : लहसुन जैसी तीव्र गंध के कारण इसे लहसुनिया भी कहते हैं। बिगनोनिया की अन्य किस्मों की भाँति यह भी दक्षिणी अमेरिका की निवासिनी है। चमकदार गहरे हरे रंग के सख्त लंबे पत्तों के बीच भोंपू जैसे हल्के गुलाबी बैंगनी फूल गुच्छों के रूप में खिलते हैं। यह लता पाँच से छह मीटर ऊँची आसानी से चली जाती है। बेल साल भर हरी-भरी रहती हैं, परंतु वर्षा के अंत में सर्दी की ऋतु के प्रारंभ में ही इसमें फूल आते हैं। नम जमीन व खुली धूप की प्रेमी यह लता कलम बनाकर व धब्बा लगाकर तैयार की जा सकती है। इसकी एक किस्म 'नाइटिड' में पीले फूल आते हैं।

ऐलामेंडा केथार्टिका : पूरी ग्रीष्म-ऋतु में, भोंपू के आकार वाले, बड़े चटक पीले रंग के पुष्पों के लगातार भर कर खिलने के कारण यह बहुत आकर्षक लगती है। इसके फूल काफी बड़े होते हैं। वह टहनी के अग्रभाग में मोटे, चमकदार, गहरे हरे पत्तों के बीच खूब दूर से चमकते हैं। जड़ों में नमी इसे पसंद है। ब्राजील की मूल निवासी होने पर भी यह अपने आकर्षक फूलों के कारण विश्व में खूब प्रसिद्ध हुई है। इस लता की टहनियाँ थोड़ी मोटी व 10 से 13 फीट ऊँचाई तक चली जाती हैं। ये वर्ष भर हरी रहती हैं। पुष्प खिलने पर मात्र एक ही दिन रहते हैं व स्वतः झड़ जाने पर नीचे चटक पीले रंग का बिछावन तैयार कर देते हैं। इसे दीवार पर तार द्वारा बाँधना पड़ता है। अन्यथा लता अपने वजन के कारण झुक जाती है। फूल समाप्त हो जाने पर पुरानी सभी टहनियाँ काट देनी चाहिए। इस बेल को धब्बा लगाकर अथवा कलम बनाकर तैयार किया जा सकता है।

एरिस्टोलोकिया एलीगन्स : 'डक फ़्लावर', 'बर्थ-वर्ट', 'कैलिको फ्लावर' आदि विभिन्न नामों से प्रसिद्ध यह लता अपने आकर्षक फूल व विचित्र स्वभाव के लिए प्रसिद्ध है। इसके बीजों की प्रजनन क्रिया कीट द्वारा बहुत ही विचित्र विधि से होती है। इसके पुष्पों की तीखी विचित्र गंध एवं रंग से आकर्षित होकर कीट इसके पक्षी के सिरनुमा पुष्प के भीतर चला जाता है और जब तक मादा कोष में पुंकेसर का मिलन नहीं हो

जाता, बाहर नहीं आता है। देखने में बत्तख जैसा इसका पुष्प आकर्षक है परंतु बहुत विचित्र गंध होने के कारण इसे थोड़ा हट कर लगाया जाता है। इसके बीज की कली भी अत्यंत आकर्षक टोकरीनुमा अथवा आधी खुली उलटी छतरी के आकार की होती है। इसकी एक किस्म 'बनपाखी लता' (एलिगेंस) भी है जो सुगंध से युक्त है। इस फूल की डंडी का एक भाग गहरा जामुनी, शेष हल्का पीला और पुष्प केवल एक ही गोल पंखुड़ी वाला होता है जिस पर कत्थई जामुनी छींटे उसे दूर से ही विशिष्ट बना देते हैं। पुष्प की लता अत्यंत आकर्षक होने पर भी कम घनी होती है। यह दीवार का सूनापन कम करने, रेलिंग पर चढ़ाने अथवा छज्जे के ऊपर चढ़ाने पर आकर्षक लगती है। इसके पत्ते नरम, हल्के हरे रंग के पाननुमा होते हैं। सर्दी की ऋतु में यह निर्जीव हो जाती है। रोग- प्रतिरोधात्मक शक्ति कम होती है। बीज द्वारा नई बेल तैयार की जा सकती है।

क्लाईटोरिया टर्नाटिया : बंगाल में अपराजिता नाम से प्रसिद्ध यह लता अपने सुंदर नीले सीपीनुमा फूलों के कारण 'मसल शेल क्रीपर' भी कहलाती है। यह लता नीले श्वेत रंग के तितलीनुमा फूलों के कारण बहुत आकर्षक लगती है। ग्रीष्म ऋतु से लेकर नवंबर तक इसके फूल खिलते ही रहते हैं। यह यद्यपि बहुत ऊँची नहीं जा सकती फिर भी दीवार, छोटी रेलिंग, जाफरी आदि पर बहुत ही मनोहारी लगती है। इसे बीज द्वारा तैयार किया जा सकता है। इसके बीज पककर अपने आप ही इधर-उधर बिखर जाते हैं और वर्षा आते ही उग आते हैं।

क्लीमेटिस : झाड़ के समान भरकर चलने वाली यह अत्यंत सुंदर लता है। वर्षा ऋतु में नाजुक श्वेत सुगंधित पुष्प, लंबी-लंबी टहनियों में झालरों के समान लटकते रहते हैं। गहरे हरे रंग की गोल, परंतु लंबाई लिए हुए नाजुक तंतुओं में लिपटी इसकी पत्तियाँ भी बहुत आकर्षक होती हैं। सर्दियों में यह लता सूख जाती है। उत्तर भारत के मैदानी भागों में इसे सफलता पूर्वक उगाया जा सकता है। श्वेत के अतिरिक्त गुलाबी, जामुनी, गहरे बैंगनी, लाल आदि कई रंगों में इसके फूल मिलते हैं। हिमालय की घाटियों में यद्यपि यह लता मिलती है, परंतु उद्यानों में इसका प्रचलन कम ही है। अच्छी खाद वाली रेतीली मिट्टी इसे पसंद है। इसे जड़ों के विभाजन अथवा धब्बा लगाकर तैयार किया जा सकता है।

क्लीरोडेंड्रॉन स्पेंडंस : गहरे हरे रंग के पत्तों वाली अत्यंत घनी यह लता, लता कम झाड़ी अधिक लगती है। अपने सुर्ख लाल रंग के पुष्पों के कारण 'ब्लीडिंग हार्ट' भी कहलाती है। इसके पत्ते मोटे, चिकने, अंडाकार व कटावदार किनारे वाले होते हैं जो कि वर्ष भर हरे रहते हैं। छोटे-छोटे लाल पुष्प गुच्छे के रूप में टहनी के अगले भाग में खिलते हैं। गहरी हरी पृष्ठभूमि में यह लाल पुष्प अत्यंत आकर्षक लगते हैं। यह लता पूरे बड़े वृक्ष को भी घेर लेती है। अपने घनेपन के कारण पर्दा करने के लिए बहुत अच्छी रहती है। थोड़ी कम धूप व छाया में भी खूब आराम से खिलती है। दिसंबर माह से लेकर मार्च के अंत तक इसकी रौनक रहती है। इसकी एक अन्य किस्म 'थॉमसनाई' इतनी घनी नहीं होती है, परंतु उसके पुष्प हल्का पीलापन लिए श्वेत होते हैं व अधिक

आकर्षक होते हैं। इसका पौधा धब्बा लगाकर तैयार किया जा सकता है। वैसे इसकी जड़ के पास बहुत-सी जड़ें फूट आती हैं जिन्हें अलग करके लगाया जा सकता है।

कैंपसिस ग्रैंडीफ्लोरा : यह 'चाइनीजट्रम्पेट' एवं 'टीकोमा' दोनों नाम से प्रसिद्ध है। ग्रीष्म ऋतु से वर्षा ऋतु के अंत तक लाली लिए, भोंपू के आकार के इसके लंबे बड़े-बड़े नारंगी पुष्प खूब खिलते हैं। सर्दी में इसकी टहनियाँ सूखी लकड़ी की भाँति भूरी हो जाती हैं, परंतु जरा-सी गर्मी आते ही कटावदार पत्तियाँ फूटने लगती हैं और वर्षा की फुहार पड़ते ही पूरे यौवन पर आ जाती हैं। मिठास के कारण इसके पुष्प चींटियों व पक्षियों के आकर्षण का केंद्र रहते हैं। इसकी टहनियाँ दीवार में मजबूती से चिपक जाती हैं और वहीं चिपकने के साथ ही पंजेनुमा जड़ें भी निकल आती हैं जो दीवार को जकड़ लेती हैं और अपने आप बढ़ती जाती हैं। इसका पौधा कलम द्वारा या जड़ों द्वारा तैयार किया जा सकता है।

कोबिया : घंटीनुमा प्याले की भाँति लटकते फूल व उनके पीछे चौड़ी पंखुड़ी द्वारा प्लेट का आभास देने के कारण इसे 'कप-सॉसर' या 'कैथेड्रल बेल क्रीपर' भी कहते हैं। यह लता अत्यंत कठोर क्षमता वाली है और खूब तेजी से बढ़कर फैलती है। इसके पुष्प जामुनी रंग के होते हैं, जिनके पीछे सफेद रंग की पत्तीनुमा पंखुड़ी जो काफी चौड़ी होती है, जुड़ी रहती है। इसके फूल आकार में आठ से लेकर दस सेंटीमीटर तक लंबे होते हैं जो अत्यंत आकर्षक लगते तैं। इसे बीज द्वारा तैयार किया जाता है। बीज सख्त होते हैं, अतः बोने से पूर्व उन्हें थोड़ा छील देना चाहिए।

क्विसकैलिस इंडिका : 'रंगून क्रीपर' एवं 'राधा-मोहन' लता के नाम से लोकप्रिय यह लता ग्रीष्म ऋतु से लेकर नवंबर तक अपने रंगीन सुगंधित पुष्प-गुच्छों द्वारा खूब छटा बिखरेती है। पुष्प की डंडी अपेक्षाकृत काफी लंबी, नाजुक व पतली होती है। गुच्छे के रूप में टहनी की छोटी-छोटी डंडियों के अग्रभाग पर बहुत-से फूल एक साथ खिलते जाते हैं। फूल खिलते समय हल्के पीले गुलाबी, फिर धीरे-धीरे लाल होते जाते हैं। रंगों के इस मिश्रण के कारण ये और भी लुभावने हो जाते हैं और झूमर की तरह पूरी बेल में लटके रहते हैं। यह खूब कठोर एवं खूब ऊँचाई तक जा सकने वाली लता है। 60-70 फीट तक जाना इसके लिए मामूली बात है। धब्बा लगाकर व कलम तैयार की जा सकती है।

ग्लोरिओसा सुपर्बा : कंदनुमा जड़ द्वारा चलने वाली यह एक नाजुक लता है जो बहुत ऊँचाई पर नहीं जाती। यह लता कई तरह के कीटाणुओं की प्रिय होने के कारण बहुत मुश्किल से चलती है। पुष्प की पंखुड़ियाँ पतली व ऊपर को घूमी हुई होती हैं। शुरू में हल्के हरे रंग का फूल होता है और धीरे-धीरे लाल रंग में बदल जाता है। सर्दियों में यह मर जाती है, गर्मी आते ही इसकी जड़ में फुटाव आ जाता है। इसके पत्ते भाले की भाँति नुकीले व कोमल होते हैं।

रोजा (गुलाब) : गुलाब की बहुत-सी किस्में बेल के रूप में भी अत्यंत सुंदर होती हैं। 'बैंकेसी', 'मरमेड', 'हैवाथा', 'कसीनो', 'क्लाइंबिंग कॉकटेल', 'प्रॉसपेरिटी', 'मार्शनील',

'केयरलेस लव' आदि ऐसी ही किस्में हैं। इनके विषय में विस्तृत विवरण गुलाब के अध्याय में दिया जा चुका है। इनके लिए जगह निश्चित करने से पहले यह ध्यान रखना चाहिए कि वहाँ पर्याप्त धूप हो।

जैकमांटिया पेंटाथा : नन्हे-नन्हे हल्के जामुनी, नाजुक फूलों वाली यह लता देखने में अत्यंत आकर्षक एवं कोमल प्रकृति वाली है। पान जैसी आकृति वाले छोटे-छोटे, गहरे हरे रंग के पत्ते, पतली घुमावदार टहनियों व तंतुओं से लिपटे अत्यंत सुंदर लगते हैं। फूल दो या चार के गुच्छे में, छोटी-छोटी डंडियों की सहायता से टहनियों में ऊपर से नीचे तक लगे रहते हैं। कम धूप व छायादार स्थान पर भी यह लता अच्छी तरह खिलती है। इसे धब्बा लगाकर तैयार किया जा सकता है। पुरानी होने पर यह गलने लगती है। अतः सर्दी आने पर इसकी मुख्य-मुख्य टहनियों को छोड़कर सारी बेल काट देनी चाहिए। इसे पर्याप्त पानी चाहिए और यह बहुत तेजी से चलती है।

जैस्मिनम : चमेली नाम से प्रसिद्ध यह लता लगभग पूरे भारत में होती है। भीनी-भीनी गंध वाले इसके नाजुक श्वेत पुष्प के गुच्छे अत्यंत सुंदर होते हैं व सितारों की भाँति पूरी बेल में छाए रहते हैं। मादक गंध ही इसकी विशेषता है। फारसी के 'यास्मीन' से ही इसका नाम पड़ा है। इसकी प्रमुख किस्म यही चमेली-ग्रैंडीफ्लोरा है। इसके पत्ते छोटे व लंबे नुकीले होते हैं। कलियाँ भी पतली, लंबी होती हैं। पुष्प एकदम श्वेत न होकर थोड़ी हरी आभा लिए होते हैं। मुरझाने पर स्वयं ही झड़ जाते हैं। चाँदनी रातों में इसके पुष्प अधिक संख्या में खिलते हैं। इसकी एक किस्म 'ऑफिसिनेल' है। 'संबक' को मोतिया या मोगरा कहते हैं। यह झाड़ी की भाँति चलती है। 'प्रिनालिनम' गंध रहित पीले फूलों वाली किस्म है। एक अन्य किस्म 'जूही आरीकुलेटम' भी है जिसके पत्ते पान की आकृति वाले छोटे-छोटे होते हैं। सितारे जैसे इसके श्वेत पुष्प अप्रैल-मई में खिलते हैं। इसकी एक अन्य किस्म कुंद या कठबेला भी कहलाती है जिसके श्वेत गुच्छेदार पुष्प फरवरी से लेकर मार्च तक लंबी-लंबी टहनियों में खिलते हैं। 'अरेबियन या टस्कन' मोतिया छोटी झाड़ी वाली किस्म को कहते हैं, जिसके छोटे-छोटे श्वेत पुष्प वर्षा ऋतु में खिलते हैं। सख्त लकड़ी होने के कारण इसे सहारा भी देना पड़ता है। पुष्प की ऋतु समाप्त हो जाने पर इसकी पूर्णतः कटाई कर देनी चाहिए। फूल सदैव नई नरम टहनी में ही आते हैं। जड़ों को विभाजित करके अथवा धब्बा लगाकर नए पौधे तैयार किए जाते हैं।

ट्रेक्लोस्परमम डाईवेरीकेटम : चीन की मूल निवासिनी इस लता को 'स्टार जस्मिन' या 'चाईना जस्मिन' भी कहते हैं। गहरे हरे रंग के चमकदार पत्तों की झाड़ीनुमा, घनी सदाबहार बेल की पृष्ठभूमि में श्वेत सुगंधित पुष्प-गुच्छ खूब चमकते हैं। टहनियों से श्वेत दूध जैसा लसदार द्रव्य निकलता है। इसे धब्बा लगाकर तैयार किया जा सकता है।

थनबर्जिया ग्रैंडीफ्लोरा : पान के आकार के किनारेदार, खुरदरे पत्तों व हल्के बैंगनी रंग के आकर्षक फूलों वाली यह लता जून से लेकर नवंबर तक फूल देती है।

क्लीरोडेंड्रान की भाँति यह लता छायादार स्थान में भी खूब चलती है। इसकी टहनियाँ अंदर से पोली व तंतुओं से भरपूर होती हैं और इन्हीं तंतुओं के सहारे आगे बढ़ती जाती हैं। एक बार लगने पर यह बहुत जल्दी बढ़ती है और खूब घनी हो जाती है। सर्दी की ऋतु आने पर बेल की छँटाई कर देने से अंदर की सड़ी-गली टहनियाँ साफ हो जाती हैं। नई टहनियों के अग्रभाग में इसके फूल एक लंबी लतर के रूप में खिलते हैं। परदा करने, मंडप बनाने व छायादार दीवार का सूनापन कम करने के लिए बहुत उपयुक्त है। पाँच पंखुड़ियों वाले पुष्प डंडी वाले स्थान पर सफेद होते हैं। इनके आगे का भाग हल्का जामुनी और मध्य भाग केसर वाले पीले रंग का होता है। इसके पुष्प आकार में पर्याप्त बड़े व चटक होते हैं। इसकी तीन किस्में–'अल्बा' (सफेद) 'ब्लैक-आईड-सूसन' (बीच का काला भाग) व 'लारीफीलिया' (हल्के, पीले पुष्प के मध्य भाग सफेद)। 'मैसूरनिसस' के सुगंधित पुष्प पीले रंग के होते हैं। यह मैसूर में पाई जाती है। इसे बीज व धब्बा लगाकर तैयार किया जा सकता है।

पाइरीस्टीजिया वेनुस्टा : ब्राजील की मूल निवासिनी यह लता अपने सुनहरे नारंगी फूलों की असंख्य लड़ियों के कारण 'गोल्डन शावर' भी कहलाती है। वास्तव में, झुमके जैसे फूलों वाली इस लता में लगभग तीन मीटर लंबी लड़ियों जैसी ऊपर से नीचे लटकी हुई लतरें नारंगी समाँ बाँध देती हैं। इसका लोक प्रचलित नाम 'बिगनोनिया वेनुस्टा' है। पत्ते हल्के हरे रंग के नरम गोलकार व नोक लिए हुए होते हैं, जिनके अग्रभाग में असंख्य नाजुक तंतु होते हैं। जो लता के ऊपर चढ़ने व अपने आश्रय को जकड़ने में सहायता देते हैं। इन फूलों की लतरें इधर-उधर स्वेच्छा पूर्वक झूमती रहती हैं। लंबी तुरही के आकार के फूल, एक साथ सात-आठ के गुच्छों में टहनियों में ऊपर से नीचे तक खिलते जाते हैं। दिसंबर से लेकर फरवरी के अंत तक ये फूल खिलते हैं और फिर स्वतः नीचे गिर जाते हैं। धूप एवं पानी दोनों ही इसे प्रिय हैं। इसे सूर्य की दिशा का ध्यान रखकर, प्रवेश द्वार, मंडप आदि पर लगाना चाहिए। फूल सदा नई टहनी में आते हैं अतः फूल की ऋतु समाप्त होते मार्च में पूरी बेल की कटाई कर देनी चाहिए। इसकी एक किस्म 'परप्यूरिया' बैंगनी सुगंधित फूलों वाली है जो लगभग वर्ष भर फूल देती रहती है। इस किस्म में फूल के बीज फलियों के रूप में आते हैं।

पेट्रिया वोलुबिलिस : हल्के नीले बैंगनी रंग के पाँच पंखुड़ियों वाले सितारेनुमा फूलों की हार जैसी लटकती लड़ियों के कारण इसे 'पर्पल-रीथ' भी कहते हैं। विस्टेरिया की भाँति इसके फूलों की लंबी-लंबी लड़ियाँ अत्यंत कलात्मक एवं लुभावनी लगती हैं। दक्षिणी अमेरिका की निवासिनी इस लता की लकड़ी भूरी एवं अत्यंत सख्त होती है। इसके पत्ते लंबाई लिए हुए बड़े-बड़े मोटे अमरूद जैसे होते हैं। इसे सहारे की बहुत आवश्यकता होती है। फरवरी से लेकर मई तक ये सितारेनुमा फूल गुच्छों में खिलते रहते हैं। इसे जड़ विभाजित करके एवं धब्बा लगाकर तैयार किया जा सकता है।

पैसीफ़्लोरा कैरूलिया : लाल, जामुनी और श्वेत के मिले-जुले रंगों वाले राखी के समान, लगभग दस सेंटीमीटर बड़े फूलों वाली इस लता को 'पैशन फ्लॉवर' भी कहते

हैं। यह लता बहुत घनी तो नहीं होती, परंतु दीवार के सूनेपन को दूर करने में बहुत सहायक होती है। तीन जुड़ी पत्तियों वाली गहरे हरे रंग की पृष्ठभूमि में, कोमल वल्लरियों, तंतुओं के बीच दूर-दूर खिले एकाकी पुष्प अपने मधुर गंध बिखेरते रहते हैं। इस लता की टहनी सख्त एवं भूरी होती है। परंतु कोमल तंतुओं द्वारा अपने आश्रय-स्थल को मजबूती से जकड़ लेती है। पूरी ग्रीष्म ऋतु ये फूल खिलते रहते हैं। इनमें रोग जल्दी लग जाते हैं। रोगी टहनी को काटकर जला देना चाहिए। इसकी कई किस्मों में फल भी आते हैं। हर वर्ष फूल की ऋतु आने से पूर्व इसमें भरपूर खाद डालनी चाहिए अन्यथा यह अपने आसपास की भूमि के पोषक तत्त्व खींच लेगी। इसकी छँटाई के विषय में सर जान पैक्टसन का कहना है कि अंगूर की भाँति नीचे की दो-तीन आँख छोड़कर छँटाई करनी चाहिए। फूल समाप्त होते ही यह छँटाई कर देनी चाहिए। इसे धब्बा लगाकर एवं जड़ के समीप स्फुटित नए पौधों को निकालकर नया पौधा बनाया जा सकता है।

पोराना पेनक्यूलाटा : उत्तर भारत में बहुतायत में पाई जाने वाली यह लता अधिकतम ऊँचाई पर पहुँचने और घने पत्तों के बीच खिलने वाले असंख्य श्वेत पुष्प-गुच्छों के लिए प्रसिद्ध है। इसके पत्ते हृदय की आकृति व फूल लैवेंडर जैसी सुगंध वाले होते है। जो नंवबर मास में खिलते हैं। श्वेत पुष्पों की अधिकता व सुगंध के कारण इसे 'ब्राइडल क्रीपर' व 'सिल्वर बैल्स' भी कहते हैं। कलम द्वारा इसे आसानी से तैयार किया जा सकता है।

पोथोस : अपने हरे-सुनहरे रंगों वाले, पान की आकृति जैसे चमकदार चिकने पत्तों के कारण अत्यंत प्रसिद्ध हैं। पूरे विश्व में लोकप्रियता की दृष्टि से यह लता सर्वाधिक प्रचलित सर्वप्रिय है। पता नहीं किस संदर्भ में इसका नाम 'मनीप्लांट' रख दिया गया। आज के युग में मनीप्लांट लगाना उच्च संस्कृति, उच्चस्तर व सुरुचि का परिचायक बन गया है। यह सदाबहार बेल है जिसमें केवल चमकदार चितकबरे पत्तों का ही सौंदर्य व आकर्षण है, फूल इसमें नहीं लगते हैं। इसमें बड़ी थाली के आकार के पत्तों से लेकर पान जैसे छोटे आकार के पत्ते भी आते हैं। एकदम तीखी धूप और सीधी हवा दोनों ही इसे पसंद नहीं है। छायादार कोना, वृक्ष का तना, बरामदा आदि इसके लिए उपयुक्त स्थान हैं। टहनी के साथ सुतलीनुमा जड़ें भी निकल आती हैं जो अपने आश्रय को मजबूती से पकड़ लेती हैं। जड़ के साथ टहनी को काटकर नया पौधा बहुत सुगमता पूर्वक तैयार किया जा सकता है। इसकी एक किस्म में पीले के स्थान पर सफेद रंग की धारियाँ व छींटे होते हैं, जिसे 'पोथोस ग्रिगेरिया' कहते हैं व इसके पत्ते छोटे होते हैं। 'पोथोस जाइगैंटिका' के पत्ते बहुत बड़े होते हैं व हरे रंग पर सफेद-पीले रंग की धारियाँ होती हैं। विशाल पेड़ों की घनी छाया में पेड़ पर खूब आसानी से चढ़कर यह तने को घेरते हुए ऊपर तक फैल जाती है। सभी पोथोस गर्म नम जलवायु पसंद करते हैं। इसे पानी में भी टहनी काटकर लगाया जा सकता है। इसका पानी बहुत जल्दी नहीं बदलना चाहिए अपितु थोड़े दिनों के बाद बदलना चाहिए।

बेनीस्टेरिया : हल्के पीले रंग के कोमल फूलों वाली यह लता मार्च के अंत से लेकर ग्रीष्म ऋतु तक खिलती रहती है। पत्ते अंडाकार, छोटे व चिकने होते हैं। दूर से देखने पर इसके फूल तोरई के पुष्प का छोटा रूप लगते हैं। इसे खुली धूप पसंद है और जमीन में भरपूर खाद। अमरीका के उष्ण कटिबंधीय प्रदेशों की निवासी यह लता अत्यंत नाजुक होने के कारण पसंद की गई है। धब्बा अथवा कलम बनाकर इसका नया पौधा तैयार किया जा सकता है।

बोगनविलिया : भारत के अन्य उष्ण कटिबंधीय पौधों की भाँति इसका मूल प्रदेश ब्राजील है, परंतु मनीप्लांट—पोथोस के बाद सारे विश्व को मोहित करने वाली लताओं में यह सर्वप्रमुख है। आजकल बोगनविलिया की इतनी अधिक नई संकर किस्में तैयार की जा चुकी हैं कि मूल रूप से इनकी कोई तुलना नहीं हो सकती है। पुष्प के आकार, रूप, रंग व संख्या के आधार पर ही यह किस्में हैं। यह अत्यंत कठोर स्वभाव वाला पौधा है। बहुत कम पानी व बिना खाद से इसके ब्रेकेटनुमा फूलों की संख्या बढ़ती है। मोटी सख्त लकड़ी, काँटेदार टहनी व कागज-से नाजुक पंखुड़ीनुमा पत्तों के बीच सफेद रंग का छोटा-सा फूल खिलता है। लोग अक्सर बाहर वाली रंगीन पत्ती को ही फूल समझ बैठते हैं। इसकी लंबी-लंबी टहनियाँ जब फूलों जैसे ब्रैकेट से भर जाती हैं तो अत्यंत सुंदर दृश्य उपस्थित कर देती हैं। खुली तेज धूप इसका प्राण है। अधिक पानी व अधिक छाया से पत्ते बढ़ जाते हैं व फूल कम आते हैं। दीवार पर चढ़ी बेल, मंडप, प्रवेशद्वार बाड़ का परदा बनाने अथवा गमले में लगी छोटी-छोटी झाड़ियों—सभी रूपों में यह अत्यंत उपयुक्त रहती है। इसे कलम बनाकर अथवा धब्बा लगाकर तैयार किया जा सकता है। इसकी कुछ किस्मों में 'लेडी-बक' (बैंगनी), 'मेरी-पामर' (गुलाबी व सफेद दो रंग के फूल), 'थीमा' (पीले हरे चितकबरे पत्तों वाली मेरी पामर), 'डॉ. राव' (सफेद हरे पत्ते व मैरुन फूल), 'स्नोव्हाइट' (सफेद फूल), 'चेरी-ब्लासम, (हल्के गुलाबी गुंथे फूलों वाली) आदि बहुत-सी किस्में हैं। फूल समाप्त हो जाने पर इसकी कटाई कर देनी चाहिए। वर्षा ऋतु के बाद सुपर फास्फेट एवं पोटाश का मिश्रण 15 से 25 ग्राम तक एक पौधे को देना चाहिए। केवल सर्दी के एक-दो महीने छोड़कर वर्ष भर इसमें फूल आते ही रहते हैं। फूल नई टहनी पर ही आते हैं अतः एक ऋतु समाप्त हो जाने पर उसकी पुरानी टहनियाँ काट देनी चाहिए।

बोमांशिया ग्रैंडीफ्लोरा : लंबे-लंबे बिगुल के आकार के कारण इसे 'नेपाल ट्रम्पेट' भी कहते हैं। श्वेत बड़े-बड़े बिगुल जैसे पुष्प गहरे हरे रंग के लंबाकार बड़े-बड़े पत्तों की पृष्ठभूमि में दूर से चमकते हैं। यह अत्यंत भव्य एवं शीघ्रता से फैलने वाली झाड़ीनुमा लता है। सही कटाई-छँटाई द्वारा इसे एक झाड़ी का आकर दिया जा सकता है। इसकी टहनी से दूध जैसा लसदार द्रव निकलता है। दूर से देखने पर लिली जैसे ये फूल अत्यंत आकर्षक लगते हैं। इसकी लता खूब ऊँचाई तक चली जाती है। पर्सी लंकास्टर ने कहा है कि यह लता जब सेमल के वृक्ष पर चढ़ जाती है तो सेमल के लाल फूलों के बीच इन श्वेत लिलीनुमा पुष्पों का दृश्य देखते ही बनता है। इसे कलम या धब्बा लगाकर

एवं बीज द्वारा तैयार किया जा सकता है।

मोनस्टेरा : पोथोस की ही भाँति मोटे, चिकने और बड़े पत्तों वाली यह सदाबहार लता अत्यंत भव्य लगती है। इसके पत्ते जालीदार एवं कटावदार होते हैं। घर के बरामदे में अथवा किसी छायादार कोने में लगी यह लता अत्यंत शांत, शीतल दृश्य प्रस्तुत करती हैं। पेड़ अथवा दीवार पर हवा व धूप के सीधे रुख से बचाकर इसे चढ़ाया जा सकता है। इसकी एक किस्म में पत्ते केले की भाँति लंबे एवं लंबाई में कटे हुए होते हैं। इसे फिलोडेंड्रान के परिवार का ही माना जाता है। उसी की भाँति उसमें मोटी, सफेद पंखुड़ी वाला फूल होता है, जिसके बीच में शिवलिंग जैसा लंबा भाग होता है। इसे स्पॉथ कहते हैं।

लॉनीसेरा जेपोनिका : इसे 'हनीस्कल' भी कहते हैं। फूल की आकृति व सुगंध को देखते हुए एक अत्यंत नाजुक एवं आकर्षक पुष्प है। इसकी लंबी, पतली एवं अत्यंत कलात्मक रूप में अंदर की ओर घूमी हुई पंखुड़ियाँ एवं मधुर मादक गंध ही इसका आकर्षण है। इसकी टहनियाँ आपस में उलझकर 25 से 30 फीट ऊँचाई तक चली जाती हैं। टहनियाँ नरम होती हैं। इन्हें सहारे की आवश्यकता होती है। पत्ते अंडाकार परंतु थोड़ी लंबाई लिए गहरे हरे रंग के होते हैं जिनका पृष्ठ भाग सफेद होता है। खिलते समय पुष्प श्वेत होता है और बाद में लालिमा लिए पीले-नारंगी रंग में बदल जाता है। रोग प्रतिरोधात्मक शक्ति कम होने से यह कई रोगों का शिकार जल्दी हो जाती है। इसके पुष्प दिसंबर से ग्रीष्म ऋतु तक खिलते रहते हैं।

वर्नोनिया : यह सदाबहार घनी लता अपनी लटकती हुई झालरनुमा टहनियों के कारण 'कर्टेन क्रीपर' के नाम से भी प्रसिद्ध है। इसकी टहनियाँ ऊपर से नीचे लटकती रहती हैं और ऊँचे से ऊँचे वृक्ष पर भी चढ़ जाती हैं। ये टहनियाँ इस प्रकार नीचे लटकती है मानो परदे की चुन्नट हों। इस प्रकार ये अपने नाम को सार्थक करती हैं। फरवरी के अंत में सफेद नन्हे-नन्हे रुई जैसे फूल भी आते हैं, जो अधिक आकर्षक नहीं होते। दीवार के सूनेपन को ढकने, बरामदे अथवा पोर्च पर लटकाने अथवा किसी जगह पर परदा करने के लिए यह सदाबहार हरी-भरी लता बहुत ही सुंदर एवं उपयुक्त रहती है। यह बहुत ही शीघ्रता से बढ़ती है। जड़ों के विभाजन के जरिए एवं धब्बा लगाकार नया पौधा तैयार किया जा सकता है। कम पानी व धूप में भी यह अच्छी चलती है। वास्तव में यह अत्यंत कठोर प्रकृति वाली लता है।

विस्टेरिया सिनेनसिस : 'ग्रेप फ्लॉवर वाईन' नाम के लोक प्रसिद्ध हल्के बैंगनी फूलों वाली यह अत्यंत आकर्षक लता है। वास्तव में, अमलतास जैसी लटकती फानूसनुमा लड़ियों के कारण इसे 'लताओं की रानी' भी कहा जाता है। इसके फूल तितलीनुमा होते है जो टहनी के अग्रभाग में गुच्छे के रूप में खिलते हैं। दक्षिण भारत में ऊटी, बैंगलूर जैसे स्थानों में यह खूब होती है। इसके पत्ते रेशेदार होते हैं और यह दीवारों पर आराम से चढ़ जाती है। जब यह खिलती है तो ऊपर से नीचे तक बैंगनी रंग की बौछार-सी हो जाती है। इस लता की छँटाई करके इसे झाड़ीनुमा भी बनाया जा सकता है। भारत

में मुख्यतः चीनी व जापानी यही दो किस्में उपलब्ध होती हैं। इसे धब्बा लगाकर तैयार किया जा सकता है। हल्की सुगंध वाले पुष्प अप्रैल-मई में दक्षिण में व अक्तूबर-नवंबर में उत्तर भारत में खिलते हैं।

सोलेनम जेस्मीनोएड : कोस्टारीका की निवासिनी यह लता अपने बड़े-बड़े, हल्के बैंगनी रंग के झुमके के समान लटकते हुए फूलों के कारण अत्यंत मोहक हो जाती है। चमकदार, चटकीले हरे पत्तों की पृष्ठभूमि में अपने ही बोझ से लटकते हुए इसके एक जैसे दिखने वाले फूल आकर्षण का केंद्र बन जाते हैं। इसकी एक किस्म 'सोलेनम जस्मीनोयड्स' है जिसे 'पोटेटो वाईन' भी कहते हैं। इसके सितारे जैसे पुष्प-गुच्छ, हल्की नीली आभा लिए पूरी ग्रीष्म ऋतु भर खिलते ही रहते हैं। इन्हें बीज एवं धब्बा लगा कर तैयार किया जा सकता है।

स्टिफेनोटिस : मैडागास्कर की मूल निवासिनी यह लता 'क्रीपिंग ट्यूबरोज' भी कहलाती है। अंडाकार आकृति वाली, मोटी, चमकदार एवं चिकनी लगभग 10 सेंटीमीटर लंबी पत्तियों के बीच श्वेत, लगभग 3 सेंटीमीटर लंबाई वाले सुगंधित पुष्प-गुच्छों के कारण अत्यंत आकर्षक लगती है। यह हलकी-फुलकी नाजुक लताओं में सर्वोत्तम है। यह पूरी ग्रीष्म ऋतु से लेकर वर्षा ऋतु तक खिलती रहती है। इसे धब्बा लगाकर तैयार किया जा सकता है। इसे खूब खाद वाली मिट्टी एवं भरपूर पानी की आवश्यकता होती है।

स्ट्रोपेंथस ग्रेटस : 'कॉर्कस्क्रू फ्लॉवर' नाम से लोक प्रसिद्ध यह लता काफी बड़ी व झाड़ीनुमा होती है। हल्के पीले रंग में लाल आभा वाले इसके फूलों में पीछे लंबी दुम जैसे तंतु लटकते रहते हैं। इसकी 'एसग्रेटस' किस्म में फूल छोटे व गुच्छों में खिलते हैं। पत्ते गहरे हरे रंग के अत्यंत चमकदार होने के कारण इन फूलों की आकर्षक पृष्ठभूमि प्रस्तुत करते हैं। लता को कलम काटकर तैयार किया जा सकता है। इसके पुष्प ग्रीष्म ऋतु में खिलते हैं।

हिपटेज बंगालनसिस : संस्कृत-साहित्य की सुप्रसिद्ध 'माधवी लता' अपने श्वेत हल्के पीले पुष्प-गुच्छों के कारण 'वासंती लता' भी कहलाती है। 10 सेंटीमीटर से लेकर 15 सेंटीमीटर लंबे व आधी चौड़ाई वाले चिकने पत्तों वाली यह एक अत्यंत घनी लता है, जो किसी भी ऊँचाई तक चढ़ जाती है। पाँच पंखुड़ी वाले फूल की एक पंखुड़ी छोटी होती है। इसके पराग केसर काफी लंबे होते हैं। यह शीत ऋतु के अंत में खिलना शुरू करती है एवं पूरी ग्रीष्म ऋतु सुगंधित पुष्प खिलते रहते हैं। इसे धब्बा लगाकर अथवा कलम काटकर तैयार किया जा सकता है।

झाड़ियाँ

किसी भी उद्यान में चाहे वह छोटा हो अथवा बड़ा समय-समय पर खिलने वाली विभिन्न झाड़ियों, जिन्हें गुल्म (श्रब) कहते हैं का बहुत महत्त्व होता है। आकाश एवं पृथ्वी के बीच के खाली स्थान में वृक्ष अच्छा दृश्यपटल प्रस्तुत करता है, परंतु जहाँ पेड़ के लिए उचित स्थान न हो वहाँ इन झाड़ियों की उपयोगिता बढ़ जाती है। एक ही किस्म की बहुत सारी झाड़ियों का झुरमुट अथवा कुंज या फिर एक ही क्यारी में आगे-पीछे लगी हुई विभिन्न प्रकार के पुष्पों वाली झाड़ियाँ अथवा छोटी-सी वाटिका के कोने में नन्हे वृक्ष के रूप में खड़ी छटा बिखेरती इन झाड़ियों का आकर्षण ही अनोखा होता है। वृंदावन के करील कुंज, तुलसी कुंज आदि के वर्णन से तो काव्य भरा हुआ है। ये झाड़ियाँ वास्तव में पेड़ से छोटी व ऋतुओं वाले फूलों के पौधों से बड़ी व घनी होती हैं। पेड़ की तरह इनका एक ही तना नहीं होता है। जड़ के पास से बहुत-सी टहनियाँ फूट निकलती हैं। इनके बीज फूलों की तरह केवल ऋतु विशेष के लिए ही नहीं बोए जाते हैं। यदि ठीक देखभाल होती रहे तो एक बार लगा देने पर ये झाड़ियाँ वर्षों तक रहती हैं—हाँ, यह हो सकता है कि किसी ऋतु में एकदम पतझड़ हो जाने पर मात्र सूखी टहनियाँ रह जाएँ। अक्सर इनकी जड़ के पास अनेक टहनियाँ तने के रूप में निकलती हैं जो पौधे को भराव तो देती ही हैं उसे एक सुंदर आकार व आकृति भी प्रदान करती हैं। बाड़ के आगे क्यारी के रूप में लगे अथवा दीवार के सूखेपन व नीरसता को तोड़ने के लिए जट्रोफा, चाँदनी, लेगर-स्ट्रोमिया, जैसे पौधे की मिली-जुली क्यारी रंगों का सुंदर सम्मिश्रण प्रस्तुत करती है। इसके अतिरिक्त कुछ अवसर ऐसे भी आते हैं जब गर्मी अथवा सर्दी वाले अस्थायी वार्षिक फूलों की ऋतु समाप्त हो जाती है और उद्यान एकदम सूना लगता है, तब उस समय ये झाड़ियाँ ही अपनी हरी वनस्पति एवं पुष्पों द्वारा उस सूनेपन को दूर करती हैं। कई बार छोटे-से उद्यान के कोने में लगा एकमात्र पौधा जैसे इक्जोरा अथवा घुसते ही द्वार के समीप कहीं दबी-छुपी सुगंध बिखेरती हुई रात की रानी पृष्ठभूमि को सुंदर रंग व हवा को सुगंध प्रदान करके वातावरण को मोहक बना देती है।

झाड़ियों में भी साल में एक बार खाद अवश्य देनी पड़ती है। जो पौधे सर्दियों अथवा ग्रीष्म के प्रारंभ अथवा वसंत ऋतु में खिलते हैं उन्हें फूल आने से पूर्व गुड़ाई करके खाद व पानी देना चाहिए। सूखी व खराब टहनियों को भी काट देना चाहिए। फूल

समाप्त हो जाने पर इच्छानुसार काट-छाँटकर सकते हैं, परंतु फूल आने से पूर्व केवल खराब टहनी निकालनी चाहिए। यदि आप चाहें तो अपनी रुचि के अनुसार उसे गोल अथवा छतरीनुमा आकार भी दे सकते हैं, परंतु यह हर पौधे के लिए ठीक नहीं होगा। हाँ, उन्हें छोटा तो कर ही सकते हैं ताकि नई टहनियाँ निकलने पर पौधा भली प्रकार चले। भारत में विभिन्न प्रकार की जलवायु पाई जाती है। इसीलिए विभिन्न प्रकार के झाड़ीनुमा पौधे यहाँ काफी संख्या में पाए जाते हैं। पौधा कहीं से भी लें उसके विषय में पर्याप्त जानकारी प्राप्त करके ही उपयुक्त स्थान पर लगाएँ। यहाँ कुछ लोकप्रिय झाड़ियों का विवरण प्रस्तुत है—

अज़ेलिया : हिमालय की पर्वतीय घाटी में पाया जाने वाला चटक लाल, नारंगी, सिंदूरी फूलों वाला अत्यंत सुंदर पौधा है। दक्षिण में ऊटी और नीलगिरि के पर्वतीय प्रदेशों में भी उपलब्ध है। इसके पुष्प रोडोडेंड्रॉन की भाँति टहनी के अग्रभाग में गुच्छों में खिलते हैं। फूल समाप्त होते ही कटाई कर देनी चाहिए ताकि बीज न आने पाए। बीज अगली ऋतु के फूलों को प्रभावित कर देता है। इसकी कई किस्में सुगंधित पुष्प वाली भी हैं। जड़ें पर्याप्त ठंडक व नमी प्रिय हैं।

आर्गाइरिआ : अतिशीघ्रता से बढ़ने वाला यह पौधा हृदय की आकृति जैसे पत्तों वाला है। यों तो वर्ष भर फूल देता रहता है, परंतु वर्षा में विशेषकर गुलाबी आभा वाले बड़े-बड़े श्वेत पुष्पों से भर जाता है। समय-समय पर छँटाई करके पौधे को नियंत्रित किया जाता है।

आर्टाबोट्रिस : इसे 'हरी चंपा' अथवा 'कठचंपा' भी कहते हैं। गोल परंतु लंबी हरी पत्तियों वाली यह झाड़ी अपनी तीखी गंध वाले हरी आभा व हल्के पीले रंग के फूलों के लिए प्रसिद्ध है। अंदर की ओर मुड़ी हुई छह मोटी पत्तियों वाला फूल अपने रंग के कारण पत्तियों में छुप जाता है। यह झाड़ी काफी बड़ी व घनी हो जाती है। फूल ग्रीष्म एवं वर्षा ऋतु में आते हैं। इसे धब्बा लगाकर व बीज द्वारा तैयार किया जा सकता है।

ऑक्ना : यह अपेक्षाकृत ऊँची झाड़ी है, इसे एक छोटा पेड़ भी कहा जा सकता है। लगभग तीन मीटर ऊँची, भूरी सख्त लकड़ी जैसे तने वाली झाड़ी अपने पीले रंग के फूलों के कारण अत्यंत आकर्षक लगती है। 'स्कवारोजा' किस्म जिसे 'रामधन चंपा' भी कहते हैं, अत्यंत मोहक लगती है। इसके फूल ग्रीष्म ऋतु के अंत तक लगभग वर्ष भर खिले रहते हैं।

इरेंथेमम : सुंदर रंगीन पत्तियों एवं आकर्षक फूलों वाला यह पौधा गर्म एवं नम स्थानों पर खूब चलता है। सुबह की धूप व दोपहर की छाया इसे पसंद है। इसके पत्ते चमकदार व विभिन्न रंगों वाले होने के कारण फूल न होने पर भी अत्यंत आकर्षक लगते हैं। 'अल्बॉमार्जिनाटा' में पत्तियों के किनारे सफेद होते हैं। 'बाईकलर' में श्वेत पुष्प सर्दियों के अतिरिक्त पूरे वर्ष भर खिलते रहते हैं। 'इरेक्टम' भी लगभग 90 सेंटीमीटर ऊँचा पौधा है, पतली व लंबी पत्तियों की ऊपरी सतह गहरी हरी होती है तथा सर्दियों में नीले फूल आते हैं। 'नाइग्रम' की लगभग एक डेढ़-मीटर ऊँचाई होती है व इसके

गहरे हरे रंग के पत्तों की नीचे की सतह जामुनी होती है। सफेद फूल, जिनकी आँख गहरी गुलाबी होती है, खिलते रहते हैं। इस पौधे की नरम टहनी की कलम काट कर ग्रीष्म ऋतु में रेत में लगा देनी चाहिए। वर्षा ऋतु तक नए पौधे तैयार हो जाते हैं।

इक्सोरा : रंगन नाम से प्रसिद्ध यह पौधा सिल्हट के वनों में अपने विभिन्न रंग के पुष्पों के गुच्छों द्वारा आकर्षक दृश्य उपस्थित करता है। यह पुष्प गुच्छ बड़े व अत्यंत मोहक होते हैं। शीत ऋतु में इन पर बीज़ आते हैं। फूल समाप्त हो जाने पर काटकर इनकी छँटाई कर देना अच्छा होता है। फूल आने से पूर्व तरल खाद इसे सुखद रूप से प्रभावित करती है। सफेद रंग वाले फूल में 'बार्बेटा', 'एक्यूमिनाटा', 'अल्बा', 'अंडयूलाटा' किस्में हैं। नारंगी रंग में 'ल्यूटिया', 'आर्मिनियाका', 'कॉक्सीनिया' हैं। गुलाबी रंग में 'वेस्टाई', 'रूगोसुला', सिंदूरी रंग में 'प्रिंस ऑफ आरेंज', 'डिक्सियाना', 'स्पेक्टाविलिस' है। लाल रंग में 'मैग्नीफिका' 'स्पलेंडिडा' है। इसे कलम व धब्बा लगाकर तैयार किया जा सकता है। अधिक छाया होने पर यह नहीं खिलता है।

एलामेंडा : मूलतः ब्राजील निवासी यह पौधा अपने चटक पीले रंग के बड़े-बड़े फूलों के कारण बहुत लोकप्रिय है। इसके पत्ते हरे चिकने चमकदार एवं सदाबहार होते हैं जिनके बीच में प्लास्टिक जैसी मोटी चिकनी पंखुड़ी वाले फूल और भी आकर्षक लगते हैं। 'कैथार्टिका' के फूल पीले व 'नेरीफोलिया' के फूलों का रंग अधिक गहरापन लिए नारंगी आभा वाला होता है। इसे कलम व धब्बा लगाकर तैयार किया जा सकता है।

एंजीलोनिया : लगभग 50 सेंटीमीटर ऊँची यह झाड़ी अपने सदा खिलते रहने वाले जामुनी बैंगनी पुष्पों के लिए प्रसिद्ध है। इसकी गंध कुछ-कुछ अनन्नास जैसी होती है। पौधा पुराना हो जाने पर बेडौल हो जाता है, अतः हर वर्ष नया पौधा तैयार करना चाहिए।

एफेलेंडरा : लगभग एक मीटर ऊँचा यह पौधा अपने दस सेंटीमीटर लंबे पत्तों व टहनी के अग्रभाग में ब्रेकेट के रूप में खिलने वाले चटक लाल फूलों के कारण आकर्षक लगता है। ग्रीष्म व वर्षा में इसके फूल खूब खिलते हैं। छाया इसे प्रिय है। इसे कलम द्वारा भी तैयार किया जा सकता है।

एकेनिया : जवा, लंकाजवा, रक्तजवा, मिर्च का फूल आदि विभिन्न नामों से पुकारा जाने वाला यह पुष्प प्रायः भारत में सभी जगहों पर पाया जाता है। लाल-लाल फूल जो पूरे खिलते नहीं, अपितु लंबी कली के समान लटकते रहते हैं। इसके पत्ते गुड़हल जैसे होते हैं। बहुत कठोर प्रकृति वाला यह पौधा छाया, धूप सभी में खूब खिलता है। इसकी एक किस्म 'अल्बा' है जिस पर हल्के गुलाबी रंग के फूल खिलते हैं। 'वेरीगेटा' किस्म के पत्ते हरे पीले चकत्तेदार होते हैं और अत्यंत आकर्षक लगते हैं। फूल न होने पर भी ये पत्ते अपने आप में एक आकर्षण हैं। परंतु इस किस्म के पत्तों के रंग के लिए धूप बहुत जरूरी है। इसे छाया में नहीं लगाना चाहिए। एकेनिया की टहनी की कलम बना कर अथवा धब्बा लगाकर बहुत सरलता पूर्वक नया पौधा तैयार किया जा सकता है।

ऐसिस्टेसिया : यह एक अत्यंत छोटी झाड़ी है, जो एक जगह पर पूरी तरह से फैल

जाती है। यह लगभग आधा मीटर ऊँची जाती है। वर्षा एवं ग्रीष्म ऋतु में जामुनी-गुलाबी फूल खूब खिलते हैं। इसे धब्बा लगाकर कलम द्वारा तैयार किया जा सकता है। बड़ी झाड़ियों के नीचे की खाली भूमि भरने व रॉक गार्डन के पत्थरों के बीच लगाने के लिए बहुत उपयुक्त है।

ओलिया : एक से डेढ़ मीटर ऊँचाई वाली यह झाड़ी मूलतः चीन की निवासिनी है और अंडाकार परंतु नुकीले हरे पत्तों की नीली आभा के कारण आकर्षक लगती है। फरवरी से मार्च तक इसमें छोटे-छोटे सफेद सुगंधित पुष्प खिलते हैं। 'ग्रेटा', 'मिर्टिफोलिया', 'कैपन्सिस' आदि इसकी विभिन्न किस्में हैं। धब्बा लगाकर अथवा गुट्टी बाँधकर नया पौधा तैयार किया जा सकता है।

क्रॉसैंड्रा : दक्षिण में कनकम्बरम् एवं अबोली के नाम से प्रसिद्ध अत्यंत नाजुक फूलों वाले इस पौधे की लगभग पचास किस्में उपलब्ध हैं, जिनमें गुलाबी और पीले से लेकर हरे व नीले रंग के फूल पाए जाते हैं। लगभग एक मीटर ऊँची यह झाड़ी अत्यंत कठोर प्रकृति वाली है। ग्रीष्म ऋतु में छायादार स्थानों पर भी इसके हल्के नाजुक फूल ब्रेकेटनुमा कलियों में से खिलते रहते हैं। केवल कठोर शीत के कुछ दिन छोड़कर यह सुगंध रहित पुष्प पूरे वर्ष खिलता रहता है। फूलों की समाप्ति पर पुरानी टहनियाँ काट देने से नई टहनी पर फूल अधिक आते हैं। 'अन्ड्यलीफोलिया' में तरबूजी रंग के फूल, 'नीलोटिका' में गहरे नारंगी, लाल, 'फ्रलेवा' में चटक पीले रंग के फूल आते हैं। इसे कलम द्वारा तैयार किया जा सकता है।

कॉफ़िया : वास्तव में यह कॉफी का पौधा है जो अपने अनगिनत श्वेत फूलों के लिए अत्यंत लोकप्रिय है। फरवरी मास में इसमें फूल आते हैं व बीज द्वारा इस पौधे को तैयार किया जा सकता है।

कपैरिस : अत्यधिक काँटों वाली यह झाड़ी अपने हरे पत्तों के बीच से निकली, लाल नई कोंपल के कारण सुंदर लगती है। इसे करील व डेला भी कहते हैं। श्वेत पुष्प झालर के समान फरवरी-मार्च में खूब खिलते हैं। 'ट्राईफिला' तीन सेंटीमीटर लंबी अंडाकार छोटी-छोटी चमकदार पत्तियों के कारण बाड़ लगाने के लिए खूब पसंद की जाती है। 'जलेनिका' में सफेद फूल पीले होकर फिर भूरे में बदल जाते हैं। फल भी पर्याप्त बड़ा होता है। बीज द्वारा पौधा तैयार कर सकते हैं।

केलीकार्पा : फूलों की दृष्टि से यद्यपि यह आकर्षक पौधा नहीं है, परंतु अपने नन्हे-नन्हे गोल बेर जैसे फलों के कारण अनोखा लगता है। यही इसके सौंदर्य का राज भी है। कैना जैसे पत्ते बड़े, फूल हल्के बैंगनी रंग के व सफेद बेर दूर से चमकते हैं। 'परप्यूरिया' किस्म के पत्ते छोटे होते हैं और इस पर असंख्य बैंगनी रंग के बेरनुमा फल आते हैं। 'लेनेटा' पश्चिमी घाट पर पाया जाने वाला सुंदर पौधा है, जो दो से ढाई मीटर तक ऊँचा होता है। इसके फूल लालिमा लिए बैंगनी रंग के होते हैं।

कैसिया : कैसिया की कुछ किस्में छोटे वृक्ष एवं झाड़ी के रूप में भी होती हैं। बहुत ही कठोर प्रकृति एवं शीघ्र बढ़ने के स्वभाव के कारण यह लोकप्रिय है। 'आल्टा' किस्म

में पीले फूल सर्दियों में आते हैं व यह वृक्ष बहुत शीघ्रता से बढ़ता है। 'लेवीगेटा' किस्म में पीले फूल वर्ष भर आते रहते हैं। यह सदाबहार झाड़ी है। 'स्पीनोसा' किस्म की धीरे-धीरे बढ़ने वाली झाड़ी में टहनियाँ कुछ नीचे की ओर झुकी रहती हैं और पीले सफेद कुप्पी के आकार के फूल ग्रीष्म ऋतु भर टहनियों पर लटके रहते हैं। यह बहुत ही आकर्षक किस्म है।

कैंथियम : लगभग तीन मीटर ऊँचाई का यह सफेद मधुर गंध युक्त, पाँच पंखुड़ी वाले सितारे की आकृति जैसे फूल वाला यह पौधा ग्रीष्म ऋतु में खिलता है। इसके सफेद फूलों के गुच्छे दूर से ही आकर्षित करते हैं। इसे धब्बा लगाकर अथवा कलम बनाकर तैयार किया जा सकता है।

कैलीएंड्रा : लगभग सौ किस्मों वाला यह उष्णकटिबंधीय पौधा ढाई मीटर तक ऊँचा होता है। यह पौधा अपने पाउडर-पफ जैसे गोल एवं नरम नाजुक पुष्पों के कारण अत्यंत मोहक लगता है। 'लांजीपेस' किस्म में गुलाबी रंग के छोटे-छोटे फूल होते हैं। 'बेनीपस' की झाड़ी दो मीटर ऊँची चली जाती है। इसमें चमकदार चटक लाल रंग के गोल ब्रशनुमा फूल आते हैं। 'हीमैटोसीफैला' की ऊँचाई डेढ़ से दो मीटर तक होती है एवं पत्तियाँ छोटी होती हैं। सर्दियों में लाल रंग के फूलों की इस पर बहार होती है। 'ट्रवीडाई' में पूरे वर्ष भर फूल खिलते रहते हैं, यह एक अत्यंत सुंदर किस्म है। 'हम्यूॅस्टनाई' की झाड़ी ढाई मीटर ऊँची तक चली जाती है। इसके पुष्प के गुच्छे टहनियों के अग्रभाग में छाया में भी खूब खिलते हैं। धब्बा लगाकर अथवा गुट्टी बाँध कर भी नया पौधा तैयार किया जा सकता है।

गालफ़ीमिया : मालपीजिया की ही जाति की यह झाड़ी नन्ही-नन्ही पीली आभा वाली पत्तियों व लालिमा ली हुई लगभग कत्थई टहनियों के कारण अत्यंत आकर्षक लगती है। शीत ऋतु के कुछ दिन छोड़कर इसके नन्हे-नन्हे पीले फूल वर्ष भर खिले रहते हैं। पत्तों व टहनियों के कारण यह बिना फूल के भी सुंदर लगती है। धब्बा लगाकर एवं कलम बनाकर नया पौधा तैयार किया जा सकता है।

गार्डीनिया : इसकी तीखी मादक गंध के कारण इसे गंधराज भी कहते हैं। गर्म एवं नम जलवायु वाले स्थानों में इसके सफेद सुगंधित पुष्प अपने चिकने पत्तों के बीच दूर से ही चमकते हैं। इसकी दो किस्में हैं। फॉर्च्यूनेई एवं वेचिई। यह दोनों ही प्रसिद्ध वनस्पति विशेषज्ञ फार्च्यून द्वारा भारत में लाई गईं। पौधों को गुट्टी लगाकर एवं धब्बा दबा कर तैयार किया जा सकता है। यह पौधा बहुत सरलता से बिना नाज-नखरों के पर्याप्त पुष्प प्रदान करता है।

गुस्ताविया : लगभग एक मीटर ऊँचाई वाला यह पौधा गहरी हरी वनस्पति व लगभग नौ सेंटीमीटर व्यास वाले पीलापन लिए श्वेत फूलों के लिए प्रसिद्ध है। गर्मी पसंद करने वाला यह पौधा पेड़ों की छाया में भी खूब पनपता है। इसके फूल गुलाबी आभा वाली पंखुड़ी व नारंगी रंग का पुंकेसर होने के कारण बहुत आकर्षक लगते हैं।

ग्रेप्टोफ़िलम : सुंदर पत्तियों के कारण इसे 'केरीकेचर प्लांट' भी कहते हैं। लगभग

डेढ़ मीटर ऊँचाई वाले इस पौधे को वनस्पति के कारण ही महत्त्व मिला है। धारीदार हरी-सफेद पत्तियाँ व एक अन्य किस्म में जामुनी पत्तियों में उन्नाबी रंग की धारियाँ होती हैं। कम धूप वाले स्थानों पर भी यह पौधा खूब पनपता है। इसे कलम द्वारा तैयार कर सकते हैं।

जट्रोफा : लाल रंग के नन्हे-नन्हे पुष्प जो गुच्छों में टहनियों पर भरे रहते हैं इसी कारण इसे 'कोरल-प्लांट' भी कहते है। मौका मिलने पर यह पौधा एक छोटे-मोटे वृक्ष में बदल जाता है। फूल की समाप्ति पर टहनियों को काटकर नियंत्रित किया जा सकता है। इसके गहरे हरे रंग के पत्ते नुकीले व गोल होते हैं। पत्तों में से लसेदार श्वेत द्रव्य निकलता है। चपटे गोल बीज फूलों के बीच अनोखा आकर्षण प्रस्तुत करते हैं। बीज व धब्बा लगाकर नया पौधा तैयार किया जा सकता है। जट्रोफा की एक अन्य किस्म 'जट्रोफा पोडाग्रिका' को 'ग्वाटेमाला-रहबर्ब' भी कहते हैं। इसमें जमीन से बोतलनुमा एक तना निकलता है जिसके सिरे पर थोड़ा कटावदार बड़ा पत्ता होता है व छोटे-छोटे लाल फूलों का गुच्छा निकलता है। अक्सर लोग इसे सकुलेंट एवं कैक्टस की श्रेणी में रखने की भूल कर बैठते हैं। इसे बीज द्वारा तैयार किया जा सकता है।

जैक्विनिया : डेढ़ से दो मीटर ऊँची व नन्हे लंबे हरे रंग के पत्तों वाली यह झाड़ी अत्यंत कमनीय है। इसके पत्ते आगे से सुई की भाँति नुकीले होते हैं। ग्रीष्म ऋतु में नन्हे-नन्हे नारंगी रंग के सितारे के समान फूल खिलते हैं। इसकी लकड़ी सख्त होने के कारण यह पौधा काफी कठिनाई से तैयार होता है। 'आर्मिलेरिस' किस्म में फूल श्वेत रंग के होते हैं। वेस्टइंडीज में इसके बीजों से हाथ के कंगन बनाए जाने के कारण इसे 'ब्रेसलेट-वुड-प्लांट' भी कहते हैं।

जैस्मिनम : मोगरा, मोतिया, चमेली आदि विभिन्न नामों से प्रसिद्ध लगभग 300 किस्मों वाला यह पौधा देखने में तनिक भी आकर्षक नहीं है, परंतु जब ग्रीष्म ऋतु में यह सफेद सुगंधित पुष्पों से लद जाता है तब बहुत सुंदर लगता है। फूल एक दिन में ही मुरझा जाते हैं। फूल की ऋतु समाप्त हो जाने पर इसकी भली प्रकार कटाई छँटाई कर देनी चाहिए। 'प्यूबेसेंस' को कुंद कहते हैं, जिसके पुष्प जनवरी, फरवरी, मार्च में खिलते हैं। इसके फूल खिलकर अपने आप झड़ते रहते हैं। इसकी विशेषता है कि जब फूल आते हैं तो इतनी अधिक संख्या में आते व निरंतर झड़ते रहते हैं कि पौधे के ऊपर व नीचे सफेद रंग की बहार-सी आ जाती है। इसके एक किस्म में सुगंधित पुष्प आते हैं। 'प्यूबेसेंस' में लंबी-लंबी टहनियों में फूलों के गुच्छे आते हैं। फूल की पंखुड़ी बाहर से हरापन लिए हुए गुलाबी व भीतर एकदम श्वेत होती है। 'सम्बैक' किस्म में बेला, मोतिया 'अंगुस्टिफोलियम', 'राम बाँस', 'मोगरा' आदि अन्य किस्में हैं। 'मोगरा' के फूल की पंखुड़ियाँ दोहरी गुँथी हुई छोटे गुलाब जैसी लगती हैं। जैस्मिनम के फूल चाँदनी रातों में अधिक आते हैं। जड़ों के विभाजन द्वारा व धब्बा लगाकर नया पौधा तैयार किया जा सकता है। पीले फूलों वाली एक पीली चमेली नाम की किस्म भी होती है। छोटे-छोटे इकहरी पंखुड़ी वाले गंधहीन पुष्प वाला यह पौधा फरवरी से लेकर मई-जून तक

खिलता है। बैकंसी गुलाबी की भाँति इसकी टहनियाँ नीचे से ऊपर तक पीले फूलों से भर जाती है।

टेबर्नीमांटेना : यह लगभग पूरे भारत में उपलब्ध टगर एवं चाँदनी नाम से लोकप्रिय पौधा है। 'इसे केप जैस्मिनम' भी कहते हैं। इसके श्वेत फूल गुच्छों में चिकने गहरे हरे रंग के काफी बड़े पत्तों के बीच चमकते रहते हैं। सर्दी के दो महीने छोड़कर, जबकि इसमें पतझड़ हो जाता है। यह लगभग पूरे वर्ष अपने सुगंधहीन फूलों से लदा रहता है। इसके फूल एकदम श्वेत होते हैं। टहनियों से एक श्वेत चिपचिपा पदार्थ निकलता रहता है। यह पौधा तीन-चार मीटर ऊँचाई तक चला जाता है एक छोटा वृक्ष जैसा लगता है। 'डाइकोटोमा' किस्म दोहरी गुँथी पंखुड़ी वाले फूल वाला पौधा होता है जो कि ऊँचाई में कम होता है। 'ओडोराटा' सुगंधित गुँथे हुए पुष्प वाली किस्म है। इसकी गंध अत्यंत मादक होती है। 'टेबर्नीमांटेना' को कलम द्वारा अत्यंत सरलता से तैयार किया जा सकता है।

टेकोमा : पीले हल्के सुगंधित पुष्पों वाली यह झाड़ी लगभग वर्ष भर फूलों से भरी रहती है। ग्रीष्म ऋतु में विशेषकर पीले कुप्पी जैसे इसके पुष्प जो टहनी के अगले सिरे में गुच्छों में खिलते हैं, खूब रौनक देते हैं। धूप व प्रकाश इसे खूब प्रिय हैं। 'रेडिकैंस' में नारंगी लाल फूल वर्ष भर खिलते रहते हैं। 'स्टैंस' किस्म में फूल बहुत जल्दी खिलने लग जाते हैं व पौधा लगभग तीन मीटर ऊँचाई तक चला जाता है। इसे बीज व धब्बा लगाकर तैयार किया जा सकता है।

थेस्पीसिया : यह नन्हा पौधा बड़े पौधों के आगे की खाली जगह भरने के लिए बहुत उपयुक्त है। पीले फूल अपने कत्थई चमकदार मध्य भाग के कारण अत्यंत सुंदर लगते हैं। यह फूल लगभग वर्ष भर खिलते रहते हैं। इन्हें बीज द्वारा तैयार किया जा सकता है।

डैडलाकेंथस : लगभग एक मीटर ऊँची यह झाड़ी, जो छाया में भी फूल देती है अपने नीले फूलों के कारण अत्यंत कमनीय लगती है। सर्दी की ऋतु में इसमें बैंगनी आभा वाले नीले पुष्प आते हैं। वर्षा में इसकी कटाई कर देनी चाहिए। कलम द्वारा नया पौधा तैयार किया जा सकता है।

डोंबेया : सर्दियों में खिलने वाले पौधों में यह एक अत्यंत सुंदर पौधा है। इसके पत्ते हल्के हरे रंग के और बड़े होते हैं। फूल टहनियों के अग्रभाग में मुरझा जाने पर भी लटके रहते हैं। फूल का लटके रहना पौधों को अनाकर्षक बना देता है, वैसे यह खिलते समय बहुत खूबसूरत लगता है। 'रोटंडेटा' किस्म का पेड़ तीन मीटर तक ऊँचा चला जाता है। इसके पुष्प सफेद रंग के होते हैं व सूखकर तब तक लटके रहते हैं जब तक हवा का झोंका बहाकर न ले जाए। 'पल्क्रा' किस्म सफेद फूलों का मध्य भाग गुलाबी होता है, 'बर्गेसी' में सफेद फूल पर गुलाबी धारियाँ होती हैं तथा 'नेटालसिंस' में श्वेत बड़े फूल आने के कारण इसे 'वेंडिग फ्लॉवर' भी कहते हैं।

धतूरा : यों तो सड़क के किनारे उगने वाला यह नितांत जंगली पौधा है। ग्रीष्म

ऋतु में अपने विशाल भोंपू की आकृति वाले श्वेत सुगंधित पुष्पों के कारण अत्यंत आकर्षक लगता है। इसे बीज व कलम द्वारा तैयार किया जा सकता है।

नंदीना : चीन में इस पौधे को बहुत शुभ एवं पवित्र मानते हैं और वर्ष में एक विशेष दिवस पर लोग इसकी टहनियाँ लेकर घर से निकलते हैं। इसके पत्ते बाँस जैसे पतले व फूल सफेद होते हैं। पत्ते गहरे रंग के काफी आकर्षक होते हैं। छाया में भी यह पौधा भली प्रकार बढ़ता है।

नेरियम ओलिएंडर : इसे करवी भी कहते हैं। पूरे भारत में पाया जाने वाला यह पौधा पूरी ग्रीष्म ऋतु अपने गुलाबी, फालसई, तरबूजी, सफेद सुगंधित पुष्प-गुच्छों की मादक गंध से पूरे वातावरण को मोहक बना देता है। कनेर जैसे पत्तों के कारण कई लोग इसे कनेर कह देते हैं। शुरू के दिनों की देखभाल को छोड़कर बाद में कम पानी में भी यह पौधा खूब पनपता है। तेज धूप व खुली हवा का प्रेमी यह पौधा बहुत कठोर क्षमता वाला है। इसके दूध जैसे सफेद चिपचिपे द्रव्य के कारण जानवर इसे नहीं खाते, इसलिए लोग इसे बाड़ के रूप में व सड़क के किनारे लगा देते हैं। इकहरी व दोहरी पंखुड़ी वाली इसमें बहुत-सी किस्में होती हैं। कलम द्वारा नया पौधा तैयार किया जा सकता है।

पेंटास : अफ्रीका व अरब का मूल निवासी यह पौधा कम धूप वाले छायादार स्थानों में भी खूब पनपता है। फूल देखने में वरबीना जैसे व सफेद, गुलाबी, बैंगनी रंग के होते हैं। 'अल्बा' श्वेत फूलों वाली, 'कार्निया' हल्के फालसई रंग का, 'कॉक्सीनिया' सुर्ख चटक लाल रंग के फूलों वाली किस्म है। फूल की समाप्ति के बाद पुरानी टहनी काट देने पर नए फूल भर कर आते हैं।

प्लंबैगो : लगभग एक मीटर ऊँचाई वाली यह एक अत्यंत आकर्षक झाड़ी है। यह अन्य पौधों व दीवार को घेरने में भी हिचकिचाती नहीं है। हल्की सलेटी आभा लिए नीले फूल लगभग पूरा साल गुच्छों में खिलते रहते हैं। जड़ों में रुका हुआ पानी इसे बहुत नुकसान पहुँचाता है। अतः ढलानों अथवा ऊँचाई पर इसे लगाना चाहिए। 'अल्बा' में सफेद फूल आते हैं, 'रोजिया' में लाल फूल छाया में भी खिल जाते हैं।

पॉलिसियास : इस जाति के पौधे अपनी सुंदर रंगीन वनस्पति और पत्तियों के कारण लोकप्रिय है। इसकी ताँबई रंग की टहनी पर विभिन्न रंगों वाली पत्तियाँ, जिन पर सफेद पीली धारियाँ, नसें व छीटें होते हैं तथा पत्ते पीले सफेद होने के कारण अत्यंत आकर्षक लगते हैं। कलम द्वारा नया पौधा तैयार किया जा सकता है।

पॉलिगोनम : सख्त लंबे बड़े पत्ते व छोटे-छोटे मोती के दाने जैसे सफेद पुष्प जो पूरे पौधे में खिलकर उसका आकर्षण बढ़ा देते हैं। यह पौधा बहुत ही कठोर क्षमता वाला है। पूरी टहनी में गाँठ होने के कारण इसे 'नॉट-वीड' भी कहते हैं। इसकी टहनी जहाँ भी जमीन को छू जाती है वहीं जड़ बना लेती है। पहाड़ीनुमा उद्यान, छायादार वृक्षों के नीचे, गमले आदि जगहों में यह पौधा बहुत सुंदर लगता है। इसके फूल वर्षा के बाद खिलते हैं। पौधे के आसपास निकलने वाली जड़ों को अलग करके नए पौधे तैयार

किए जा सकते हैं।

पोएनसेटिया : क्रिसमस-फूल नाम से प्रसिद्ध यह पौधा यूफोर्बिया जाति का है। इसके टहनी के सिर पर लगे फूल की पंखुड़ीनुमा लाल पत्ते जो दूर से ही चमकते हैं, जो वास्तव में फूल न होकर इसके पत्ते हैं। वास्तविक फूल इनके बीच पीले सुनहरे रंग का सख्त कलीनुमा होता है। यह पौधा तीन मीटर की ऊँचाई तक चला जाता है। दिसंबर-जनवरी में इसके बड़े-बड़े फूल दूर से ही चमकते हैं। पत्तों व टहनियों में दूध जैसा श्वेत तरल पदार्थ निकलता है, जो यूफोर्बिया जाति के पौधों की विशेषता है। लाल फूल वाला 'पॉल-मिकलॅसन' व पीले फूल वाला 'पॉली-क्रोमा' कहलता है। इसे अधिक पानी की आवश्यकता नहीं होती है। कलम काटकर नया पौधा तैयार किया जा सकता है।

पोर्टलैंडिया : लगभग पूरे वर्ष फूल देने वाली ढाई मीटर ऊँची यह झाड़ी अत्यंत आकर्षक है। इसके फूल कुप्पीनुमा, श्वेत व मध्य भाग गुलाबी होता है। सीधी धूप से इसे बचाना चाहिए। छायादार स्थान इसे प्रिय है। बीज द्वारा तैयार होने वाला यह पौधा खाद वाली मिट्टी पसंद करता है।

प्रोसोक्येरिया : लगभग चार मीटर ऊँचा यह छोटा वृक्ष अपनी सदाबहार वनस्पति एवं लटकते हुए पुष्प गुच्छों के कारण अत्यंत सुंदर लगता है। इसे नीड्ल फ्लॉवर भी कहते हैं। खुली धूप के प्रेमी इस पौधे को गुट्टी द्वारा तैयार किया जा सकता है।

फिलेंथस : वास्तव में यह पौधा अपने फूलों की अपेक्षा अपनी हरी, परंतु बहुरंगी वनस्पति के कारण लोकप्रिय है। 'आट्रोपरप्यूरिस' में पत्ते गहरे हरे से गहरे जामुनी रंग के होते हैं। 'नाइवोसस' में पत्ते लगभग सफेद अथवा हल्के हरे रंग की धारी वाले होते हैं। ये पौधे एक मीटर ऊँचाई तक चले जाते हैं। अधिक खाद व छाया में पत्तों का रंग फीका पड़ जाता है। कलम द्वारा नया पौधा तैया किया जा सकता है।

बार्लेरिया : क्रौसेंड्रा आदि के ही वर्ग की लगभग एक मीटर ऊँची यह एक सुंदर झाड़ी है जो अक्तूबर व नवंबर में फूलों से भर जाती है। 'क्रिस्टाटा' के फूल स्लेटी नीले रंग के, 'बक्सीफोलिया' सफेद, 'डाईकोटोमा' में भी सफेद 'मांटेना' में फीके गुलाबी फूल होते हैं। 'गिब्सनाई; इसकी सबसे सुंदर किस्म है जिसमें सर्दी में भी खूब नीले फूल आते हैं। बार्लेरिया बाड़ बनाने के लिए उपयुक्त है।

ब्राया : अपने गहरे हरे रंग के पत्तों एवं सुंदर सुनहरे पीले रंग के मटर जैसे नन्हे-नन्हे फूलों के कारण अत्यंत सुंदर लगता है। पत्तों के रंग के कारण इसे 'जमैका एबनी' भी कहते हैं। यद्यपि यह काफी ऊँचा पौधा है, परंतु नीचे को झुकी टहनियों पर लदे पुष्पों के कारण अत्यंत मोहक लगता है।

बुडलिया : लगभ डेढ़ सौ किस्मों वाला यह पौधा हिमालय एवं चीन का मूल निवासी है। इसके नन्हे-नन्हे सुगंधित पुष्प टहनियों के अग्रभाग में लंबे बाल के समान खिलते हैं। इसमें 'एशियाटिका' किस्म लगभग तीन मीटर ऊँची होती है व फरवरी में खिलती है। 'लिंडलेयाना' में फीके गुलाबी अथवा हल्के बैंगनी फूल टहनी के अग्रभाग

में ग्रीष्म ऋतु में खिलते हैं, ये बाल काफी लंबे होती हैं। शीत ऋतु में कटाई कर देने पर नई टहनियों पर अधिक पुष्प आते हैं। 'मेडागास्करेंसिस' किस्म की बड़ी-बड़ी झाड़ियाँ छोटे उद्यानों के लिए उपयुक्त नहीं है। इन सब किस्मों को कलम बनाकर व धब्बा लागकर तैयार किया जा सकता है।

ब्रुनफेल्सिया : लगभग एक मीटर ऊँची यह एक छोटी झाड़ी है। अपने सुंदर पत्तों एवं फूलों के बदलते रंग के कारण अत्यंत सुंदर लगती है। इसके बैंगनी फूल सुगंधित होते हैं व मुरझाने पर पीले रंग के हो जाते हैं। ये लगभग वर्ष भर खिलते रहते हैं। एक पौधे पर रंग बदलते फूल अत्यंत सुंदर लगते हैं इसलिए इन्हें 'यस्टरडे-टुडे-टुमॉरो' कह कर पुकारते हैं। 'ग्रैंडीफ्लोरा', 'मॉण्टेना', 'कार्क्सीनिया', 'क्यूबसिंस' आदि सुंदर किस्में हैं। इन्हें धब्बा लगाकर तैयार किया जा सकता है।

बेलोपेरोन : यह छोटा पौधा अत्यंत सुंदर होता है। नाजुक पत्तेनुमा पंखुड़ियों के बीच में लाल-लाल केसर बाहर को लटकते रहते हैं। इनकी घूमी हुई गोल आकृति देखने में झींगे जैसे लगती है। इसीलिए इसे 'श्रिंप-फ्लॉवर' भी कहते हैं। 'गटाटा किस्म' में फूल गुलाबी होते हैं व बाहर सफेद जीभनुमा पंखुड़ी लटकती रहती है। 'एमहर्स्टी' किस्म में सफेद फूल के नीचे पंखुड़ी में हल्के बैंगनी रंग के छींटे होते हैं। यह पौधा छाया में भी खिलता रहता है। नया पौधा जड़ों के विभाजन एवं कलम द्वारा तैयार किया जा सकता है।

माल्पीजिया : छोटे-छोटे चमकदार, कटावदार, गहरे हरे रंग के पत्तों वाली यह झाड़ी वर्ष भर हल्के फीके सफेद नन्हे-नन्हे फूलों के कारण अत्यंत आकर्षक लगती है। टहनियों में पत्तों के साथ, वह फूल दूर से सितारे की भाँति चमकते रहते हैं। 'ग्लेब्रा' किस्म में वर्षा ऋतु में हल्के गुलाबी रंग के फूल आते हैं। गोल-गोल छोटे बेरनुमा फलों के कारण यह 'बॉरबडोस-चेरी' के नाम से भी प्रसिद्ध है। 'कॉक्सीफेरा' की पत्तियाँ 'आइलेक्स' पत्तों की भाँति होती हैं व सफेद फूल टहनियों एवं पत्तियों के संधि-स्थल पर खिले अत्यंत आकर्षक लगते हैं। कलम बनाकर व धब्बा लगाकर नया पौधा तैयार किया जा सकता है।

म्यूसिएंडा : लगभग डेढ़ से दो मीटर ऊँची यह झाड़ी अपने चटक फूलनुमा पत्तों व सफेद, गुलाबी, पंखुड़ियों के कारण अत्यंत आकर्षक लगती है। फूलों की यह पंखुड़ियाँ वास्तव में पत्तियाँ होती हैं जो रंगदार होने के कारण फूल का आभास देती हैं। यह पत्ते टहनियों के सिरे पर लगे पुष्प-गुच्छ लगते हैं। ये पत्ते बहुत दिनों से इसी प्रकार लटके रहते हैं और मुरझाते नहीं हैं। अक्सर एक फूल एक महीने तक टहनी से इसी प्रकार लटका रहता है, फिर मुरझाकर गिरता नहीं अपितु रंग फीका पड़कर स्वयं ही समाप्त होता जाता है। 'एरिथ्रोफिल' की पंखुड़ियाँ गोलाई लिए हुए होती हैं और पत्तियाँ अंडाकार, जिनकी नसें लाल होने के कारण अत्यंत आकर्षक लगती हैं। 'फ्रांडोसा' में पटल नारंगी आभा लिए चटक लाल रंग के व आकार में बड़े होते हैं। 'कोरिंबोसा' में हल्के फीके पीले रंग की पंखुड़ियाँ होती हैं, जो कि छाया में भी खूब खिलती हैं। यह

गर्म व नम जलवायु तथा छाया प्रेमी होता है। कलम बनाकर व धब्बा लगाकर इसे तैयार किया जा सकता है।

मीमोसिलॉन : लगभग दो-ढाई मीटर ऊँची यह झाड़ी अपनी चमकदार पत्तियों के कारण अत्यंत मोहक लगती है। मार्च में अनेक नन्हे-नन्हे हल्के बैंगनी रंग के फूल पूरी झाड़ी में भर जाते हैं। इसे 'अंजन' नाम से भी पुकारते हैं। 'कैपिटेलेटम' में पत्तियाँ छोटी होती हैं। कलम बनाकर व धब्बा लगाकर इसे तैयार किया जा सकता है।

रसेलिया : उद्यानों में आमतौर पर पाया जानेवाला यह एक अत्यंत सुंदर पौधा है। तिनके जैसी पतली हरी टहनियाँ, नन्हे भोंपू जैसे इसके लाल फूल लगभग वर्ष भर खिलते रहते हैं। यह सदाबहार पौधा गर्म एवं नम जलवायु में दो मीटर ऊँचाई तक व खूब घना हो जाता है। टहनी जहाँ भी जमीन छूती है वहीं पर जड़ बन जाती है। पहाड़ी उद्यानों में पत्थरों के बीच, जलाशय के किनारे व छायादार कोने में यह पौधा अत्यंत सुंदर लगता है। जड़ों में नमी व धूप इसे पसंद है।

रूएलिया : लगभग आधा मीटर ऊँची यह छोटी झाड़ी अपने सुंदर तुरही के आकार के लगभग दो सेंटीमीटर लंबे-लंबे लाल फूलों के लिए प्रसिद्ध है। यह गमले व जमीन दोनों के ही लिए उपयुक्त है। नम जमीन व हल्की धूप एवं छाया इसे प्रिय है। इसके बीज चटक की आवाज के साथ फटकर बिखर जाते हैं।

रोंडेल्शिया : लगभग एक मीटर ऊँची सख्त लकड़ी वाली यह एक सुंदर झाड़ी है। पूरी ग्रीष्म ऋतु से लेकर वर्षा के अंत तक इसमें नारंगी लाल रंग के सुंदर फूलों के गुच्छे निरंतर आते रहते हैं। ये फूल झड़ते नहीं, अतः सूख जाने पर लटके हुए अत्यंत भद्दे लगते हैं। सूखे फूल काटते रहना चाहिए। बीज पक कर स्वयं बिखर जाते हैं। ध[illegible] लगाकर नया पौधा सुगमता पूर्वक तैयार किया जा सकता है।

रौवॉल्फिया : लगभग दो मीटर ऊँचा यह पौधा अपने मटर जैसे बेर के समान सुंदर फलों के कारण आकर्षक लगता है। इसके फूल यद्यपि बहुत साधारण हैं, पर इसके फल शुरू में हरे, फिर लाल और अंत में काले हो जाने के कारण पूरा पौधा बहुत ही मोहक लगता है। इसे बीज द्वारा तैयार किया जा सकता है।

लेजरस्ट्रोमिया : चीन की मूल निवासिनी इस झाड़ी को 'कुरूश' एवं सावन की ऋतु में खिलने के कारण 'सावनी' भी कहते हैं। ग्रीष्म ऋतु के अंत में इसमें सफेद, गुलाबी, बैंगनी रंग के अत्यंत नाजुक फूल गुच्छों में खिलते हैं, जो दूर से देखने पर बहुत ही आकर्षक लगते हैं। यह पौधा बिना रोक-टोक के तीन-चार मीटर ऊँचाई तक चला जाता है। सर्दी में पतझड़ हो जाने पर केवल भूरी लकड़ी के समान सूखी टहनियाँ रह जाती हैं। तब इसकी कटाई कर देनी चाहिए। नई टहनियों पर फूल अधिक आते हैं। हल्के गुलाबी रंग के फूल की किस्म 'ब्राइड', गहरी गुलाबी 'रोजा' व सफेद किस्म 'कैंडिडा' कहलाती है। इसके बीज काफी सख्त होते हैं। इसे बीज द्वारा या कलम व धब्बा लगाकर तैयार किया जा सकता है।

लैंटाना : काँटेदार सख्त भूरी लकड़ी वाला य पौधा एकदम जंगली है और यदि

इसे ठीक प्रकार रोका न जाए तो पूरे उद्यान को घेर लेता है। फिर भी अपने सुंदर आकर्षक फूलों व फलों के कारण यह अत्यंत लोकप्रिय है। इसे जंगली जानवर भी नहीं खाते हैं इसलिए इसकी बाड़ भी बनाई जाती है। 'नाइविया' सफेद फूल वाला, 'मिक्सटा' में बाहरी फूल पीला केंद्र भाग गहरा लाल व बीच का भाग केसरी रंग का होता है। 'डिप्रेसा' का पौधा छोटा व फूल एकदम चटक पीला होता है। तेज धूप व पर्याप्त पानी इसे पसंद है। लैंटाना की एक किस्म बेल की भाँति फैलकर चलती है जिसे 'सेलोवियाना' कहते हैं। इसमें हल्के फालसई रंग के फूल लगभग पूरे वर्ष खूब खिलते हैं। पत्थरों के बीच में, ढलानों पर लगाने से यह पूरे स्थान को एक फालसई कालीन में बदल देता है। यह किस्म कम ऊँची होती है परंतु फैलने में मात्र एक बेल ही एक विशाल स्थान को घेर लेती है। लैंटाना बहुत ही कठोर क्षमता वाला पौधा है और किसी भी परिस्थिति में यह अपने को अनुकूल बना लेता है। पुराना पौधा होने पर फूल की समाप्ति के बाद खूब छँटाई कर देनी चाहिए। फूल नई टहनी में ही आते हैं। इसे धब्बा लगाकर सरलता से तैयार किया जा सकता है।

वायइटेक्स : 'नीली चमेली' नाम से प्रसिद्ध सुगंधित नीले पुष्प गुच्छों वाली, लगभग तीन मीटर ऊँचाई तक चली जाने वाली यह एक सुंदर झाड़ी है। फूल टहनियों के अग्रभाग में खिलते हैं। 'ऐग्नस-कैस्टस' किस्म में सर्दियों में पतझड़ हो जाता है। ट्राईफोलिया किस्म में फूल कम आते हैं।

विंका : नयन तारा, सदाबहार आदि नामों से प्रसिद्ध यह पौधा चिकने चमकदार छोटे-छोटे पत्तों वाला होता है, जो वर्ष भर फूल देता रहता है। ये पौधे सफेद, गुलाबी, नीले, जामुनी विभिन्न रंगों के फूल वाले होते हैं। पत्थरों के बीच वह पेड़ों के नीचे खाली स्थान भरने के लिए खूब रौनक देता है। इसे कलम व बीज द्वारा किया जा सकता है। एक बार उग आने पर यह आप ही उगता चला जाता है। इसके फूलों में बहुत हल्की गंध आती है। इसकी 'अल्बा', 'रोजा', 'माईनर' आदि कई किस्में उपलब्ध हैं।

सेरिसा : यह एक मोहक परंतु छोटी झाड़ी है, जिसमें लगभग वर्ष भर गुँथी हुई दोहरी पंखुड़ी वाले छोटे-छोटे फूल खिलते रहते हैं। इसके पत्ते गहरे हरे रंग के व चमकदार होते हैं। कलम लगाकर व धब्बा लगाकर नया पौधा तैयार किया जा सकता है।

सेस्ट्रम : लगभग दो मीटर ऊँची झाड़ी जो अपने चारों ओर झुकी हुई लगभग गिरती हुई टहनियों के कारण अत्यंत आकर्षक लगती है। सर्दियों में यह अनगिनत हल्के फीके पीले नारंगी फूलों में भर जाती है। 'ड्यूरनम' किस्म को 'दिन की चमेली' भी कहते हैं। गर्मियों से लेकर वर्षा के अंत तक छोटे-छोटे सफेद सुगंधित पुष्प खिलते रहते हैं। 'नॉक्टर्नम' को 'रात की रानी', 'हसनाहेना' आदि नामों से पुकारते हैं। इसके सुगंधित पुष्प रात को खिलते हैं व दूर-दूर तक इसकी सुगंध फैल जाती है। फीके सफेद पुष्प कुछ-कुछ हल्की पीली आभा लिए छोटे पाइप के आकार में गुच्छों में खिलते हैं। यह बहुत सरलता से तैयार किया जा सकता है। इसे कलम लगाकर तैयार किया जा सकता है।

सेनचेजिया : छाया में फूल देने वाली यह झाड़ी मूलतः इक्वेडर की निवासी है। पत्ते आकार में 15 सेंटीमीटर लंबे होते हैं व पीले रंग के फूल काफी समय तक खिलते रहते हैं। बहुत शीघ्रता से बढ़ने के कारण यह अत्यंत उपयोगी पौधा है। इसके हरे पत्तों पर पीली धारियाँ इसका मुख्य आकर्षण हैं।

सोफोरा : ढाई से तीन मीटर तक ऊँचा यह पौधा जून-जुलाई में चटक पीले रंग के छोटे-छोटे फूलों से भर जाता है, जो देखने में अमलतास जैसे लगते हैं। फूल समाप्त हो जाने पर फलियाँ लटकती हुई अत्यंत सुंदर लगती हैं।

स्ट्रोबाइलैंथस : अपनी चमकदार सुंदर वनस्पति के कारण लोकप्रिय पौधों में से यह भी एक पौधा है। 'सेनचेजिया' की भाँति यह भी एक छोटी झाड़ी है जो पेड़ों के नीचे मिले-जुले छायादार स्थान में लगाई जा सकती है। तेज धूप इसे सहन नहीं होती है। इसका मूल स्थान बर्मा है जिसे 'डायरियस' नामक किस्म के रूप में जाना जाता है। इसके पत्तों की ऊपरी नीली जामुनी व उसमें धातु के समान चमक होती है। नीचे की सतह लाल, जामुनी होती है तथा फूल हल्के बैंगनी रंग के होते हैं। 'ग्लोमेरेटस' में फूल नीली आभा व जामुनी रंग के, कली की पंखुड़ी पर चटक जामुनी रंग होता है। इसे कलम बनाकर तैयार किया जा सकता है। अत्यंत कठिन शीत इसे सहन नहीं होती है।

हिबिस्कस : गुड़हल नाम से प्रसिद्ध मूलतः हवाई द्वीप निवासी यह पौधा दो से तीन मीटर ऊँचाई तक चला जाता है। इसका एकमात्र पौधा पूरे उद्यान की शोभा बढ़ाने के लिए पर्याप्त होता है। गर्म एवं नम जलवायु इसे प्रिय है। जड़ों में रुका पानी इसकी जड़ों को गला देता है। इकहरी पंखुड़ी वाले फूल खूब चटक लाल, पीले, सफेद, रंगों से लेकर हल्की मखमली रेशमी रंगों में मिलते हैं। पाँच पंखुड़ी वाले फूल के पुंकेसर की पराग-नली अत्यधिक लंबी बाहर की ओर निकली हुई अत्यंत आकर्षक लगती है। आमतौर पर पाई जाने वाली किस्म 'रोजा साइनेंसिस' कहलाती है। लहरदार कटी हुई पंखुड़ियों के बीच झूमर जैसी लटकती लंबी पराग-नली वाली किस्म 'झुमका जवा' कहलाती है। हवाई किस्म की इकहरी पंखुड़ियों वाला पौधा सफेद, गुलाबी, लाल, पीला, नीला, जामुनी आदि विभिन्न रंग के फूलों में मिलता है। 'बसंत', 'डेफोडिल', 'पाकीजा', 'शांति', 'वॉयसराय', 'प्रेसीडेंट' आदि बहुत-सी सुंदर किस्में हैं। गुड़हल को कलम बनाकर तैयार किया जा सकता है। गुबरैले व मक्खियाँ इसके शत्रु होते हैं जो कलियों व फूलों की पंखुड़ी को खा जाते हैं। इसलिए आवश्यकतानुसार दवा का छिड़काव करते रहना चाहिए।

हेमीलिया : इसे एक छोटा-सा वृक्ष भी सकते हैं। अपने नारंगी रंग के लंबी नलीनुमा छोटे-छोटे फूलों के अनगिनत गुच्छों के कारण यह अत्यंत आकर्षक लगता है। इसका विशेष सौंदर्य इस बात का है कि नन्ही फूलचुसनी चिड़िया इसका रस चूसने के लिए इस पौधे को सारा दिन घेरे रहती हैं। उनकी चहचहाहट पेड़ का सौंदर्य दोगुना कर देती है। इसके मटर के आकार के लाल फूल, जो बाद में काले पड़ जाते हैं, बाग

के आकर्षण को दोगुना कर देते हैं। इसे बीज द्वारा तथा कलम व धब्बा लगाकर तैयार कर सकते हैं।

हैमिल्टोनिया : 'बायन चंपा' नाम से प्रसिद्ध यह चारों ओर फैली टहनियों वाली एक बड़ी झाड़ी है, जो सर्दियों में नीले अथवा सफेद फूलों से भर जाती है। 'एजूरिया' में नीले सुगंधित पुष्प खिलते हैं। 'सुआवेओलेंस' में सफेद सुगंधित पुष्प खिलते हैं। फूल की समाप्ति पर इसकी छँटाई कर देनी चाहिए।

होम्सकिओल्डिया : इसे छोटी-छोटी लाल मोमबत्तियों जैसी आकृति वाले फूलों के कारण 'कैंडल-प्लांट' भी कहते हैं। लगभग दो मीटर ऊँचे पौधे पर अक्तूबर-नवंबर में असंख्य फूल भर जाते हैं। फूलों की समाप्ति पर इसे काट देना चाहिए। बीज व गुट्टी बाँधकर नया पौधा तैयार किया जा सकता है।

घास व लॉन

किसी भी उद्यान अथवा वाटिका की शोभा तब तक अधूरी रहती है, जब तक वहाँ सुंदर, नरम, हरा-भरा घास का लॉन न हो। हरे रंग के बीच फूलों का सौंदर्य और अधिक मनमोहक रूप में उभर कर आता है। साड़ी के बार्डर की भाँति फूलों की क्यारियाँ लॉन को सौंदर्य व गरिमा प्रदान करते हैं। भारत जैसे उष्णकटिबंधीय देश में लॉन उद्यान का विशिष्ट अंग है। वह छोटा-सा क्यों न हो, उसकी हरी आभा न सिर्फ आँखों को सुख प्रदान करती है, अपितु घर की शोभा में भी चार चाँद लगा देती है। नरम-नरम दूब के टुकड़े पर बैठकर आप अपनी शारीरिक पीड़ा व मानसिक तनाव को भुला सकते हैं।

घास का टुकड़ा लगाना जितना सरल होता है लॉन बनाना उतना ही श्रम साध्य है। इसे तैयार करने में समय, श्रम, धैर्य एवं लगन सभी आवश्यक है। घास यदि अच्छी किस्म की हो और ठीक प्रकार से लगाई जाए तो आपका श्रम व्यर्थ नहीं जाएगा। मिट्टी खोदकर घास लगाने भर से ही नरम गद्दा तैयार नहीं हो जाता अथवा किसी भी रसायन को छिड़क देने मात्र से लॉन नहीं बन जाता है। कुछ लोगों को यह भ्रम है कि लॉन के लिए किसी विशेष विधि अथवा नियम की आवश्यकता नहीं होती है, उसे हरा रखने के लिए पानी व यूरिया का छिड़काव पर्याप्त है, यह धारणा गलत है। इस प्रकार घास तो अवश्य लग जाएगी, परंतु उसके रूप व रंग में निखार नहीं आ पाएगा और वह जंगली पौधे सरीखी दिखाई पड़ेगी।

घास वैसे तो कई प्रकार की होती है, परंतु भारत में दूब घास जिसे 'कलकत्ता घास' भी कहते हैं, अधिक प्रयोग में लाई जाती है। यहाँ की भूमि एवं जलवांयु में यही घास अधिक उपयुक्त रहती है। यह घास बीज द्वारा तथा जड़ों को विभाजित करके लगाई जाती है। आजकल 'मैक्सिकन घास' का प्रचलन बढ़ गया है, जो धीमी रफ्तार से बढ़ती है व दूब की भाँति सर्दियों में सूखती नहीं है। इसके पत्ते धागे सदृश पतले, नन्हे व बारीक होते हैं। नीलगिरी घास भी बारीक होती है। यह बिछकर चलती है एवं कालीन-सा बनाती जाती है। आजकल घास के कालीन भी बने-बनाए मिल जाते हैं, जो घास के लिए मैदान तैयार करके उस पर लगा देने पर जम जाते हैं। मैक्सिकन घास की विशेषता यह है कि एक बार विकसित हो जाने पर यह इतनी घनी हो जाती है कि जंगली खरपतवार उगने नहीं देती। इसकी जड़ें इतनी सघनता से जाल बुनती हैं कि उसमें और कुछ भी नहीं उगने पाता है। यदि साहस करके उग आता है और ऊपर

निकल जाता है तो उसे जल्दी अलग कर दिया जा सकता है। यह घास मशीन द्वारा भी काटी जा सकती है, परंतु इसके लिए ध्यान रखना पड़ेगा कि वह लंबी न हो जाए। तब मशीन चलानी कठिन हो जाती है। यह लहरदार कालीन बन जाती है और यही इसका विशेष सौंदर्य है। ढलान वाले क्षेत्रों में यह अत्यधिक सुंदर लगती है। इसके लिए नम भूमि व कम गर्मी ठीक रहती है।

घास लगाने से पूर्व उस जगह की दिशा व स्थिति पर अवश्य ध्यान दें। अच्छी घास को पर्याप्त धूप, प्रकाश एवं सूर्य की आवयश्कता होती है। एकदम छाया वाले स्थान पर घास नहीं पनप सकती। उत्तरमुखी दिशा वाले घरों की छाया उद्यान की धूप को रोक देती है और घास की बजाय वहाँ सीलन रहती है और जंगली पौधे उग आते हैं। ऐसी जगह पर घास यदि मरती नहीं तो पनपती भी नहीं है। इसके लिए पश्चिम, पूर्व एवं दक्षिण दिशा की ओर मुख किए उद्यान अच्छे रहते हैं। लॉन के बीच में बड़े वृक्ष होने पर भी घास नहीं जमती है। वृक्ष की जड़ें दूर-दूर तक फैलकर भूमि से सभी पोषक तत्त्व सोख लेती हैं। लॉन में पानी से निकास का पूरा प्रबंध होना चाहिए। यदि पानी हर समय ठहरा रहेगा तो ऊपर से हरी दिखाई देने पर भी घास की जड़ें सड़ने लगेंगी। यह भी ध्यान रखना चाहिए कि यदि लॉन के बीच से होकर आने-जाने का रास्ता रहेगा तो घास नहीं जमेगी। यदि रास्ता रखना बहुत जरूरी है तो अच्छा यही है कि नदी के गोल पत्थर अथवा लाल या स्लेटी पत्थर लगाकर वहाँ पगडंडी बना दी जाए। घास में अक्सर अवांछित जंगली पौधे खाद के साथ अथवा बीजों के वितरण द्वारा आ जाते हैं। इन्हें एक दिन के लिए भी न रहने दें। तत्काल निकाल दें अन्यथा वे पूरे लॉन को घेर लेंगे। घास समय-समय पर काटते रहना चाहिए। बहुत दिन बाद या बड़ा करके काटने से यह जड़ के पास खराब व भूरी-पीली हो जाएगी। घास का लॉन गर्मियों में हर सप्ताह व सर्दियों में दो या तीन सप्ताह में एक बार जल से भर देना चाहिए। गर्मियों की तपिश भरी दोपहर के बाद शाम को पानी का छिड़काव कर देने के घास में ताजगी बनी रहेगी।

किसी भी घास का लॉन क्यों न बनाएँ, उसके लिए जमीन को भली-भाँति ठीक करना अत्यंत आवश्यक है। जैसा कि पहले भी कहा जा चुका है, 15 सेंटीमीटर जमीन खोदकर घास लगा देने से अच्छा लॉन तैयार नहीं हो सकता है, इसके लिए कम-से-कम एक महीना पूर्व तैयारी शुरू कर देनी चाहिए। उत्तर भारत के मैदानी इलाकों में लॉन लगाने के लिए जमीन अप्रैल में खोद देनी चाहिए और यह खुदाई पर्याप्त गहरी होनी चाहिए। यदि जगह बहुत बड़ी हो और पहले उसकी देखभाल न हुई हो तो हल भी चलवाया जा सकता है। खुदाई के बाद ढेले तोड़कर पत्थर और अवांछनीय पौधों को जड़ समेत अच्छी तरह निकाल देना चाहिए। यदि जंगली पौधे अत्यधिक मात्रा में हों तो खुदाई से पूर्व लॉन की मिट्टी ऊपर से पौधों समेत खुरचकर फेंक देनी चाहिए। खुदाई के बाद मिट्टी को कुछ दिन खुला रखना अच्छा है। सूर्य की किरणें कीटनाशक का कार्य करती हैं। साथ ही उनके संपर्क में आकर मिट्टी में उर्वरा शक्ति भी बढ़ जाती है। यदि नागरमोथा नामक पौधे की गाँठनुमा जड़ें हैं तो उन्हें अच्छी तरह बीन डालिए

और मिट्टी का तेल छिड़ककर आग लगा दीजिए। अच्छी तरह इसलिए कहा गया है कि लॉन का इससे बड़ा शत्रु और कोई नहीं है। एक भी गाँठ रह जाने पर लॉन को घेर लेने में वह देर नहीं करेगी।

जब मिट्टी भुरभुरी हो जाए तो अच्छी तरह पुरानी की गई गोबर की खाद उसमें मिलाएँ और समतल करके पानी से भर दें। अब जो भी अवांछित पौधे होंगे वे एकदम ऊपर को अंकुरित हो जाएँगे और खाद भी नरम होकर मिट्टी में मिल जाएगी। इन पौधों को उखाड़ फेंकिए और सूखने पर एक बार फिर फावड़ा चलाकर बराबर कीजिए। अब घास लगाने के लिए जगह तैयार है। आप चाहें तो घास का बीज बो सकते हैं अथवा उसकी जड़ लगा सकते हैं। आजकल जड़ द्वारा लॉन लगाया जाता है, क्योंकि इससे घास जल्दी फैलती है। परंतु, इसके लिए घास लेते समय यह सावधानी बरतनी चाहिए कि घास ऐसे स्थान से ली जाए जहाँ अवांछनीय पौधे, खर-पतवार बिलकुल न हों, अन्यथा जंगली पौधों के बीज भी साथ में आ जाएँगे। घास की किस्म भी अच्छी होनी चाहिए। घास को जड़ सहित चौड़े खुरपे से लगाकर मिट्टी में भली प्रकार दबाते जाना चाहिए। घास बहुत घनी न लगाएँ क्योंकि एक बार जड़ पकड़ लेने पर यह बहुत शीघ्रता से फैलती जाती है। इसलिए पंद्रह सेंटीमीटर से लेकर तीस सेंटीमीटर तक की दूरी पर लगाना उत्तम है। घास लगाने के बाद पानी का छिड़काव करें। लॉन लगाने के बाद कुछ दिनों तक रोजाना छिड़वाव करते रहें और पानी भी अपेक्षाकृत जल्दी-जल्दी दें। जब घास एक बार उगने लगे तो पानी थोड़ा रोक दें। हाँ, छिड़काव संध्या समय करते रहें। घास जब दस सेंटीमीटर तक लंबी हो जाए तो कैंची से काटकर रोलर फिरा दें। यदि घास काटने की मशीन है तो ब्लेड ऊँचे करके काट सकते हैं, परंतु इस बात का ध्यान रहे कि जमीन गीली न हो अन्यथा मिट्टी मशीन के रोलर से चिपक जाएगी और मशीन का निशान भी पड़ जाएगा।

घास के साथ-साथ अवांछनीय पौधे भी जिनके बीज खाद द्वारा आ जाते हैं—उगने लगते हैं। इन्हें साथ-के-साथ तत्काल लंबी पतली खुरपी से समूल उखाड़ देना चाहिए। इतनी सावधानी के बाद भी यदि नागरमोथा दिखाई दे तो गीली जमीन में खुरपी नीचे गहराई तक ले जाकर उसकी गाँठनुमा जड़ समेत उसे उखाड़कर जला देना चाहिए। घास में यह अवांछनीय पौधे जिस तेजी के साथ स्फुटित होते व बढ़ते हैं, घास उतनी तेजी से नहीं बढ़ती है। घास में इसके अतिरिक्त बथुआ, चौलाई, दूधी, ऑक्सलिस व मोटी पत्ती वाली कई प्रकार की खरपतवार आ जाती है। चौड़ी पत्ती वाले सभी किस्म के अवांछनीय पौधे 2-4 डी. नामक दवा के प्रयोग द्वारा समाप्त किए जा सकते हैं, परंतु नागर मोथा पर इसका प्रभाव नहीं पड़ता है। उसे तो जमीन गहरी खुदवाकर अच्छी प्रकार निकलवाना चाहिए। यदि संभव हो तो मिट्टी बदल दें या छान दें, फिर वहाँ नई घास लगाएँ। चौड़ी पत्ती वाले अन्य सभी जंगली खरपतवार को निकालकर घास पर न रखें, बल्कि अन्य किसी बर्तन में रखते जाएँ, ताकि बीज या पत्ती न गिरने पाए। इन्हें खाद के गड्ढे पर भी न फेंकें। अच्छा तो यही होगा कि इन्हें जला दें। अक्सर माली

खुरपी से छीलकर इन्हें निकालते हैं और इनकी जड़ें जमीन में ही रह जाती हैं या फिर वहीं क्यारी में ढेर बनाते जाते हैं। ऐसा करने से उन्हें रोकिए। घास में रासायनिक खाद का प्रयोग करने से पूर्व यह खरपतवार निकाल देने चाहिए, क्योंकि जल्दी बढ़ने की अपनी प्रवृत्ति के कारण इनका विकास तेजी से ही होगा और भूमि से घास का पोषक हिस्सा ये चट कर जाएँगे।

लॉन पर रोलर चलने से घास का गद्दा अच्छा बनता है। सर्दियों में मशीन का ब्लेड ऊँचा करके घास काटनी चाहिए और बाद में रोलर चलाना चाहिए। वर्षा ऋतु को छोड़कर रोलर चलाते रहना चाहिए। गर्मियों में घास, सर्दियों की अपेक्षा जरा जल्दी-जल्दी काटनी चाहिए। चूँकि वर्षा ऋतु में घास बहुत तीव्रता से बढ़ती है, अतः हर सप्ताह काटनी चाहिए। ध्यान रखें कि गीली घास पर मशीन न चलाएँ। रोलर भी सूखे लॉन पर ही चलाना चाहिए। पानी देने के बाद न तो मशीन चलाएँ न ही रोलर। अच्छा तो यही होगा कि मशीन चलाने के बाद घास में पानी दिया जाए। सर्दियों में सुबह घास पर जो ओस गिरती है, वह घास के लिए बहुत हानिकारक होती है। अतः सुबह नारियल के झाड़ू द्वारा ओस को बुहार देना चाहिए। विशेषकर जिस दिन पाला पड़े, उस दिन ओस को सुबह नारियल के झाड़ू से बुहार कर पानी का हल्का छिड़काव कर देना चाहिए अन्यथा घास पाले से झुलस जाती है। इसी प्रकार वर्षा ऋतु में यदि लॉन में पानी रुक जाए तो एक नाली बनाकर उसे निकाल देना चाहिए अन्यथा रुके हुए पानी से जड़ें गल जाती हैं। बहुत अधिक वर्षा होने पर जमीन भारी हो जाती है, तब वर्षा के बाद दुताली चलाकर जड़ों की सफाई करने के बाद चूने का छिड़काव कर देना चाहिए। दुताली से जड़ें साफ भी हो जाती हैं और सड़ा-गला अंश निकल जाता है। यदि चूने की आवश्यकता अनुभव न हो तो पत्ती की अच्छी पुरानी खाद, गोबर की पुरानी खाद में मिलाकर बारीक कुटवा लें और घास पर एक तह के रूप में बिखेर दें। एक-दो दिन के बाद जब खाद सूख जाए तो नारियल की झाड़ू द्वारा इस खाद को बुहार दें। इससे खाद जड़ों में पहुँच जाएगी व फालतू मोटा कूड़ा ऊपर एक ओर रह जाएगा, जिसे आप बटोरकर हटा दें। पानी इसके बाद दो-तीन दिन ठहर कर दें। आप रासायनिक खाद भी इसी खाद में मिलाकर डाल सकते हैं। इसके लिए 12 भाग अमोनियम सल्फेट, 3 भाग सुपर फास्फेट, 1 भाग पोटाशियम सल्फेट और 4 भाग आयरन सल्फेट का मिश्रण, 1.5 किलोग्राम प्रति 100 वर्गमीटर भूमि के हिसाब से मिलाकर घास पर बिखेर दें और झाड़ू से बुहारकर जड़ों तक पहुँचा दें। रासायनिक खाद डालने के तुरंत बाद पानी दें। यदि पानी भरपूर न दिया गया तो घास जल जाएगी। इसके बाद तीन-चार दिन तक रोज पानी का भरपूर छिड़काव करते रहें। रासायनिक खाद का तरल मिश्रण बनाकर भी इसी अनुपात से डाला जा सकता है। खाद का प्रयोग वर्षा ऋतु की समाप्ति पर सर्दी आने से पूर्व किया जाना चाहिए। इसके अतिरिक्त सर्दी आने पर यूरिया का हलका घोल तैयार करके, हर तीन सप्ताह के बाद छिड़काव करते रहना चाहिए। यह प्रयोग नवंबर के प्रथम सप्ताह से शुरू करके जनवरी के प्रथम सप्ताह तक करना चाहिए।

रासायनिक खाद हल्की मात्रा में, परंतु बार-बार देने से लाभ की संभावना बढ़ जाती है। शीत ऋतु में हर तीन सप्ताह बाद अमोनियम सल्फेट अथवा नाइट्रेट ऑफ सोडा सौ वर्ग मीटर में चालीस ग्राम के हिसाब से डालिए और पानी दीजिए।

वर्षा के दिनों में अक्सर कई बीमारियाँ भी घास में हो जाती हैं। फफूँद लग जाने से घास में भूरे, पीले, गोल-गोल धब्बे बन जाते हैं, इसके लिए बोर्डो मिश्रण का छिड़काव करना चाहिए। घास में अधिक पानी खड़ा हो जाने पर जड़ों के पास हल्की-सी कीचड़ हो जाती है, इसके लिए चूने का छिड़काव 50 ग्राम प्रति वर्ग मीटर के अनुपात से अथवा पोटाशियम परमैंगनेट के घोल का छिड़काव कीजिए। पाइरेथ्रम का एक चम्मच 5 लीटर पानी में घोलकर छिड़काव करने से कीट-पतंगे समाप्त हो जाते हैं। इसी प्रकार डी. डी. टी. अथवा नीले थोथे का छिड़काव करने से गुबरैले आदि समाप्त हो जाते हैं। दीमक एवं चींटियों आदि के लिए एल्ड्रीन का छिड़काव कीजिए। इस बात की पूरी सतर्कता बरतनी चाहिए कि ये कीटनाशक कीड़ों के लिए ही नहीं अपितु मानव एवं पशुओं के लिए भी हानिकारक हैं। यदि आप लॉन में बैठते हैं, आपके बच्चे वहाँ खेलते व लोट लगाते हैं, कुत्ते जैसे पालतू पशु घूमते हैं, तो इनका प्रयोग खतरनाक ही नहीं प्राण घातक भी सिद्ध हो सकता है। स्पर्श में आने पर, साँस द्वारा लिए जाने पर इनका स्वास्थ्य पर बहुत बुरा प्रभाव पड़ता है। अतः कम मात्रा में व हल्के किस्म के कीटनाशक ही प्रयोग में लाने चाहिए।

घास देखने में जितनी मामूली लगती है, रख-रखाव की भी उतनी ही प्रेमी होती है। वर्ष भर हरा-भरा व नरम रखने के लिए निरंतर उसे देखरेख व भोजन की आवश्यकता पड़ती रहती है। पाँच-छह वर्ष के बाद लॉन खोदकर मिट्टी पलटकर दुबारा घास लगा देनी चाहिए। गर्मियों में इसे एक बार खुरपे से अवश्य छिलवा देना चाहिए ताकि नीचे की सख्त घास समाप्त हो जाने पर नए नरम व कोमल अंकुर निकलें। इससे सूर्य की किरणें मिट्टी तक अच्छी तरह पहुँचकर कीड़ों की को मार देती हैं व अवांछनीय पौधे भी झुलस जाते हैं। यह कार्य वर्षा से पूर्व कर देना चाहिए।

अक्सर माली लॉन के किनारे एवं क्यारी के किनारे की घास खुरपे से जड़ तक छील देते हैं, क्योंकि वहाँ मशीन नहीं आ पाती है। जड़ तक छिली हुई घास बहुत भद्दी लगती है। यही नहीं क्यारियों के किनारे पर भी वे मिट्टी से थपक कर व मिट्टी को दबाकर चौड़ा-सा किनारा बना देते हैं। उन्हें ऐसा करने से रोकना चाहिए। घास क्यारी के किनारे तक ही रहनी चाहिए, तब ही सुंदर लगती है। यदि मशीन न चलाई जा सके तो घास को लॉन के समतल कैंची से काट देना चहिए। क्यारी के किनारे वाले छोटे पौधे यदि लॉन पर झुके रहें, तो झुके रहने दीजिए, वह अधिक सुंदर लगेंगे।

बाड़

बाड़ का मुख्य उद्देश्य अवांछनीय तत्त्वों से उद्यान की रक्षा करना है—वह चाहे तेज हवा हो अथवा धूल, शोर, पशु, मनुष्य कुछ भी क्यों न हों। उद्यान की सीमा-रेखा के रूप में दीवार, बेल, लोहे की रेलिंग, लकड़ी की जाफरी, बाँस की खपच्चियाँ, कँटीले पौधे की बाड़ व कैक्टस वर्ग के पौधे लगाए जाते हैं। बाड़ का उपयोगी रूप यदि उद्यान के आकर्षण को बढ़ा न सके तो कम-से-कम घटाए भी नहीं। अतः वह चाहे किसी पौधे की क्यों न हो, उसके सौंदर्य पक्ष की उपेक्षा नहीं की जा सकती है। स्थान के अनुरूप, अनुपात व वातावरण को ध्यान में रखकर बाड़ बनाई जानी चाहिए। छोटी वाटिकाओं में बाड़ के उद्देश्य से यदि लोहे के काँटेदार तार अथवा रेलिंग पर पुष्प वाली लताएँ चढ़ा दी जाएँ तो न केवल घर की गोपनीयता की समस्या हल होगी, बल्कि कम स्थान में रंगीन पृष्ठभूमि बनने से सुंदरता बढ़ेगी। छोटी वाटिका में कुछ भी न हो और पीछे की ओर बिगनोनिया वेनुस्टा अथवा एलेमेंडा जैसी सुंदर पुष्पों वाली लता रेलिंग पर चढ़ी हो तो उस लॉन की सादगी में एक अत्यंत मनमोहक निखार आ जाएगा। बड़ी-बड़ी फूलों की क्यारियों की कमी भी वहाँ खटकेगी नहीं। यदि आपके पास पर्याप्त स्थान है तो बाड़ बनाई जा सकती है। कोई भी सही बाड़ कम-से-कम 30 सेंटीमीटर चौड़ी होती है व अधिकतम 60-70 सेंटीमीटर तक या जहाँ तक आप बनाना चाहें। इसी प्रकार इसकी ऊँचाई भी उद्यान के अनुपात में एक मीटर से लेकर तीन मीटर तक हो सकती है।

बाड़ एकदम ठंडी बर्फीली हवाओं व धूल भरी आँधियों से घर की रक्षा करती है। घर को शीतलता भी प्रदान करती है, उद्यान की चारदीवारी का कार्य करती है व सुंदरता एवं कलात्मक ढंग से काटे जाने पर उद्यान की शोभा बढ़ाती है। प्रचीन भारत की उद्यान प्रणाली में काटी-छाँटी जाने वाली बाड़ का प्रचलन कभी नहीं रहा। पुष्पों वाली विभिन्न प्रकार की झाड़ियों को घना लगाकर बाड़ एवं पुष्प दोनों का लाभ उठाने की ही रीति थी। परंतु यूरोपीय देशों में बाड़ के सौंदर्य व उसकी कटाई की विधि व आकृति पर बहुत ध्यान दिया जाता रहा है। विभिन्न नमूनेदार, लहरियों वाली, तिकोनी, घुमावदार, ज्यामितीय नमूने वाली कटाई होती है। यह एक प्रकार की कला है जिसे टोपोग्राफी कहते हैं। उद्यान-प्रेमी इसे काटने के नए-नए नमूने खोजा करते हैं। इंग्लैंड, फ्रांस, हॉलैंड एवं स्कैंडीनेवियन देशों में बाड़ की कटाई एक कला मानी गई। वास्तव में बाड़ बनाना एक बहुत सूझबूझ व मेहनत का काम है। पौधों का उचित चुनाव व बाड़ की

लंबाई-चौड़ाई एवं ऊँचाई घर व उद्यान के सौंदर्य का मुख्य अंश है।

जैसा पहले कहा चुका है कि जगह कम होने की दशा में बाड़ के पौधे न बोकर फूलों वाली बेलें लगाकर ही हम उद्यान की एकांतिकता एवं गोपनीयता बनाए रख सकते हैं। ये बेलें लकड़ी की खपच्चियों, तारों आदि पर चढ़ाई जा सकती हैं। ये बेलें कई किस्म की भी हो सकती हैं ताकि विभिन्न ऋतुओं में अलग-अलग फूल खिलते रहें अथवा केवल एक ही किस्म की बेल लगाकर एक रंगीन पृष्ठभूमि बनाई जा सके। यदि वहाँ दीवार है तो दीवार की नीरसता को भी लताओं द्वारा समाप्त किया जा सकता है। इस काम के लिए क्लीरोडेंड्रान, बिगनोनिया वेनुस्टा, बैंकसाई गुलाब, बोगनविलिया आदि बहुत अच्छी रहती हैं। लताओं वाले अध्याय में इनका पूरा परिचय दिया गया है। लताओं के चुनाव में आप अपनी रुचि से काम ले सकते हैं। इन्हें काट-छाँटकर आप इच्छानुसार आकार दे सकते हैं। केवल उनकी आवश्यकताओं का ध्यान अवश्य रखें कि उन्हें धूप प्रिय है अथवा छाया। समय-समय पर और विशेषकर फूल आने की ऋतु से पूर्व खाद तथा पानी अवश्य दें।

बाड़ बनाने के लिए सर्वप्रथम 40 से 50 सेंटीमीटर चौड़ी क्यारी खोदनी चाहिए। लंबाई तो आपकी सीमा पर ही निर्भर करती है। इसे कम-से-कम 60 सेंटीमीटर गहरा अवश्य खोदिए। पत्थर आदि निकालें और यदि वृक्ष की जड़ें हों तो उन्हें भी अच्छी तरह निकाल दें। उस नाली में गोबर की पुरानी सड़ी खाद और यदि उपलब्ध हो तो हड्डियों का चूरा व सूखी पत्तियाँ मिलाकर डालिए। फिर निकाली हुई मिट्टी को मिलाकर उसे क्यारी से दस-पंद्रह सेंटीमीटर ऊँचाई तक भर दें। यदि आपके यहाँ की भूमि में दीमक हों तो डी. डी. टी. अथवा एल्ड्रीन या फॉलीडोल भी मिला दें और पानी छोड़ दें। इस प्रकार मिट्टी जितनी बैठनी है उतनी बैठ जाएगी। क्यारी को सूखने के लिए छोड़ दें। यदि मिट्टी बहुत चिकनी हो तो उसमें रेत भी मिला दें। सूख जाने पर क्यारी दुबारा खोदकर समतल करें। अब क्यारी पौधे लगाने के लिए तैयार है।

नर्सरी से जब पौधे खरीदें तो ध्यान रखें कि वह स्वस्थ हों और कम-से-कम 30 सेंटीमीटर ऊँचे अवश्य हों। पौधों के पत्तों की चमक देखिए, उनमें किसी किस्म की बीमारी न लगी हुई हो। पौधे 30 सेंटीमीटर से 40 सेंटीमीटर की दूरी पर लगाने चाहिए। इसके बाद भरपूर तर होने तक के लिए पानी छोड़ दें। वैसे तो वर्षा ऋतु के अतिरिक्त मार्च-अप्रैल, सितंबर-अक्तूबर में पौधे लगाए जा सकते हैं, परंतु यदि आपके पास पानी का प्रबंध संतोषजनक नहीं है तो केवल वर्षा ऋतु में ही पौधे लगाएँ। सितंबर-अक्तूबर के बाद सर्दी आ जाने से पौधों का विकास ठीक प्रकार हो नहीं पाता और कई बार नए पौधे सर्दी सह न पाने से बच नहीं पाते। पौधे लगाने के बाद उसकी रक्षा के लिए काँटेदार झांड़ियाँ अथवा कोई चीज लगा देनी चाहिए, जिससे वह जानवरों के पैरों के नीचे आकर रौंदे न जाएँ। काँटेदार तार भी लगानी चाहिए। जब पौधा चल पड़े तो ऊपर से थोड़ा काट देने से पौधा भर कर चलता है। उसमें और टहनियाँ निकल आती हैं, अन्यथा वह सीधा इकहरी टहनी के रूप में बढ़ता जाता है। गर्मी में नए पौधों को पानी

देने के साथ छिड़काव करके पत्ते भी धोने चाहिए।

साल में एक बार वर्षा ऋतु से पूर्व खाद अवश्य देते रहें। क्यारी साफ करके गुड़ाई करते समय अवांछनीय पौधे निकाल देने चाहिए। बाड़ की कटाई एवं आकार का समय-समय पर ध्यान रखना चाहिए। अब बाड़ के योग्य कुछ महत्त्वपूर्ण पौधों के विषय में निम्न जानकारी प्राप्त करें :

करौंदा : लगभग पूरे भारत में पायी जाने वाली सदाबहार, कँटीली व गोल चमकदार चिकने पत्तों वाली झाड़ी है, जिसे बीज द्वारा तैयार किया जा सकता है। इसका पौधा नीबू के पौधे की भाँति चार मीटर तक ऊँचा चला जाता है। गुलाबी-श्वेत पुष्प गुच्छों में आते हैं, जो श्वेत खट्टे बेरनुमा हो जाते हैं। पकने पर फलों से लदी इसकी बाड़ अत्यंत सुंदर लगती है। पत्ते व टहनी तोड़ने पर दूध जैसा चिपचिपा पदार्थ अथवा लेटेक्स निकलता है। अत्यंत घनी व काँटेदार होने के कारण सुरक्षा की दृष्टि से यह अत्यंत उपयुक्त है। इसकी टहनियों में सफेद कीड़ा-सा चिपक जाता है जिसके लिए मेलाथियान का प्रयोग करना चाहिए।

कैजयूराइना : यह एक अत्यंत सुंदर पौधा है, जो शीघ्रतापूर्वक बढ़ता है। इसके पत्ते पतले तिनकों के समान होते हैं। यह पेड़ दूर से देखने पर चीड़ जैसा भ्रम देता है। यह पूरे वर्ष हरा रहता है और इसकी बाड़ को किसी भी ऊँचाई व आकार में काट सकते हैं। अधिक पानी व देखभाल दोनों के अभाव के बावजूद यह खूब हरा रहता है।

बबूल अथवा कीकर : उत्तर भारत में कीकर की झाड़ियाँ बाड़ बनाने के लिए काफी लोकप्रिय हैं। काँटेदार व वर्ष भर हरी रहने के कारण अक्सर इसे पसंद किया जाता रहा है। पत्ते छोटे-छोटे होते हैं व सिवाय बकरी के और कोई पशु इसे नहीं खाता है। यह बीज द्वारा भी तैयार कर ली जाती है और अत्यंत शीघ्रता पूर्वक बढ़ती है। पानी की आवश्यकता इसे भी कम होती है।

जैंत : इसे शेवरी या ढेंचा भी कहते हैं। यह उत्तर भारत में बहुत प्रचलित है। इसका पौधा अत्यधिक तेजी से बढ़ता है। इसका उपयोगी पक्ष यही है कि यदि आप कम समय में एक पर्दा-सा तैयार करना चाहते हैं तो जैंत लगाइए।

जस्टीशिया : यह पौधा अत्यंत सुंदर पुष्प वाला होता है। इसमे कई किस्में मिलती हैं, 'जेंडरुसा' के पुष्प सफेद, परंतु मटमैलापन लिए हुए होते हैं, जबकि 'कोक्सीनिया' के फूल लाल रंग के होते हैं और यह वर्ष भर सुंदर हरे पत्तों से भरा रहता है।

जैक्यूनिया : एक से डेढ़ मीटर की ऊँचाई तक जाने वाली यह गहरे हरे रंग की वनस्पति एक अत्यंत सुंदर झाड़ी है। इसकी पत्तियाँ पतली, लंबी व सुई की नोक के समान तीखी होती है। ग्रीष्म ऋतु में इसमें छोटे-छोटे सितारे के समान चटक नारंगी रंग के फूल आते हैं जो देखने में अत्यंत सुंदर लगते हैं। इसकी लकड़ी अत्यंत कठोर होती है और यह पौधा कठिनाई से तैयार होता है। इसकी एक किस्म 'आरमीलेरिस' के पुष्प श्वेत होते हैं। वेस्टइंडीज में इसके बीजों से ब्रेसलेट बनाए जाने के कारण इसे 'ब्रेसलेटवुड प्लांट' भी कहते हैं।

बेर : अत्यंत दृढ़ क्षमता वाला यह पौधा तीखे काँटों वाला होता है। एकदम सूखा व अत्यधिक वर्षा दोनों को सहने की इसमें असाधारण क्षमता होती है। बीज द्वारा इसके पौधे तैयार कर लिए जाते हैं।

कामिनी : (मोरय्या) यह पौधा बाड़ के लिए अत्यंत उपयुक्त एवं लोकप्रिय है। यह एक छोटे वृक्ष के समान आठ मीटर तक आकार प्राप्त कर लेता है। ठीक प्रकार से देखभाल करते रहने पर इसकी बाड़ अत्यंत घनी हो जाती है और उसे कोई भी आकृति व रूप देकर काटा जा सकता है। ग्रीष्म ऋतु से लेकर सर्दियों के प्रारंभ तक इसमें श्वेत, सुगंधित पुष्प गुच्छों में खिलते रहते हैं। ये गहरे हरे रंग के चमकदार पत्तों में आकर्षक लगते हैं। कभी-कभी इसमें फूफँद का रोग भी लग जाता है जिसमें टहनियाँ सूखती जाती हैं। रोगी पौधों को निकाल कर फेंक दें और शेष में फूफँद नाशक दवा का छिड़काव करें। यह पौधा बीज द्वारा तैयार होता है और पकने पर इसके फल लाल नन्ही-नही बेरी के समान चमकते हैं।

मेहँदी : मेहँदी की बाड़ कम पानी वाले प्रदेशों मे खूब प्रचलित है। सर्दियों में इसके पत्ते झड़ जाते हैं तब यह भद्दी लगती है। गर्मी एवं वर्षा में नन्हे-नन्हे पत्तों से भर जाती है।

कुरी (ललटेना) : यह एक जंगली पौधा है, जो फैल जाने पर परेशानी का कारण बन जाता है, फिर भी बहुत आसानी से जल्दी तैयार हो जाने के कारण काफी प्रचलित है। खूब ऊँची, घने पत्तों वाली काँटेदार टहनियाँ होने के कारण पशु इसे नहीं खाते। पीले, नारंगी, सफेद, लाल, नीले, जामुनी नन्हे-नन्हे फूल एक गुच्छे के रूप में होते हैं। हरे छोटे-छोटे गोल फल भी अत्यंत सुंदर लगते हैं, जो बाद में एकदम काले हो जाते हैं। इसकी विभिन्न किस्में उपलब्ध हैं।

जंगल-जलेबी : यह एक काँटेदार एवं शीघ्रता से बढ़ने वाला पौधा है, परंतु देखने में बहुत अधिक सुंदर नहीं लगता। कम समय में परदा बनाने के लिए यह उपयुक्त है।

पुत्रंजीवा रौक्सबर्गाई : यह एक विशाल वृक्ष है, फिर भी सदाबहार प्रकृति के कारण बाड़ बनाने के लिए बहुत प्रचलित है। लगभग 30 से 35 सेंटीमीटर लंबे, पतले, लहरियादार पत्ते नीचे की ओर झुके रहते हैं। यह अत्यंत कठोर प्रकृति वाला पौधा है। इसकी बाड़ इससे चार मीटर तक ऊँची बनाई जा सकती है। यह बीज द्वारा बनाया जाता है और शीघ्रता से बढ़ता है।

डोडोनिया विस्कोसा : डोडोनिया बाड़ बनाने के लिए अत्यंत प्रचलित है। चिकने, लंबे, हल्के हरे रंग के पत्तों में 'नन्हे' फीके पीले रंग के फूल खूब अच्छे लगते हैं। यह बीज द्वारा तैयार किया जाता है और जल्दी बढ़ भी जाता है, परंतु इसकी आयु कम होती है। इसकी लकड़ी बहुत सख्त होती है। सूखी व गर्म जलवायु इसे प्रिय है।

दुरांता रेपेंस : दुरांता अपने लहरियादार गोल पत्तों एवं काँटेदार सघन टहनियों के कारण बाड़ के लिए बहुत प्रचलित है। इसकी बाड़ अधिक ऊँचाई के लिए ठीक नहीं रहती। ग्रीष्म ऋतु में इस पर बैंगनी-नीले रंग के कोमल पुष्प गुच्छों में आते हैं जो बाद

में नारंगी रंग के बेरनुमा बीजों में बदल जाते हैं। इस पौधे को अधिक पानी पसंद है। इसमें एक सफेद हरे रंग के चितकबरे पत्तों वाली 'वेरीगेटा' एवं पीले सुनहरे पत्तों वाली किस्म भी आती है जो अत्यंत सुंदर लगती है।

इनके अतिरिक्त बहुत-सी फूलों वाली झाड़ियाँ भी होती हैं, जो बाड़ बनाने के लिए प्रयोग में लाई जा सकती है। जैसे गुड़हल, कनेर, जट्रोफा, टिकोमा लेगरस्ट्रोमिया एवं गालफीमिया आदि। इनके साथ केवल एक सावधानी बरतनी चाहिए कि इनकी कटाई फूलों की समाप्ति पर होनी चाहिए। कभी-कभी छायादार जगह होने पर यह फूलों वाले पौधे सफलता पूर्वक नहीं उगाए जा सकते। ऐसी स्थिति में अकेलीफा, क्रोटन, थूजा जैसे पौधे अपने पत्तों के आकार एवं रंग द्वारा अच्छी आकर्षक पृष्ठभूमि तैयार कर देते हैं। थूजा मोर-पंखी अथवा सरु धूप वाले स्थानों पर भी सफलता पूर्वक उगाया जा सकता है। अपने सदाबहार नन्हे-नन्हे पत्तों द्वारा बिना कटाई के पास-पास लगे पौधे सुंदर लहरियादार बाड़ का काम कर देते हैं। इरेंथिमम, स्ट्रोबिलेंथस व क्रोसेंड्रा सुंदर पुष्पों वाली झाड़ियाँ हैं, जो बाड़ के लिए अच्छी रहती हैं। इन झाड़ियों के अतिरिक्त कुछ ऐसी लताएँ भी हैं जो पर्दा करने के लिए उपयुक्त हैं। काँटेदार तार, रेलिंग अथवा दीवार के सहारे इन्हें चढ़ाकर फूलों का आनंद लिया जा सकता है। क्लीरोडेंड्रान, बोगन विलिया, आइपोमिया, थनबर्जिया, बिगनोनिया हरी-भरी रहती हैं। वर्ष में कई बार इनमें फूल भी आते हैं, लताएँ जिनमें पतझड़ आता हो बाड़ के लिए उपयुक्त नहीं रहतीं। सुरक्षात्मक दृष्टि से कैक्टस जैसी काँटेदार बाड़ पशुओं से रक्षा के लिए अच्छी रहती है।

कभी-कभी लॉन अथवा क्यारी के किनारे के रूप में छोटे-छोटे रंगीन पत्तों वाली सदाबहार बाड़ भी बनाई जाती है। यह एक तरह से उद्यान व सड़क के बीच की सीमा-रेखा का कार्य अधिक करती है। यह 15 से 30 सेंटीमीटर तक ऊँची होती है। इसमें 'आल्टरनैंथरा' नामक एक छोटा ब्राजील निवासी पौधा, फुटपाथ व क्यारी के किनारे लगाने के लिए बहुत प्रचलित है। इसके पत्ते गोल, छोटे व कुछ-कुछ लहरियादार, पीले, लाल, हरे, गुलाबी, भूरे नारंगी आदि मिले-जुले रंगों वाले होते हैं और अत्यंत आकर्षक लगते हैं। वर्षा ऋतु में इसकी जड़ों को विभाजित करके नए पौधे तैयार किए जा सकते हैं। इसकी 'स्पेथुलाटा', 'ट्राईकलर' आदि किस्में उपलब्ध हैं।

'यूपेटोरियम' भी एक छोटा पौधा है, जो 'ओडोरेटम' व 'एस्परम' आदि कई किस्मों में मिलता है। समय-समय पर इसकी कटाई करके इसे इच्छानुसार आकार दिया जा सकता है। इसमें हल्के पीले गुलाबी फूल आते हैं। ओडोरेटम में फूल सुगंधित होते हैं।

कंदमूल वाले फूल

जिस पौधे की जड़ कंद, गाँठ, फल आदि के रूप में हो तथा पौधा उसी के सहारे चलता व खिलता हो उसे 'बल्ब्स पौधे' अथवा कंदनुमा पौधे कहते हैं। यह कंदनुमा जड़ कई प्रकार की होती है। **बल्ब** मूल वाले पौधे वास्तव में वे होते हैं जिनके तने वाला भाग भूमि के भीतर होता है, परंतु यह गोलाकार और परतदार होता है। यह परत पत्तियों अथवा तहदार पत्तियों से बना होता है व पौधे का मूल भाग उसके केंद्र में सुरक्षित रहता है। इनकी बाहरी परत सूखने पर कागज की तरह हो जाती है। 'डेफोडिल', 'प्याज', 'लिली' आदि इसी वर्ग के भीतर आते हैं। **कोर्म** का कंद देखने में बल्ब के समान होता है, परंतु उसका विकास वाला अंश केंद्र में न होकर ऊपर के सख्त भाग में होता है। 'क्रोक्स', 'ग्लेडियोलस', 'फ्रीज़िया' आदि इसी वर्ग में आते हैं। **राइज़ोम** में जड़ गाँठदार होती है जिसका मोटा सख्त तने वाला भाग भूमि के अंदर बेल की तरह अगल-बगल फैलता जाता है। 'अदरक' व 'आइरिस' इसी वर्ग में आते हैं। घास भी अपने पतले तने द्वारा इसी प्रकार फैलती है। **ट्यूबर** जमीन के अंदर का मोटा सख्त कंद होता है और राइज़ोम की भाँति फैलता जाता है। यह राइज़ोम से मोटा व गोलाकार होता है। 'डहलिया', 'आलू', 'बिगनोनिया' इसी वर्ग में आते हैं। इस अध्याय में विभिन्न प्रकार के कंदमूल वाले पौधों का विवरण दिया जाएगा।

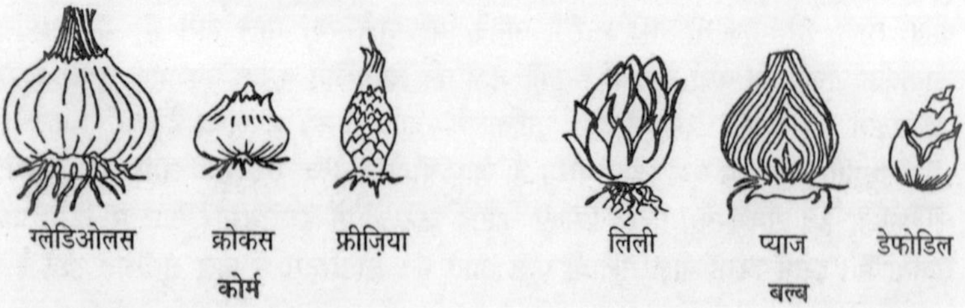

कंदमूल वाले पौधे अलग-अलग जलवायु, तापमान व स्थानों में विभिन्न प्रकार के होते हैं। यह आवश्यक नहीं है कि जो पौधा पर्वतीय प्रदेश में अच्छी तरह पुष्पित हो जाए, वह मैदानी क्षेत्रों में भी फूल दे। कई बार ये पौधे पहली ऋतु में फूल तो देते हैं, परंतु स्थान परिवर्तन के कारण बाद में फूल देना बंद कर देते हैं। कई तो स्थान परिवर्तन के बाद नई जगह व तापमान को ही स्वीकार नहीं करते। इनकी कंदनुमा जड़ ही इनका

आइरिस कैला ट्यूबर बिगोनिया आलू रेननकुलस

राइज़ोम ट्यूबर

जीवन होती है, अतः इसके ठीक रख-रखाव पर ही इनका जीवन निर्भर करता है। आप बाहर कहीं से भी यदि कंद लाएँ या मँगाएँ तो साथ ही उसके निर्देश व नियमावली अवश्य पढ़ें। यदि अपने परिचित व्यक्ति या शहर की नर्सरी से खरीदा हो तो उसे बोने का समय, खाद, पानी, संबंधी निर्देश अवश्य पूछ लें, यही फूल को प्रभावित करते हैं। इन्हें किसी प्रकार की चोट, नमी आदि से बचाना चाहिए। जख्मी, बीमार, सिकुड़े हुए, सूखे अथवा गले और दबे हुए कंद अपरिपक्व अवस्था में खोद लिए जाएँ तो भी उनके सड़ने व गलने का भय रहता है। ठीक समय व दशा में उन्हें ठीक प्रकार से कीटाणु व कीड़ों से बचाकर सूखे स्थान में सुरक्षित रखना चाहिए।

कंद पोटाश युक्त भूमि के विशेष प्रेमी होते हैं। कंद का सुगठित एवं स्वस्थ होना उसकी पहली आवश्यकता है। इनकी क्यारी तैयार करते समय अच्छी तरह सड़ी हुई गोबर की पुरानी खाद, लकड़ी के कोयले की राख व नदी की रेत मिट्टी में अच्छी तरह मिला देनी चाहिए। रेत डालने से मिट्टी हल्की व भुरभुरी हो जाती है। गमलों में भी कंद बोते समय राख व रेत अवश्य मिलानी चाहिए। इससे पानी का निकास अच्छा हो जाता है व हवा के आने-जाने की संभावना बढ़ जाती है। हड्डी का चूरा भी खाद के साथ अच्छी तरह मिला देना चाहिए। कली निकलने का समय आने तक नीम अथवा सरसों अथवा तिल की खली की तरल खाद तैयार करके डालने पर फूल के रंग और आकार पर अच्छा प्रभाव पड़ता है। पोटाश के अतिरिक्त इन्हें रासायनिक खाद अधिक नहीं देनी चाहिए, यदि देनी हो तो वह भी प्रारंभिक अवस्था में बुआई के समय ही दें। खली की तरल खाद फूल की समाप्ति के बाद भी देते रहना चाहिए, इससे कंद स्वस्थ व रोग रहित बनता है। फूल अधिक दिन तक खिले रहें इसलिए फूल के बीच पुंकेसर को तोड़ दिया जाता है। कंद वाले कुछ पौधे बहुत ऊँचे होते हैं और कंद उनकी ऊँचाई, भार नहीं सह सकता है, इसलिए पौधे टेढ़े-मेढ़े हो जाते हैं। इनमें 'ग्लेडिओलस' व 'फ्रीज़िया' आदि प्रमुख हैं। अधिक पानी मिल जाने से भी ये एकदम टेढ़े हो जाते हैं क्योंकि इनकी कंदनुमा जड़ धरती के सतह के पास होती है, वह लंबे पौधों के भार से टेढ़ी हो जाती है। ऐसे पौधों के फूलों की लंबाई का ध्यान रखके उनके साथ बाँस की खपच्ची सहारे के लिए लगा देनी चाहिए। फ्रीजिया के पौधों के साथ भी खपच्ची लगानी चाहिए। यह खपच्ची कीटनाशक घोल में डुबोकर लगानी चाहिए, ताकि दीमक का भय न रहे।

कंद को सँभालते समय भी बहुत ध्यान पूर्वक रखना चाहिए। जब फूल समाप्त

हो जाए तब पानी बहुत कम देना चाहिए और तब ही तक दें जब तक वनस्पति भाग हरा हो। जब पत्ते पीले पड़ने लग जाएँ तब पानी बिलकुल न दें। कंद को सावधानी पूर्वक खोद लें और मिट्टी झाड़कर किसी छायादार स्थान पर सूखने के लिए रख दें। बंद करने से पूर्व कीटनाशक फफूँदनाशक औषधि का छिड़काव करके सूखे स्थान पर सुरक्षित रख दें। जब बोने का समय आए, तब बोने के बाद गमले को पहले छायादार स्थान में रखें। गमले में पानी न भरें बल्कि हल्का छिड़काव करें। जब कंद में अंकुरण होने लगें तब गमले को धूप में रखें। इससे पौधा अधिक स्वस्थ होता है। नारियल के रेशे को भी कीटाणुरोधी बनाकर उनमें कंद बोए जा सकते हैं।

अमोमम : घनी छाया व पर्याप्त जलप्रेमी यह पौधा लंबी पत्तियों वाला होता है। इसके पीले कत्थई रंग के पुष्प आकार में छोटे होते हैं।

ऑर्निथोगेल्म : 'स्टार ऑफ बेतलहम' नाम से प्रसिद्ध यह अत्यंत सुंदर पौधा है। इसकी पत्तियाँ प्याज की भाँति नीचे आधार के पास से निकलकर चारों ओर फैलती हैं, जिनके बीच में से नाजुक टहनी निकलती है जो कि लगभग तीस सेंटीमीटर ऊँची होती है। इसी टहनी पर नन्हे-नन्हे श्वेत सितारेनुमा, छह पंखुड़ी वाले पुष्प ज्वार की बाल की तरह खिलते हैं, जो अत्यंत आकर्षक होते हैं। इसी में एक किस्म में टहनी नीचे चारों ओर फैली रहती है व टहनी के अग्र भाग में चक्राकार रूप में फूल खिलते हैं। ये फूल सुगंध रहित होते हैं। ये कंद अक्तूबर के पहले सप्ताह में बो देने चाहिए। फरवरी के अंत तक इसमें फूल आ जाते हैं। कंद को बोते समय गहरा दबाना चाहिए। कंद का नोकदार भाग ऊपर की ओर रहना चाहिए।

आइरिस : लगभग दो सौ किस्मों वाला गाँठदार राइजोम व बल्ब दोनों प्रकार के कंद वाला पुष्प यूरोप का अत्यंत लोकप्रिय पुष्प है। आइरिस का अर्थ है 'आँख की पुतली' जो कि शायद इस पुष्प के केंद्र में बने आँख की पुतलीनुमा चटक भाग के कारण पड़ा। मैदानी भागों में यह अपेक्षाकृत कठिनाई से होता है। खुली धूप इसे प्रिय है। सीधे नुकीले चपटे तलवार जैसे पत्ते के बीच फूल एक टहनी पर खिलता है। इसके फूल श्वेत, नीले, पोले व बैंगनी रंग के होते हैं। एक टहनी पर एक ही फूल टहनी के अग्र भाग में खिलता है। इस फूल में सुगंध नहीं होती है।

ऑग्ज़ेलिस : खरपतवार की तरह फैलने वाला, लगभग दो सौ किस्मों वाला यह पौधा अपने चिकने नरम पत्तों व आकर्षक फूलों के कारण बहुत पसंद किया जाता है। इसकी पत्तियाँ तीन दलों में जुड़ी होती हैं और इतनी चिकनी होती हैं कि उन पर पानी नहीं ठहरता है। इसके पुष्प 'बटर कप' फूलों के समान इकहरी पंखुड़ी वाले, लेकिन पीछे की ओर धतूरे के फूलों की भाँति जुड़े हुए होते हैं। यह फूल धूप निकलने पर ही खिलते हैं। इनमें श्वेत, पीला, गुलाबी व बैंगनी रंग ही पाया जाता है। पत्थरों के बीच पहाड़ीनुमा उद्यान, ढलानों, टोकरियों व गमलों में अत्यंत सुंदर लगते हैं। इसके छोटे-छोटे कंद अक्तूबर में बोए जाते हैं।

इक्सिया : पच्चीस से तीस सेंटीमीटर लंबी पतली डंडीनुमा टहनी पर सितारे के

समान पाँच पंखुड़ी वाला यह पुष्प अत्यंत ही नाजुक है। इसके फूलों की अनोखी रंग योजना ही इसका विशेष आकर्षण है। बासंती पीले फूल का केंद्र भाग चटक लाल, नारंगी रंग का सुनहरा, सफेद फूल का चटक लाल आदि इसे अत्यंत आकर्षक बना देते हैं। फ्रीज़िया की भाँति इसे खुली धूप व देखभाल चाहिए। इसके कोर्मनुमा कंद को कम-से-कम पाँच सेंटीमीटर दबाना चाहिए। इसकी एक किस्म में हरीतिमा लिए नीले पुष्प का केंद्र भाग गहरा जामुनी–लगभग काला जामुनी होता है जो कि अत्यंत मनोहर लगता है।

एकिमिनीस : पिटूनिया जैसे फूलों वाला ट्यूबरनुमा कंद वाला यह फूल 'हाट वाटर प्लांट' के नाम से प्रसिद्ध है। अधिक गर्म एवं नम जलवायु के प्रति प्रेम के कारण ही शायद इसे यह नाम मिला हो। मार्च माह में नारियल के रेशे को नम करके इसके ट्यूबर दबा दिए जाते हैं, जब इसमें अंकुरण हो जाता है, तब इसे गमले में लगा दिया जाता है। इसकी जड़ बहुत गहराई में नहीं जाती है और टहनियाँ निकलकर चारों ओर फैलने लगती हैं। लटकती टोकरियों एवं खिड़कियों में रखे गमलों में चारों ओर लटकती इसकी टहनियाँ एवं फूल अत्यंत आकर्षक लगते हैं। इसमें बैंगनी, लाल व गुलाबी रंग के फूल खिलते हैं, परंतु मैदानी भागों में बैंगनी रंग के फूलों वाली किस्म ही अधिक सफल रही है।

एनीमोन : ग्रीक शब्द, जिसका अर्थ है हवा इसीलिए इसे 'विंड फलावर' भी कहते हैं। यह यूनान से ही पूरे विश्व में फैला है। अत्यंत आकर्षक विभिन्न रंग के फूलों वाला यह ट्यूबरनुमा कंद वाला पौधा है। इसका कंद कम-से-कम छः सेंटीमीटर गहरा बोना चाहिए और बोने के बाद उस पर सूखी रेत डाल दें। हल्की व पुरानी खाद इसे बहुत प्रिय है। लाल, नीला, बैंगनी, गुलाबी, पीला, नारंगी, सफेद आदि विभिन्न रंगों के इकहरी व दुहरी पंखुड़ियों वाले फूल इसमें खिलते हैं।

एमारिलिस : इसे 'बेलाडोना लिली', 'बारबडोस लिली' एवं 'नाइट स्टार लिली' भी कहते हैं। उत्तरी भारत के मैदानी भागों में इसका कंद दिसंबर जनवरी में मिट्टी के साथ रेत मिलाकर बो दिया जाता है। मार्च के अंत में इसमें फूल खिलने लगते हैं। आमतौर से पाया जाने वाला यह बहुत ही सरलता से होने वाला फूल है। पुरानी क्यारी की या तो हर दो साल में खाद मिट्टी बदल दें अथवा उसमें नियम पूर्वक खाद व तरल खाद कली आने से पूर्व अवश्य डालें।

एगापेंथस : इसे 'अफ्रीकन स्टार लिली', 'ब्लू अफ्रीकन लिली' एवं 'नाईल लिली' के नामों से भी पुकारा जाता है। पर्वतीय क्षेत्रों में अपने नीले पुष्प गुच्छों के द्वारा, जो कि टहनी के अग्रभाग में खुले छाते के समान खिलते हैं, यह आसानी से पहचाना जाता है। मैदानी क्षेत्रों में इसका गमला बरामदे में रखना चाहिए। सर्दियों में जब इसकी गाँठदार कंद सूख जाती है, तब उसे वैसा ही पड़ा रहने देना चाहिए।

एरम : खूबसूरत एवं नाजुक पत्तियों वाला यह एक सुंदर फूल है जो कि मार्च-अप्रैल में खिलता है। इसे पानी बहुत प्रिय होता है, अतः पर्वतीय क्षेत्रों में पानी के किनारे मिलता है। जब फूल न भी हो इसके पौधे को पानी देते रहना चाहिए। इसके पुष्प प्यालेनुमा होते हैं।

क्राइनम : 'क्राइनम' एवं 'क्रिटेंथस' पौधे गर्म एवं नम जलवायु में होते हैं। 'बंगाल लिली', 'जॉम्बैसी लिली', 'सेंट जोंस लिली', 'फ्लोरिडा लिली' आदि विभिन्न नामों से पुकारे जाने वाले इस फूल को बंगाली में 'सुख दर्शन' भी कहते हैं। कुप्पीनुमा ये फूल चार अथवा पाँच के समूह में टहनी के अग्रभाग में चारों ओर झूमर-से लटकते रहते हैं और अत्यंत आकर्षक लगते हैं। सिल्हट के दलदली प्रदेश में श्वेत सुगंधित हल्की गुलाबी, जामुनी धारी वाले पुष्प बहुतायत से पाए जाते हैं। छायदार स्थान व पानी इसे बहुत पसंद हैं।

कूपेरिया : 'कूपेरिया', 'जेफरेंथस' क्रोकस से मिलते-जुलते पुष्प हैं जो कि ग्रीष्म एवं वर्षा ऋतु में खूब खिलते हैं। कूपेरिया पुष्प की पंखुड़ियाँ गोलाकार आकृति में होती हैं, जेफरेंथस की पंखुड़ियाँ नुकीली व सीधी होती हैं। दोनों की पंखुड़याँ नीचे नलीनुमा भाग में आपस में जुड़ी रहती हैं। क्यारी के किनारे पत्थरों एवं घास के बीच जलाशय के किनारे पेड़ के नीचे अथवा पगडंडी के किनारे खिले इसके पुष्प अत्यंत आकर्षक लगते हैं। पेड़ के नीचे दूर-दूर तक बिखरे इसके पुष्प एक घाटी का दृश्य उपस्थित कर देते हैं। जेफरेंथस को 'फ्लावर ऑफ विंड' भी कहते हैं क्योंकि ये हवा के बहाव के साथ-साथ फैलते जाते हैं। कूपेरिया को 'थंडर लिली' भी कहते हैं क्योंकि वर्षा की अच्छी बौछार पड़ने के चौबीस घंटों के भीतर इसके फूल खिल जाते हैं। वर्षा की हर बौछार फूलों की बौछार लेकर आती है। ये फूल श्वेत, पीले, हल्के गुलाबी, गहरे गुलाबी रंग के होते हैं।

कैम्फेरिया : भूमि से लगभग चिपककर चलने वाले इस फूल को 'भूइन चंपा' भी कहते हैं। ट्यूबरनुमा कंद के, बिना टहनी वाले इस पौधे में अत्यंत आकर्षक फूल आते हैं। पेड़ों के नीचे छायादार स्थानों में यह अत्यंत सुंदर पौधा है। फूल धारीदार लाल जामुनी रंगों के होते हैं।

कोस्टस : कोस्टस व करक्यूमा गर्म जलवायु के पौधे हैं, जिनका कंद अदरक के समान होता है। फूल पीले, नारंगी व श्वेत खिलते हैं।

क्रोक्स : केसर, जाफरान के नाम से प्रसिद्ध यह पुष्प अत्यंत सुंदर व हल्की सुगंध वाला होता है। फूल आकार में जेफरेंथस जैसे होते हैं, परंतु पत्ती व फूल की पंखुड़ी मोटी और सुंदर बनावट वाली होती है। पत्ते फूल की समाप्ति पर आते हैं। सफेद, पीले, नीले, गुलाबी, बैंगनी कई रंगों कें फूल आते हैं।

कोनवलेरिया : 'लिली ऑफ वैली' 'स्नोड्राप' आदि नाम से प्रसिद्ध छोटी-छोटी श्वेत घंटीनुमा फूलों वाला यह अत्यंत कमनीय पौधा है। पत्तें चौड़े व गहरे चमकदार हरे रंग के होते हैं, बीच में से निकली पतली डंडीनुमा टहनी के दोनों ओर नाजुक लटकी घंटियाँ अत्यंत आकर्षक लगती हैं। इसके कंद को बोने के बाद शुरू में अँधेरे स्थान में रखना चाहिए, जब फूल की टहनी खिलने, लगे तब उसे खुली धूप में रखना चाहिए।

ग्लेडियोलस : मूलतः अफ्रीका निवासी यह पौधा अपने रंग बिरंगे भव्य फूलों के कारण अत्यंत लोकप्रिय है। इसके पत्ते चपटे, सीधे व नुकीले होते हैं जो कि जड़ के साथ खड्ग की भाँति सीधे ही निकलते हैं। इसीलिए इसे यह नाम मिला, जिसका लैटिन में अर्थ है 'तलवार'। इसका पुष्प पत्तों के बीच में से निकली एक लंबी डंडीनुमा टहनी

में नीचे से ऊपर तक खिलता जाता है, जो देखने में कुछ-कुछ 'केना' के फूल के समान लगता है। एक स्वस्थ फूल में एक टहनी में तेरह से लेकर उन्नीस तक फूल खिलते हैं, जो कि एक साथ न खिलकर एक-एक करके खिलते जाते हैं। इसका कंद कोर्म होता है। खुली धूप, रेतीली परंतु खाद से भरपूर मिट्टी इसे पसंद है। मैदानी भागों में अक्तूबर के प्रथम सप्ताह में लगने से जनवरी के अंत तक फूल खिलने लगते हैं। चूँकि इसका कंद धरती में सतह के पास रहता है इसलिए इसके पुष्प को सहारा देना पड़ता है, अन्यथा इसके बोझ से पौधा उखड़ जाता है अथवा उसकी जड़ के पास रेत व पत्ती की खाद मिलाकर चढ़ा दें। इसमें श्वेत, पीला, गहरा पीला, केसरी, तरबूजी, गुलाबी, नारंगी, लाल, बैंगनी, नीला आदि कई रंगों के फूल खिले होते हैं। इसे गमले व क्यारी दोनों में लगाया जा सकता है।

ग्लोक्सीनिया : इसकी देखभाल बिगनोनिया की तरह करनी पड़ती है। तेज हवा एवं धूप से इसकी रक्षा करनी चाहिए। सुबह की धूप इसे प्रिय है। पौधे की समान बढ़वार के लिए गमले को चारों ओर घुमाते रहना चाहिए। चूहे इसके कंद के प्रेमी होते हैं। अतः उनसे इसकी रक्षा करनी चाहिए।

गॉलटोनिया : लगभग एक मीटर से अधिक ऊँचा यह दक्षिणी अमरीका का सुंदर पौधा है, जिसके घंटीनुमा पुष्प श्वेत मोम जैसी सख्त पंखुड़ी वाले होते हैं। इसकी कंदनुमा जड़ें धरती में रखी रहती हैं। तेज धूप व भरपूर खाद इसे पसंद है।

नरगिस : संसार के सुंदर फूलों में से एक है। 'डेफोडिल', 'जॉन्कवील' व 'नरगिस' एक परिवार के पौधे हैं, जो कि पंखुड़ी के बीच रखी अपनी कटोरीनुमा पुष्प के कारण अत्यंत आकर्षक लगते हैं। इन पंखुड़ियों के भीतर प्यालेनुमा पीले रंग का एक और पुष्प होता है। यह फूल मधुर गंध वाले होते हैं। इन्हें नौ सेंटीमीटर गहरे बोना चाहिए। पीले रंग का बड़े प्याले वाला पुष्प डेफोडिल कहलाता है। नरगिस मैदानी भागों में अत्यंत सरलता पूर्वक उगाया जा सकता है।

नाइफोफिया : चटक लाल पीले फूलों की लंबी मशाल जैसी बाल के कारण इसे 'टॉर्च लिली' भी कहते हैं। इसके सदाबहार पत्ते घास की तरह होते हैं। इसके फूल की टहनी कभी-कभी एक मीटर लंबी तक चली जाती है, फूल नीचे से ऊपर तक खिलते जाते हैं और दूर से देखने पर एक जलती मशाल के समान लगते हैं। इसे मार्च-अप्रैल में बोया जाता है। ताकि जून-जुलाई में इसके फूल प्राप्त किए जा सकें। इसके कंद खूब गहराई में दबाने चाहिए एवं अंकुरण के समय खूब पानी देना चाहिए।

नेरीन : दक्षिणी अफ्रीका का निवासी यह अत्यंत कमनीय पुष्प है, जो कि वर्षा ऋतु में खिलता है। तीस सेंटीमीटर लंबी टहनी में गुलाबी नाजुक घुमी हुई पंखुड़ी वाले फूल अग्रभाग में खुले छाते की तरह खिलते हैं। इस पौधे में फूल पहले खिलता है व पतली लंबी पत्तियाँ फूल समाप्त होने के बाद आती हैं। इसके फूल का आकर्षण उसके लंबे पुंकेसर होते हैं, जो बाहर निकले व ऊपर घूमे हुए होते हैं।

पॉलिएंथस ट्यूबरोजा : इसे 'रजनीगंधा' भी कहते हैं और लगभग पूरे भारत में यह

खूब आसानी से उगाया जा सकता है। यह गर्मियों से लेकर वर्षा ऋतु के अंत तक खिलता रहता है। श्वेत मोम जैसी सख्त पंखुड़ी वाले सुगंधित पुष्प लगभग पचास सेंटीमीटर लंबी टहनी के चारों ओर खिलते रहते हैं। इसका एकमात्र पुष्प पूरे वातावरण को सुगंधित कर देता है। इस टहनी में असंख्य फूल खिलते हैं। इसके एक किस्म में दोहरी पंखुड़ी वाले पुष्प खिलते हैं, परंतु उसमें सुगंध बहुत मामूली होती है। ग्रीष्म ऋतु आने पर इसके कंद खाद के साथ बो देने चाहिए।

पेनक्रेटियम : इसे 'सी लिली' व 'सुदर्शन' भी कहते हैं। समुद्र तट पर अधिक होने से ही शायद यह नाम मिला। इसके चिकने व मोटे पत्ते एक से डेढ़ मीटर लंबाई तक चले जाते हैं। इसके पत्तों के बीच में से एक मोटी गोल टहनी निकलती है, जिसमें बंद हथेली से बड़ी लालिमा लिए हुए हरे रंग की मशाल जैसी कली निकलती है। इसी कली के अंदर के तीस-पैंतीस पतली-पतली हल्के गुलाबी रंग की कलियाँ एक-एक करके खिलती हैं। इस पुष्प की पंखुड़ी की निचली सतह गहरे जामुनी रंग की होती है। पंखुड़ियाँ लंबी चिकनी मोटी सतह वाली व बीच का पुंकेसर खूब लंबा होता है। इस पुष्प में खूब सुगंध होती है। चूँकि यह कलियाँ अलग-अलग खिलती हैं। इसलिए यह फूल बहुत दिनों तक शोभा देता रहता है। इसके फूल तीखी सर्दी को छोड़ वर्ष भर खिलते रहते हैं। धूप व पानी इसे खूब पसंद है। 'स्पाईडर लिली' एवं 'हायमैनोकुलिस' इसी परिवार का पौधा है। यह पुष्प कहीं पर भी सरलता से उगाया जा सकता है।

फ्रीजिया : हल्की मंद सुगंध वाला यह पुष्प कोर्म द्वारा उगाया जाता है। इसके पुष्प अत्यंत नाजुक व ग्लेडियोलस की भाँति ही टहनी में खिलते हैं, परंतु पुष्प का आकार छोटे भोंपू जैसा होता है कि ऊपर की ओर मुँह करके खिलते हैं और सुगंधित होते हैं। इसे खपच्ची से बाँधना चाहिए, नहीं तो फूल के वजन से पौधा उखड़ने का भय होता है। इसमें श्वेत, गुलाबी, व पीले, लाल, नीले जामुनी आदि अनेक रंगों के फूल खिलते हैं। पत्ते भी ग्लेडियोलस की भाँति होते हैं, परंतु पतले व एक हथेली की लंबाई में होते हैं, तरल खाद इसे लाभ पहुँचाती है। इसको अक्तूबर के प्रथम सप्ताह में लगाना चाहिए। इसे क्यारियों व गमलों दोनों में लगाया जा सकता है।

बिगनोनिया : बिगनोनिया सदाबहार पौधे के अतिरिक्त एक सुंदर फूलों वाला पौधा है। लगभग नौ सौ किस्मों वाला यह फूल ट्यूबर, राइजोम आदि विविध प्रकार के कंद वाला होता है। इसकी देखभाल पत्तों वाले सदाबहार बिगोनिया की भाँति करनी पड़ती है। इसमें अनेक रंगों के पुष्प खिलते हैं। तरल खाद व धूप इसे प्रिय है। यह शीत ऋतु में ही तैयार किया जाता है।

यूकेरिस : पेनक्रेटियम से मिलता-जुलता यह पौधा 'अमेजन लिली' कहलाता है। श्वेत सुगंधित पुष्प जिनका डंडी वाला भाग हरा होता है, अत्यंत सुंदर लगता है। खिलते समय पानी की काफी आवश्यकता होती है।

यूरीकिलस : मई-जून में खिलने वाला श्वेत फूलों वाला यह पौधा 'ब्रिसबेन लिली' के नाम से प्रसिद्ध है। इसके आपस में जुड़े गोल पत्ते अत्यंत आकर्षक लगते हैं। इसकी

गाँठनुमा जड़ काफी बड़ी होती है, निकालते समय सावधानी रखनी चाहिए। देखभाल यूकेरिस के समान करनी चाहिए।

रेननकुलस : फूल की पंखुड़ियों के गोल प्यालेनुमा आकार के कारण इसे 'बटर कप' भी कहते हैं। इसकी जड़ें 'फाइबरनुमा' होती हैं। फूल अनेक रंगों में इकहरी दुहरी पंखुड़ी वाले होते हैं। इसे बीज द्वारा भी सफलता पूर्वक उगाया जा सकता है। यह धूप का बहुत प्रेमी है। अक्तूबर में बो देने पर जनवरी में फूल देने लगता है। इसके पत्ते भी कटावदार एवं अत्यंत आकर्षक होते हैं।

लिली : नीचे की ओर लटकते हुए सुगंधित श्वेत पुष्प इसका आकर्षण है। इसकी कंदनुमा जड़ें ठंडी जगह पसंद करती हैं, जबकि फूल को धूप पसंद है। अतः इसके कंद को खूब गहराई में अर्थात् कंद की मोटाई से दुगनी गहराई में बोना चाहिए। खाद अधिक नहीं होनी चाहिए। रेतीली मिट्टी अच्छी रहती है। इसमें कई रंग व किस्मों की विविध प्रकार की लिली होती है। 'मेडोना लिली', 'गोल्डन लिली ऑफ जापान', 'टाईगर लिली', 'रीगेल लिली' विभिन्न किस्में आती हैं। कंद लगाते समय हड्डी का चूरा व पत्ती की पुरानी खाद अवश्य मिलानी चाहिए। इसके कंद सदा स्वस्थ व पुष्ट होने चाहिए, तब ही फूल अच्छा आता है।

वॉटसोनिया : ग्लेडियोलस के ही परिवार का यह पौधा है जो कि दक्षिण भारत के पर्वतीय प्रदेशों में होता है। इसके फूल श्वेत, गुलाबी, फालसई व मैरून रंगों में खिलते हैं।

हायसिंथस : नीले, जामुनी, सफेद आकर्षक पुष्प भुट्टे के बाल की तरह खिलते हैं, यह पुष्प मैदानी भागों में थोड़ी कठिनाई से होता है। गमला तैयार करते समय ईंट व कोयले के छोटे-छोटे टुकड़े खाद में मिला देने से मिट्टी हल्की हो जाती है।

हेडीकियम : अदरक जैसी गाँठदार जड़ों वाले अन्य पौधों की तरह यह भी राइजोमनुमा कंद वाला पौधा है। इसकी जड़ें गहरी नहीं जातीं, बल्कि कनखजूरा के पैरों की भाँति चारों ओर ऊपर ही ऊपर फैलती जाती हैं। फूल गर्म व नम जलवायु में अधिक होता है। केना की भाँति इसे भरपूर खाद देना चाहिए। सुगंधित पुष्प के कारण इसे 'स्वीट सेंटेंड गार्डन फ्लावर' भी कहते हैं।

हीमेंथस : इसे 'ब्लड फ्लावर' व 'फुटबाल लिली' भी कहते हैं, जो कि इसके रंग और आकार की ओर संकेत करता है। इसका पुष्प जितना आकर्षक होता है, गंध उतनी ही असह्य होती है। वास्तव में, एक कली के अंदर असंख्य पुष्प होते हैं जो खिलने के बाद उसे एक बड़े आकर्षक पुष्प का आकार दे देते हैं। फूल मई-जून में खिलता है। फूल की समाप्ति के बाद पत्ते आते हैं।

हैमरोकेलिस : इसे 'जापानी डे-लिली' भी कहते हैं। हल्के पीले से लेकर नारंगी, गहरे नारंगी रंग का पुष्प घास जैसी पतली लंबी पत्तियों के बीच में एक टहनी पर खिलता है। एक टहनी पर छह-सात फूल होते हैं, जो एक-एक करके खिलते जाते हैं। इसका पुंकेसर अत्यंत बड़ा व आकर्षक होता है। मार्च के अंत में गमले की खाद बदल देनी चाहिए।

साग-सब्जियाँ

किसी भी गृहणी को घर में सब्जी उगाने व ताजी सब्जी प्राप्त करने की बहुत इच्छा होती है। दाल में डालने के लिए ताजा धनिया, पुदीने की चटनी, मीठा नीम का छौंक, मेथी व पालक, सलाद के पत्ते, ताजी मूली आदि का स्वाद अत्यंत मधुर होता है, साथ ही साथ गुणकारी भी होता है। यदि कुछ खुली जगह हो तो फल-फूल की क्यारी के साथ टमाटर, मूली, बैंगन, तुरई, सेम आदि भी आसानी से प्राप्त किए जा सकते हैं। ताजी सब्जी स्वादिष्ट विटामिनों से भरपूर होती है। सलाद, पालक, मेथी, मूली, मिर्च, धनिया, सेम आदि लगा देने पर दीर्घावधि तक ताजी सब्जियाँ प्राप्त की जा सकती हैं। बाजार से लाई गई सब्जी चाहे वह फ्रिज में ही क्यों न रखी गई हो, ताजी नहीं रहती व धीरे-धीरे उसके विटामिन व स्वाद दोनों में ही अंतर आ जाता है। अतः हमें सदा इस बात का प्रयत्न करना चाहिए कि चाहे थोड़ी ही क्यों न हो सब्जियाँ अवश्य उगाएँ। कुछ सब्जियाँ ऐसी भी होती हैं, जो कि बाजार में सरलता से उपलब्ध नहीं होतीं जैसे अरबी के पत्ते, सलाद व गोल लाल मूली आदि। घर में इन्हें उगाकर आप भोजन का आनंद बढ़ा सकते हैं।

लोग अक्सर सोचते हैं कि सब्जी कैसी भी क्यों न हो कहीं पर उगाई जा सकती है। परंतु ऐसा नहीं है। सब्जी लगाने की भी हमें बाकायदा योजना बनानी पड़ती है। जैसे कि जिस क्यारी में कंदनुमा सब्जी अरबी, मूली आदि बोई गई हो उसमें अगली फसल फलीदार लोबिया, ग्वार आदि बोना चाहिए या फिर पालक मेथी जैसे पत्तेदार साग बोने चाहिए। इसी प्रकार मूली गाजर एक साथ ही क्यारी में न बो कर थोड़े-थोड़े बीज दस दिन के अंतर से बोएँ, ताकि सब्जी एक साथ न होकर कुछ दिन के अंतर से लगातार लंबी अवधि तक मिलती रहे। मूली, चुकंदर, लहसुन, प्याज आदि मेंड़ पर लगाकर मेंड़ का भी उपयोग कर सकती हैं। एक और अच्छा ढंग यह भी है कि क्यारी में एक फुट के अंतर पर मुंडेर बनाएँ व उस पर मूली, प्याज आदि बो दें व बीच में मेथी, पालक एक पंक्ति में लगा दें। इससे भूमि की उर्वरता में संतुलन बना रहता है। इसका एक अच्छा ढंग यह भी है कि सलाद की तरह खाई जाने वाली लाल गोल मूली को स्वीट पी की क्यारी में किनारे की ओर लगा दें। स्वीट पी तैयार होकर फूल देने लगेगी व मूली भी सलाद के रूप में थाली में शोभा बढ़ाती रहेगी। सेम, तोरई, जैसी बेलनुमा सब्जियों को आप किनारे की रेलिंग, छज्जा व दीवार पर चढ़ा सकती हैं। दीवार

पर आप सीधी न चढ़ाकर नींव से लगभग छह फुट दूर में बोएँ और दीवार पर कील ठोंक कर तार के सहारे इस बेल का तिरछा मंडप बना दें, जो देखने में सुंदर भी लगेगा और बेल को चढ़ने के लिए सहारा भी मिल जाएगा। इसी प्रकार फलदार वृक्ष के नीचे की छाया वाली जमीन में घुइयाँ, अदरक बोई जा सकती है।

सब्जियों के विषय में बताते समय हम उन्हें अलग-अलग वर्गों में विभाजित कर देते हैं :

पत्तीदार साग : इस वर्ग में सभी प्रकार के साग, पालक, मेथी, कुल्फा, चौलाई आदि आ जाते हैं। कुल्फा व चौलाई को छोड़कर शेष सभी शीत ऋतु में बोए जाते हैं। साग जितना ताजा होगा उसमें स्वाद व विटामिन उतने ही अधिक होंगे। इनके लिए नाइट्रोजन वाली मिट्टी बहुत अच्छी रहती है। क्यारी में खुली धूप इन्हें प्रिय है। हरा धनिया व पुदीना भी इसी वर्ग में आता है जो कि औषधीय वनस्पति है। ये सब आप चाहें तो छत पर भी पुरानी बाल्टियों, टबों, लकड़ी की पेटियों में सरलतापूर्वक उगा सकते हैं। कुल्फा व चौलाई को मार्च-अप्रैल में बोया जा सकता है। क्यारी में पानी रुका नहीं रहना चाहिए। यही कारण है कि अधिक वर्षा में साग गलने लगता है। सर्दियों में पत्तीदार सब्जियों की सूची काफी लंबी है। पालक, मेथी, सरसों, बथुआ, सोया ये सब साग सर्दियों में अक्टूबर माह में ही क्यारियों में बो दिए जाते हैं। महीने में एक बार साग की क्यारी में यूरिया या डाई अमोनियम फास्फेट का हल्का छिड़काव करने में लाभ होता है। कीड़ों का प्रकोप होने पर मेलाथियान का हल्का छिड़काव किया जा सकता है...परंतु इस बात का विशेष ध्यान रखें कि साग काट लेने के बाद ही दवा का छिड़काव करें और कम-से-कम अगले दो सप्ताह तक प्रयोग न करें। क्यारी में खरपतवार उगने न दें। सप्ताह में एक बार खुरपी से गुड़ाई अवश्य करें।

पत्तीदार सब्जियों में हरा धनिया भी आ जाता है। साबुत धनिया को दो टुकड़ों में दरदरा करके बोया जाता है। आप चाहें तो छत पर पुराने टब व बाल्टियों में अपनी दैनिक आवश्यकता के लिए धनिया बो सकते हैं। भारतीय भोजन में धनिया के साथ-साथ सुगंध व स्वाद के लिए पुदीना भी बहुत जरूरी होता है। किसी भी छोटे से टुकड़े में पुदीना की जड़ें लगाकर आप ताजा पुदीना प्राप्त कर सकते हैं। वर्षा ऋतु में पानी जमा हो जाने से पुदीना गल जाता है। अतः वर्षा ऋतु में मुंडेर बनाकर पुदीना बोना चाहिए।

कंदनुमा सब्जियाँ : शीत ऋतु में लगने वाली मूली, गाजर, चुकंदर, शलजम, आलू, प्याज व ग्रीष्म ऋतु में घुंइयाँ या अरबी, अदरक आता है। इन्हें बोने के लिए पोटाश वाली जमीन बहुत अच्छी रहती है। जमा पानी इन्हें बहुत नुकसान पहुँचाता है। मूली, शलजम, चुकंदर आप साग की क्यारियों के किनारे मुंडेर पर बो सकते हैं। आलू वर्ष में दो बार बोया जाता है, जून-जुलाई और अक्टूबर-नवंबर में। आलू बोने के लिए हमेशा स्वस्थ आलू की आँख काटकर मुंडेर पर बोना चाहिए। पौधे जैसे बड़े होते जाएँ मिट्टी की पर्त चढ़ाकर मुंडेर पर ऊँची करते जाना चाहिए। लकड़ी की राख व गोबर की पुरानी

खाद मिट्टी में मिला देना चाहिए। 'कुफ्री चंद्रमुखी', 'कुफ्री ज्योति', 'कुफ्री चमत्कार' 'कुफ्री सिंदूरी' अच्छी उन्नत किस्में हैं।

'गाजर' क्यारी में बो दी जाती हैं। बीज बोने के बाद जब पौधे निकल आएँ तो जहाँ पर बहुत निकट घने हो गए हैं, वहाँ से निकाल देना चाहिए। गाजर की खुदाई बहुत सावधनी पूर्वक करनी चाहिए, क्योंकि इसका कंद बहुत गहराई में घुस जाता है। गाजर लाल, काली के अतिरिक्त पीली जिसे विलायती कहते हैं उगाई जाती है। लाल देसी गाजर में 'पूसा केसर', 'अर्ली जेम', 'अर्ली स्कारलेट' अच्छी किस्में हैं।

चुकंदर, शलजम व मूली भी बीज द्वारा मुंडेर पर बोया जाता है। शलजम की 'पूसा स्वेती', 'पूसा चंद्रमा', 'पर्पल टॉप' अच्छी किस्में हैं। मूली की 'जापानी सफेद', 'पूसा हिमानी', 'पूसा देसी', 'पूसा रश्मि', 'पूसा कनकी' 'आईसिकल' 'जौनपुरी' आदि अच्छी किस्में हैं। मूली की फसल जून-जुलाई में भी बोई जाती है, जो कि सितंबर-अक्टूबर में तैयार हो जाती है। मूली की एक किस्म लाल रंग की होती है। लाल मूली में गोल व लंबी दोनों ही होती हैं। इसे सलाद के लिए बहुत पसंद किया जाता है। किसी भी फूल की क्यारी के किनारे पर भी लगाया जा सकता है।

लहसुन और प्याज दोनों ही कंदनुमा पौधे हैं। स्वस्थ लहसुन की मोटी-मोटी कलियों को ही मुंडेर पर लगाया जाता है। जबकि प्याज का बीज बोकर पहले पौध तैयार की जाती है। फिर पौध को क्यारी में लगाया जाता है। सब्जियों की क्यारियों की मुंडेर पर लगा लहसुन कीटनाशक का कार्य भी करता है। प्याज के पौधे जब अँगूठे बराबर मोटे हो जाते हैं तो सलाद के रूप में भी बहुत पसंद किए जाते हैं।

फलीदार सब्जियाँ : इस वर्ग में सेम, लोबिया, बीन्स, मटर, ग्वार आदि सब्जियाँ आ जाते हैं। ये झाड़ीनुमा भी होते हैं या सेम की बेल जैसे भी। भूमि की उर्वरता, नाइट्रोजन की क्षमता बढ़ाने में ये पौधे बहुत उपयोगी होते हैं।

मार्च से लेकर जून तक बोई जाने वाली फलियों में ग्वार अत्यंत उपयोगी सब्जी है। ग्वार के पौधे सेम लोबिया की तरह न फैलकर झाड़ीनुमा हो जाते हैं। फली पौधे के अगल-बगल से निकलने वाली टहनियों में गुच्छे के रूप में निकलती है। अक्सर पौधे के ऊपरी भाग में वजन बढ़ते जाने से पौधा गिरने का भय होता है, इसलिए जड़ों के पास मिट्टी की एक तह और बिछा देनी चाहिए और फली तोड़ते समय सावधानी बरतनी चाहिए। 'पूसा सदाबहार' व 'पूसा नवबहार' अच्छी किस्में हैं।

फ्रेंच बीन्स व गोल बीन्स फरवरी से लेकर अगस्त तक बो सकते हैं। हल्का ठंडक वाला मौसम इन्हें प्रिय है। जड़ों में पानी जमा नहीं रखना चाहिए। 'पूसा पार्वती', 'जायंट स्प्रिगलौंस', 'कन्टेंडर', 'कैटकी बंडर' कुछ लोकप्रिय किस्में हैं।

सेम की बेल यूँ तो वर्ष भर चलती रहती है, परंतु बुआई सितंबर से नवंबर तक होती है। इसकी फली जितनी ताजी होती है, उतनी मीठी होती है। इसकी क्यारी को कम-से-कम ढाई फुट गहरी खोदनी चाहिए व उसमें कोयले की राख या फिर पोटाश अवश्य मिलाना चाहिए। इसमें झाड़ीनुमा व बेलनुमा दो किस्में होती हैं, हल्के हरे रंग

वाली अधिक स्वादिष्ट होती हैं। 'पूसा अर्ली प्रोलिफिक' अच्छी किस्म है।

मटर की बुआई सितंबर से नवंबर तक की जाती है। यह अत्यंत स्वादिष्ट फली परंतु नखरे बहुत हैं। इसकी क्यारी खूब गहरी खोदकर पोटाश अथवा कोयले की राख मिला देनी चाहिए। क्यारी में जमा पानी, पाला व अधिक वर्षा तीनों ही इसे नुकसान पहुँचाते हैं। बेल को जमीन पर ही फैला रहने दिया जाना चहिए। 'बोनविले', 'अमेरिकन वंडर', 'लिंकन', 'एन. पी. 29' लोकप्रिय किस्में हैं।

लोबिया भी मार्च जून तक बोया जाता है। एक तो बारीक पतली फली वाली किस्म है दूसरी सफेद मोटी फली इसका पौधा काफी बड़ी झाड़ी में फैल जाता है। भरपूर फसल जब फसल पर आते हैं तो अच्छी फसल मिलती है।

फलवाली सब्जियाँ : बैंगन आलू वर्गीय परिवार की सब्जी है और पूरे भारत में अत्यंत लोकप्रिय है। इसमें गोल लंबे व छोटे, गोल अंडे जैसे अलग-अलग किस्म के फल मिलते हैं। फरवरी, जून व अक्टूबर इन तीन महीनों में इसकी पौध लगाई जा सकती है। क्यारी में पोटाश या लकड़ी की राख अवश्य मिलानी चाहिए। जड़ें चूँकि भूमि की सतह के पास ही रहती हैं इसलिए जड़ के पास मिट्टी अधिक फैलाकर सहारा दे देना चाहिए। क्यारी में पानी अधिक नहीं देना चाहिए। इसके पौधे में विषाणुजन्य रोग बहुत लग जाते हैं। इसीलिए इसकी क्यारी खुली धूप में बनानी चाहिए। फल समाप्त होते ही पुरानी टहनी काट देनी चाहिए, ताकि नई टहनी में फल दुबारा ले सके। 'पूसा क्रांति', 'पूसा पर्पल लांग', 'पूसा पर्पल राऊंड', 'पूसा पर्पल कलस्टर' इसकी लोकपिय्र किस्में हैं।

मिर्च व टमाटर भी इसी वर्ग के पौधे हैं। परंतु टमाटर का पौधा बहुत ही नाजुक होता है। विषाणु जन्य रोग इसमें खूब फैलते हैं। इसकी पौध जून-जुलाई व नवंबर में लगाई जाती है। क्यारी में पोटाश अवश्य पड़ना चाहिए। जब फूल आने लगें तो ध्यान रहे कि अगल-बगल अधिक टहनियाँ न निकल आएँ। टमाटर को सुनहरा होने पर पौधे से सावधानी पूर्वक तोड़ लें और लपेटकर अंदर ही पका लें। जिस क्यारी में एक बार टमाटर लगाएँ फिा उसमें दुबारा न लगाएँ। क्यारी में धूप बहुत आवश्यक होती है। 'पूसा रूबी', 'अर्ली डवार्फ', 'पूसा गौरव', 'इटालियन रेड पियर', 'पूसा रेड', 'एस. आई एक सौ बीस', कुछ उन्नत किस्में हैं।

मिर्च : फरवरी मार्च और जुलाई में बोई जाती है। पर्वतीय मिर्च मिठास व सुगंध के कारण सब्जी के लिए बहुत पसंद की जाती है। दूसरी मिर्च बहुत तीखी होती है और सलाद चटनी आदि में खाई जाती है। पहाड़ी मिर्च की बुआई फरवरी मार्च में की जाती है। आलू बैंगन के परिवार की इस सब्जी में विषाणुजन्य रोग बहुत जल्दी लग जाते हैं। इसके लिए पत्ते जब सिकुड़ने लगें तो रोगी पौधे को उखाड़ कर जला दें। बड़ी मिर्च के लिए 'कैलीफोर्निया वंडर', 'बुलामाज', 'वर्ल्ड बीटर' अच्छी किस्में हैं। छोटी मिर्च में गोल, छोटी अनेक प्रकार की खूब किस्में आती हैं। 'पूसा ज्वाला', व 'एन. पी. 46 ए' अच्छी लोकप्रिय किस्म है।

भिंडी : ग्रीष्म ऋतु की लोकप्रिय सब्जी है, जो कि गुड़हल परिवार की है। फरवरी

से लेकर मार्च-अप्रैल तक बोयी जाती है। क्यारी में पानी जमा नहीं रहना चाहिए, अन्यथा पौधा लुढ़क जाता है। फल मुख्य तने के आसपास लगते हैं इसलिए तोड़ते समय सावधानी बरतनी चाहिए। विषाणु रोगग्रस्त पौधे को उखाड़ देना चाहिए। 'पूसा मखमली', 'पूसा सावनी' अच्छी उन्नत किस्में हैं।

ककड़ी वर्ग की सब्जियाँ : इसमें ककड़ी, खीरा, तोरई, लौकी, कद्दू, करेला आदि आते हैं। बुआई का समय फरवरी से लेकर मार्च-अप्रैल तक होता है। इन्हें बलुई मिट्टी पसंद है। इनके पौधे बेलनुमा होते हैं और मुंडेर पर फल जाते हैं। बीज गड्ढे बनाकर लगाना चाहिए व पानी उसी में देना चाहिए। बेल पानी से छूने पर फल गल जाते हैं लाल चीटीं व विषाणुजन्य रोग अक्सर इसे तंग करते हैं।

ककड़ी को सूखी तेज गर्मी पसंद है। यह वर्षा होते ही समाप्त हो जाती है। खीरा मार्च व जून में बोया जाता है। जून में बोए जाने वाले पौधे को जमीन से ऊँचा झाड़ियों पर चढ़ा देना चाहिए ताकि फल पानी से गले नहीं। जापानी लांग ग्रीन, 'खीरा पूसा', 'पोंसेट' आदि अच्छी किस्में हैं। आजकल खीरे की ऐसी बहुत किस्में आ गई हैं जो कड़वी नहीं होती हैं व बिना छिलका उतारे खाई जा सकती हैं।

करेला : कड़वी सब्जी होने पर भी अत्यंत लोकप्रिय है। इसके बीज सख्त होते हैं। अतः इसे बोने से पूर्व कम-से-कम बारह घंटे भिगो देना चाहिए। शेष वर्ग की अन्य सब्जियों वाले नियम लागू होते हैं। 'आरका हरित', 'पूसा विशेष' अच्छी उन्नत किस्में हैं।

कद्दू व लौकी : बुआई मार्च में करनी चाहिए। भारतीय भोजन में सभी जगह खाई जाने वाली लोकप्रिय सब्जी है। ये सब्जियाँ विटामिन से भरपूर हैं। तीन बीज एक साथ एक थाँवला-सा बनाकर बो देना चाहिए। लौकी की बेल तो पेड़ों छप्परों पर भी सहारा देकर चढ़ाई जा सकती है, परंतु कद्दू चूँकि बड़ा होता है इसलिए इसे नीचे मुंडेर पर ही फैलने देना चाहिए। बेल जब चलने लगे तो शुरू में बीच के अंकुर नोंच देने चाहिए ताकि भर कर चले व इससे फल भी अधिक प्राप्त होता है। इसकी जड़ें चूँकि सतह के पास ही रहती हैं इसलिए पोषक तत्त्व धरती से खींच नहीं सकती हैं, अतः तीन सप्ताह में एक बार खाद की तह बिछा देनी चाहिए। यदि बेल में नर फूल अधिक संख्या में आ जाए तो फूल को सावधानी से काटकर संख्या कम कर दें। मादा फूल के नीचे जब छोटा फल बन जाए तो टहनी को आगे से तोड़ दें ताकि उसमें और फल न आएँ। 'पूसा मेघदूत', 'पूसा समर प्रोलिफिक', 'पूसा मंजरी' लौकी की अच्छी किस्में हैं।

तोरई : यह भी मार्च-अप्रैल में बो दी जाती है। इसमें चिकनी तोरई व काली तोरई दो किस्में होती हैं। इसे छज्जे, दीवार, छप्पर आदि पर चढ़ाना ही ठीक रहता है। 'पूसा चिकनी' अच्छी किस्म है। फल को बहुत बड़ा नहीं होने देना चाहिए।

टिंडा : यह भी मार्च-अप्रैल में बोया जाता है। बेल को मुंडेर पर ही फ़ैलने देना चाहिए। रोएँदार फल ही नरम रहते हैं अतः बहुत बड़े नहीं करना चाहिए।

गोभी वर्ग की सब्जियाँ : *फूल गोभी :* बुआई सितंबर से दिसंबर तक, लगभग पूरे

भारत में उगाई व खाई जाने वाली यह अत्यंत लोकप्रिय सब्जी है, जिसे पकौड़ा, अचार, सब्जी, पराँठा आदि के रूप में खूब पसंद किया जाता है। इसे खुली धूप वाली एवं पोषक तत्त्वों से भरपूर मिट्टी चाहिए होती है। तैयार क्यारी में इसकी पौध कम-से-कम पैंतीस सेंटीमीटर की दूरी पर लगानी चाहिए। पौध लगाने के बाद हर किस्म की गोभी को पोषक तत्त्वों की बहुत आवश्यकता होती है इसलिए हर तीसरे सप्ताह तरल खाद दें। ऊपर श्वेत फूल बनने के साथ ही नीचे जड़ों के चारों ओर मिट्टी चढ़ा देनी चाहिए। इसका फूल भारी होता है और जड़ें उसके बोझ को सँभाल नहीं पाती हैं। खाद पानी की कमी से फूल का आकार छोटा हो सकता है या फिर वह खराब हो जाता है। 'पूसा पातकी', 'पटना', 'फैजाबादी' अच्छी किस्में हैं। 'स्नो बॉल' किस्म एकदम श्वेत फूल वाली अत्यंत सुंदर किस्म है। पकाने में यह बहुत जल्दी गल जाती है।

बंद गोभी : बुआई सितंबर से दिसंबर तक। पत्तों के अंदर पत्तों के बँधे हुए रूप के कारण इसे बंद गोभी कहते हैं। यह भी पूरे भारत में खाई व उगाई जाती है। इसके लिए वही नियम व सावधानियाँ बरतनी पड़ती हैं जो कि फूल गोभी के लिए होती हैं। 'गोल्डन एकर' एवं 'ड्रम हेड' अच्छी किस्में हैं। ड्रम हेड किस्म का फूल आकार में बड़ा एवं स्वादिष्ट होता है, इसे कच्चा सलाद की जगह भी प्रयोग किया जाता है। लाल रंग की भी एक बंद गोभी होती है जो कि अचार के लिए प्रयोग की जाती है। इसका प्रयोग भारतीय भोजन की अपेक्षा विदेशी भोजन में अधिक होता है।

गाँठ गोभी : बुआई सितंबर से नवंबर तक। यह गोभी अन्य दोनों गोभियों से थोड़ी भिन्न होती है। इसका तना शलजम के आकार में फूल जाता है, जिसे कच्चा व सब्जी दोनों रूपों में खूब पसंद किया जाता है। यह केवल पंजाब व कहीं-कहीं उत्तर प्रदेश में खाई जाती है। इसके लिए इस बात का ध्यान रखना पड़ता है कि गाँठ बहुत बड़ी होकर रेशेदार न हो जाए। 'व्हाईट वियना' व 'पर्पल वियना' अच्छी किस्में हैं।

यूँ तो भारत में सब्जियों का एक बहुत बड़ा भंडार है, परंतु हमने घरों में आम बोई जा सकने वाली कुछ सब्जियों का ही परिचय दिया है। आजकल विलायती सब्जियाँ लीक, ब्रोकली, एम्पारागस, ब्रसलस्प्राऊट, पार्सले व खुंभ उगाना एक विशेष पद्धति व वातावरण में उचित सर्दी नमी के अनुसार ही बोई जा सकती है। इसके लिए पूरी पद्धति ठीक प्रकार सीख कर उसे उगाने का उचित प्रबंध करना चाहिए।

फल

बागवानी की बात आते ही वृक्ष लगाने की योजना बनती है। यदि जगह कम हो और वाटिका बनाने की संभावना न हो, तब भी यही इच्छा होती है कि कुछ भी न हो सके तो एक पेड़ पपीता या अमरूद अथा नीबू का होता तो कितना अच्छा होता। वृक्ष पर लगे फल का आनंद मानसिक भी होता है। पेड़ से तोड़कर कच्चे अमरूद को खाने में बच्चों को जो मजा आता है वह संसार के बढ़िया-से-बढ़िया फल में नहीं होता। फलों की बात करें तो अंत नहीं है—सेब, चेरी, लीची, अनन्नास, स्ट्रॉबरी, रसभरी, बेर, पपीता, अमरूद आदि अनेक फलों की सूची बन जाती है। परंतु, यहाँ हम केवल उन्हीं फलों की बात करेंगे, जिन्हें हम सुविधा पूर्वक घरों में उगा सकते हैं। विशेष जलवायु, मिट्टी वाले फलों को उगाना कष्टसाध्य अधिक होता है। चूँकि यह पुस्तक मुख्यतः उत्तर भारत की जलवायु व स्थिति को ध्यान में रखकर लिखी गई है, अतः घरों में आसानी से लगाए जाने योग्य कुछ वृक्षों के संबंध में ही यहाँ लिखा जा रहा है। प्रत्येक वृक्ष की अपनी विशेष आवश्यकता होती है। इसके लिए खाद, उसका समय, पानी, कटाई-छँटाई के संबंध में सही जानकारी होना आवश्यक होता है।

वृक्ष किसी भी फल का क्यों न लगाया जाए उसके लिए गड्ढा बनाने व उसमें गोबर की पुरानी खाद भरने आदि का नियम सबके लिए एक जैसा ही होता है। पेड़ लगाने से पूर्व यह अवश्य देख लें कि पेड़ के फैलने के लिए हवा व धूप की पर्याप्त गुंजाइश है या नहीं। मकान की दीवार से सटा हुआ पेड़ अथवा घर की चारदीवारी से आधा बाहर निकला पेड़ आपके लिए समस्या बन सकता है। चूँकि कई वृक्ष काटे नहीं जा सकते हैं, अतः इन बातों का ध्यान रखते हुए ही वृक्ष के लिए गड्ढा खोदना चाहिए।

अलूचा : प्रूनस डोमस्टिका—इसे आलूबुखारा भी कहते हैं। ग्रीष्म ऋतु में होने वाला यह अत्यंत रसीला फल है। अत्यंत शुष्क गर्म प्रदेशों को छोड़कर लगभग पूरे भारत में यह हो जाता है। इस वृक्ष की विशेषता इसके सुंदर फूल भी हैं। शीत ऋतु में बसंत के आने की सूचना इसके द्वारा ही मिलती है। यह मध्यम आकार का वृक्ष है। अच्छी किस्म का पौधा पैबंद लगाकर ही प्राप्त किया जा सकता है। पोषक तत्त्वों से भरपूर जमीन इसके लिए अच्छी रहती है, परंतु यह ध्यान रहना चाहिए कि वहाँ पानी का निकास भली प्रकार हो। पौधा लगाने के पहले दो वर्ष तक फसल नहीं लेने से पौधा स्वस्थ होता है। पतझड़ आने से पूर्व टहनियों की कटाई इस प्रकार करें कि सब ओर

से खुली-खुली लगे। बाद में केवल पुरानी कमजोर टहनियाँ ही काटनी चाहिए। अत्यधिक ठंड, पाला व कोहरा इसको नुकसान पहुँचाता है। शीत ऋतु आने पर इसे सल्फेट व पोटाश देना चाहिए। खाद देने के बाद दिसंबर में दो-तीन बार भरपूर पानी दें। फिर जनवरी-फरवरी में पानी बिल्कुल न दें। इसमें फूल फरवरी मार्च में आ जाता है। फूल के समय पानी नहीं देना चाहिए। इसका फल जून-जुलाई में पक जाता है। अलूचा दो किस्म का होता है कालिमा लिए हुए गहरा लाल व पीला सुनहरा। 'विक्टोरिया', 'सेंटा रेजा', 'ग्रैड ड्यूक', 'विक्सन' आदि अच्छी किस्में हैं।

अंगूर : वीटिस वीनिफेरा-द्राक्ष दाख नाम से प्रसिद्ध यह एक अत्यंत सुंदर व स्वादिष्ट फल है। फलों से लदे गुच्छों वाली बेल किसी भी स्थान पर लगी हुई अत्यंत आकर्षक लगती है। इसकी लता की लकड़ी काफी सख्त और खुरदुरी होती है। शुरू में इसको आकार में बाँधकर रखना पड़ता है। इसके लिए चाहे आप मंडप बनाएँ या फिर रेलिंग अथवा दीवार पर चढ़ाएँ, परंतु सहारा अवश्य देना पड़ता है। शीत ऋतु में दिसम्बर-जनवरी माह में इसकी कटाई नियमित रूप से करनी चाहिए। जिस टहनी पर फल आ गया हो, उसकी दो-तीन आँख छोड़कर कटाई करनी चाहिए। कटाई के बाद पानी रोक देना चाहिए। अक्तूबर में भरपूर खाद व मछली का चूरा अथवा छोटी वाली मछलियाँ जड़ों में भर देने से लाभ होता है। इसमें 'अनाबेशाही' 'पूसा सीड लैस', 'ब्लैक प्रिंस', 'भोकी', 'बंगलौर ब्लू', 'काली', 'थांपसन सीडलेस' आदि कई अच्छी किस्में हैं।

अमरूद : ग्वावा पीसीडेरा—अमरूद, जाम, बीही आदि विभिन्न नामों से प्रसिद्ध यह पूरे भारत में पाया जाने वाला लोकप्रिय फल है। हिमालय के ठंडे प्रदेशों में यह नहीं होता है। इसकी वर्ष में दो फसलें होती हैं। शीत ऋतु वाली फसल वर्षा की फसल की अपेक्षा अधिक स्वादिष्ट होती है। यद्यपि यह बीज द्वारा बड़ी आसानी से हो जाता है, परंतु अच्छा यही है कि किसी अच्छी किस्म वाला पैबंद लगा पौधा नर्सरी से खरीदा जाए। फल अक्सर नीचे की ओर झुकी हुई टहनियों में अधिक लगता है। फसल की समाप्ति के बाद जब पुरानी टहनियाँ काटें तो वृक्ष के आकार का ध्यान रखें। इसकी जड़ें धरती के ऊपर की ओर रहती हैं, अतः निराई करते समय विशेष ध्यान रखें। वर्ष में एक बार गोबर की पुरानी खाद अवश्य दें। गुलाबी गूदे वाला अमरूद भी होता है। वह सुंदर तो होता है, परंतु स्वाद में मीठा कम होता है। इलाहाबाद का अमरूद बाहर से गुलाबीपन लिए मीठे सुगंधित गूदे वाला होता है।

आड़ू : प्रूनस पर्सिका—यह अलूचे की भाँति थोड़े ठंडे प्रदेशों में बहुतायत से होता है। आजकल यह मैदानी भागों में सफलता पूर्वक उगाया जा रहा है। इसका वृक्ष मध्यम आकार का होता है। फल की त्वचा पर मुलायम रोयाँ होता है। देखभाल के नियम इसमें अलूचे के समान ही होते हैं। पतझड़ में कटाई करनी चाहिए। फल जिस टहनी में लग चुका हो उसकी दो-तीन आँखें छोड़कर काटना चाहिए। कटाई के साथ ही भरपूर खाद दे देनी चाहिए। फूल आने से पहले पानी रोक देना चाहिए।

आम : लगभग पूरे भारत में पाया जाने वाला यह एक अत्यंत लोकप्रिय फल है।

चूसने वाला देसी छोटे आम से लेकर यह एक किलो वजन वाला भी मिलता है। उत्तम किस्म का आम चश्मा चढ़ाकर तैयार किया जाता है। इसके लिए किसी भी विश्वस्त नर्सरी से आप पौधा ले सकते हैं। अधिक सर्दी व गर्मी दोनों ही इसे नुकसान पहुँचाते हैं। आँधियों में अक्सर इसके बौर व छोटे फल को नुकसान पहुँचता है। यह एक सदाबहार वृक्ष है। इसकी कटाई नहीं की जाती है। केवल पुरानी सूखी खराब टहनियाँ ही काटनी चाहिए। दिसंबर जनवरी में गोबर की सड़ी खाद और फरवरी में उर्वरक डालना चाहिए। वर्षा का पानी इसे लाभ पहुँचाता है। किसी कारण टहनी टूट जाए तो कीटनाशक का लेप कर देना चाहिए। भारत में दशहरी, लंगड़ा, चौसा, सफेदा, नीलम, बेनिशान, रसाल, रत्नगिरी, आम्रपाली आदि कई अच्छी किस्में मिलती हैं।

केला : मूसा पैराडाईसिका–गर्म आद्र जलवायु में होने वाला यह भारत का अत्यंत लोकप्रिय फल है। इसके फूल, फल, पत्ते, सभी को प्रयोग में लाया जाता है। पूजा में प्रयोग आने वाली वस्तुओं में केला एवं उसका पत्ता शुभ माना जाता है। इस वृक्ष की भूख बहुत अधिक होती है। भूमि में नमी होना आवश्यक है, परंतु पानी जमा नहीं रहना चाहिए अन्यथा कंदनुमा जड़ गल जाती है। गोबर की सड़ी गली खाद के अतिरिक्त पोटाश इसका प्रिय भोजन है। इसमें वर्ष भर फल लगते हैं। मुख्य वृक्ष के अगल-बगल से बहुत सारे नए पौधे निकल आते हैं। इनमें से एक या दो को छोड़कर शेष को काट देना चाहिए। बहुत अधिक पौधे निकल आने से मुख्य वृक्ष का फल कमजोर पड़ जाता है। इसमें से जब फल बनना बंद हो जाए तो फूल को काट लेना चाहिए। फल को कमरे में पकाया जाता है। अधपका हो जाने पर फल का गुच्छा जिसे गौद कहते हैं काटकर रख लिया जाता है। एक वृक्ष में एक ही फल का गुच्छा आता है। अतः फल काटने के बाद उस वृक्ष को काट देना चाहिए। 'बसराई', 'अमृतसागर', 'मालभोग', 'पूवन', 'मर्तमान', 'मंथन, 'रोबस्टा' आदि कुछ अच्छी किस्में हैं। सब्जी की दृष्टि से 'बोथा' व 'बाथीसा' किस्म दक्षिण भारत में बहुत लोकप्रिय है।

नाशपाती : पाईएस कोंयूनिस–यह भी अलूचा आड़ू की तरह ही देखभाल माँगता है। केवल अंतर यही है कि इसमें टहनियाँ बहुत तेजी से सीधी निकल जाती हैं। जिन्हें रोकने से बढ़ने के लिए कटाई करनी पड़ती है। पेड़ पर जब फल लग जाता है, तब इसे पानी की अधिक आवश्यकता पड़ती है। परंतु पानी जमा नहीं रहना चाहिए। मैदानी क्षेत्रों में नाशपाती का आकार छोटा व गूदा भी थोड़ा सख्त रहता है। ठंडे क्षेत्रों में बगूगोशा किस्म की नाशपाती अधिक नरम, रसीली व स्वादिष्ट होती है।

नीबू व नीबू वर्ग के पौधे–सिटरस : संतरा, माल्टा, चकोतरा, नीबू, मुसम्मी, कीनू आदि इसी वर्ग के पौधे हैं। खट्टे पौधे पर इच्छित पौधे का पैबंद चढ़ाकर यह पौधे बनाए जा सकते हैं। बाहर से लेते समय हमेशा विश्वसनीय नर्सरी से ही लेना चाहिए। गर्म व आर्द्र जलवायु के यह प्रेमी होते हैं, परंतु जड़ों में पानी जमा नहीं रहना चाहिए। यदि पानी जमा हो जाए तो नाली बनाकर निकास का मार्ग बना देना चाहिए। वर्ष में एक बार नवंबर-दिसंबर में भरपूर खाद देनी चाहिए। फूल आने के समय पोटाश देने

से फल का छिलका पतला व रस की मात्रा बढ़ जाती है। नीबू की साल में दो फसलें आती हैं। फल की समाप्ति पर सूखी कमजोर टहनियों को काट देना चाहिए। जापानी नींबू जिसे मेंडरिन नीबू व हजारा नीबू भी कहते हैं, छोटे गोल सुनहरे नारंगी रंग के फलों के कारण पुष्प उद्यान में स्थान पाता है। यह अत्यंत आकर्षक पौधा है।

पपीता : करिका पपाया—यह फल व सब्जी दोनों ही रूप में पसंद किया जाता है। मूलतः यह दक्षिण भारत का फल है, परंतु पूरे भारत में उगाया जाता है। इसे बीज द्वारा तैयार किया जाता है और पहले वर्ष में ही यह फल देने लगता है। गर्म जलवायु इसे पसंद है, परंतु जड़ों में पानी खड़े रहने से इसे नुकसान पहुँचता है। जहाँ पर इसका वृक्ष हो वहाँ खुली धूप होनी चाहिए। फल व श्रम को देखते हुए पपीता एक अत्यंत सस्ता सौदा है। इस वृक्ष की आयु केवल तीन वर्ष होती है। अतः यदि आप पपीता खाने के शौकीन हैं तो हर वर्ष कुछ वृक्ष अवश्य लगाएँ, ताकि आपको लगातार फल मिलता रहे। इसमें नर व मादा पौधे की समस्या होती है। दक्षिण भारत में शरबती सुनहरे गूदे वाला बौनी किस्म का पपीता बहुतायत से पाया जाता है। 'कुर्ग हनी-ह्यू' भी एक अच्छी किस्म है। पपीता का फल पेड़ पर ही जब आधा पक जाए तब उसे तोड़कर कागज में लपेट कर पकने के लिए रख देना चाहिए। पपीता स्वास्थ्य के लिए एक उत्तम फल है। इसे कच्चे पके दोनों रूपों में खाया जाता है।

फालसा : छोटी झाड़ी पर आने वाला यह एक स्वादिष्ट फल है। इसका पौधा बीज द्वारा तैयार किया जाता है। इसका फल पुरानी टहनी पर नहीं लगता है, इसलिए दिसंबर में ही इसकी छँटाई कर देनी चाहिए। इसका पौधा चूँकि देखने में आकर्षक नहीं होता, कदाचित्, इसीलिए इसे घरों में नहीं लगाया गया। मई-जून में इस पर छोटे बेर जैसे स्वादिष्ट फल आते हैं।

शरीफा : कस्टर्ड एपल--इसे सीताफल भी कहते हैं। बहुत ही कम पानी वाले प्रदेशों में भी यह वृक्ष खूब आसानी से हो जाता है। यह वृक्ष बीज द्वारा उगाया जाता है। इसका वृक्ष अमरूद के वृक्ष से छोटा ही होता है। इसमें फल अक्तूबर-नवंबर में आता है। सफेद गूदे वाला यह फल अत्यंत मीठा व सुगंधित होता है। बलुई मिट्टी इसे पसंद है। इसके फल देखने में अत्यंत सुंदर होते हैं। जब फल का रंग गहरे हरे से हल्के रंग का होने लगे तब इसे तोड़कर कागज में लपेटकर पकने के लिए रख देना चाहिए।

इन फलों के वृक्ष कम स्थान में भी बहुत अच्छी तरह हो जाते हैं। शहतूत भी घरों में आसानी से हो जाने वाला फल है। यदि जमीन पर्याप्त हो तो आप फलों वाले वृक्ष अवश्य लगाइए। नीबू परिवार के वृक्ष, शरीफा, अमरूद आदि के वृक्ष अथवा अंगूर की लता को यदि सही स्थान पर आकर्षक कोना बनाकर लगाया जाए, तो फल के साथ-साथ उद्यान के आकर्षण का केंद्र भी बनाया जा सकता है। इस बात का ध्यान अवश्य रखना चाहिए कि जब फल आने वाला हो तो वृक्ष में भरपूर गोबर की खाद व आवश्यकतानुसार उर्वरक अवश्य मिलते रहें।

बोन्साई

आज के युग में बोन्साई का परिचय दिए बिना यदि मैं यह पुस्तक समाप्त कर दूँ, तो शायद यह अन्याय ही होगा। बोन्साई अर्थात् जापान के वृक्ष प्रेम का एक भव्य रूप। बोन्साई का अर्थ है उथला पात्र व पौधा अर्थात् उथले पात्र में पौधा...पौधा भी छोटा नहीं वर्षों पुराना जो कि पचास से लेकर सौ, दो सौ, तीन सौ वर्ष पुराना हो सकता है। वृक्ष के रूप में उसके आकृति एवं व्यक्तित्व को बिना नुकसान पहुँचाए उसे सुंदर रूप प्रदान करना, इस प्रकार कि कमरे में रखकर भी आपको वृक्षों की घनी छाँह की अनुभूति हो सके। किसी भी बौने आकार के टेढ़े-मेढ़े वृक्ष को बोन्साई कहना बहुत बड़ी भूल होगी। वृक्ष की भी आत्मा होती है, उसका भी व्यक्तित्व होता है, उसी का ध्यान रखकर उसकी वृद्धि को रोक देना, परंतु उसके विकास को नहीं। वास्तव में, बोन्साई एक कला है, जीवन दर्शन है जो कि पीढ़ियों से जापानी संस्कृति में चली आती है। अंत मैं यह स्पष्ट करना चाहती हूँ कि यहाँ केवल परिचय दे रही हूँ। इसका विस्तृत ज्ञान तो एक विशद् विषय वस्तु है, जिसके लिए एक पुस्तक भी पूरा ज्ञान उपलब्ध नहीं करा सकती है।

बोन्साई वृक्ष विभिन्न प्रकार के होते हैं जो कि तने का आकार व संख्या पर भी निर्भर करते हैं, जैसे कि सीधे तने वाला चोकान, दो तने वाला सोकान, टेढ़े-मेढ़े तने वाला मोयोकी, तिरछे तने वाला शाकान, घुमावदार तने वाला बन्कान, झाड़दार तने वाला काबू-दाची, पत्थर में उगा हुआ इशी-जुकी, जुड़ी हुई जड़ों वाला नी-त्सुनगारी आदि। इन पौधों के तनों की आकृति के साथ दूसरा प्रमुख अंग है उसका पात्र जिसमें कि यह पौधा लगाया गया हो। पात्र का आकार बहुत ही महत्त्वपूर्ण होता है, मुख्यतः ये गोलाकार, चौकोर, आयताकार व अंडाकार होते हैं। यह पात्र सेरामिक्स, सीमेंट, चिप्स के बने होते हैं और इनका रंग भी प्रकृति से मिलता-जुलता होता है—जैसे भूरा, चाकलेटी, धूसर, स्लेटी, काला, हरा, गहरा नीला आदि। यह पात्र अंदर से चिकने नहीं होने चाहिए, बल्कि खुरदुरे होने चाहिए। इससे मिट्टी व जड़ों को पात्र का किनारा पकड़ने में सुविधा होती है। बाहर से बेशक चिकना हो। पात्र के पेंदे में एक या दो छेद अवश्य होने चाहिए ताकि पानी का निकास हो सके। दही जमाने वाले मिट्टी के बने सपाट पेंदे वाले गोल कुंडे भी इस कार्य के लिए ठीक रहते हैं।

बोन्साई बनाने के लिए सही पेड़ों का चुनाव होना चाहिए। शंकु जाति के वृक्ष चीड़

आदि, सेब, कमेलिया, अलूचा, आड़ू, करौंदा, नाशपाती, नारंगी, ओक, नीम, चंपक, जुनीपर, बाँस, अशोक, देवदारू, मौलश्री, अनार, इमली, वट जाति के पीपल, पाकड़, पिल्खन, खीरनी आदि बहुत अच्छे रहते हैं। बहुत बड़े पत्ते वाला वृक्ष इसके लिए ठीक नहीं रहता। वृक्ष पसंद करने के बाद आपको पहले यह निश्चय कर लेना चाहिए कि किस आकार का बोन्साई बनाना चाहते हैं। पौधे को पहले जमीन में ही या फिर छोटे पंद्रह सेंटीमीटर वाले गमले में ही दो वर्ष तक रखकर उसमें तरल खाद आदि देते रहना चाहिए, ताकि पौधे की जड़ें व तना दोनों ही स्वस्थ व मजबूत हो जाएँ। तना जब थोड़ा सख्त होने लगे तब ही तार बाँधकर उसे सही दिशा व आकार देना चाहिए।

बोन्साई पौधे की मिट्टी चिकनी नहीं होनी चाहिए। गोबर की खाद में थोड़ा बदरपुर की बजरी का मोटा दाना मिला देना चाहिए। सबसे पहले पात्र को अच्छी प्रकार साफ करके धो लें, फिर नीचे छेद पर प्लास्टिक की जाली दोहरी करके अथवा मिट्टी के ठीकरे इस प्रकार बैठा दें कि छेद में से मिट्टी नीचे बह न जाए। इसके ऊपर लकड़ी के कोयले का मोटा चूरा, एक तह बैठा दें। अब गमले को खाद से आधा भर दें और पौधे की जड़ों को सावधानी पूर्वक उसमें बैठा दें। जड़ों को किसी प्रकार की चोट नहीं पहुँचनी नहीं चाहिए। ऊपर खाद से भली प्रकार भर कर पौधे को अच्छी तरह दबा दें। पौधे की जड़ों में किसी प्रकार का खाली स्थान या छिद्र नहीं रहना चाहिए और जड़ें मजबूती में बैठ जाएँ, हिले नहीं। ऊपर से स्फैगनस मॉस रख दें ताकि नीचे नमी बनी रहे, ईंट के टुकड़े भी रखे जा सकते हैं। अब पौधे को पात्र समेत पानी के बर्तन में रख दें ताकि वह नीचे से पानी पी ले। ऊपर से पौधे को छिड़काव करते हुए पानी डालना चाहिए। इस पौधे को कुछ दिनों तक छाया में रखना चाहिए। जब पौधा ठीक प्रकार जम जाए, तब उसे धूप में रख देना चाहिए। बोन्साई पौधे को कभी भी छाया में नहीं रखना चाहिए। धूप में रखने से पानी दो बार देना पड़ता है, परंतु इससे पौधा मजबूत होता है। सुबह की धूप बहुत लाभदायक व आवश्यक होती है।

बोन्साई पौधों को तार द्वारा बाँधना व नई कोमल व फालतू टहनियाँ तोड़ना भी एक कला है। इसके पौधे को नरम तार लपेटकर आकार दिया जाता है। तार बाँधने से रस का प्रवाह रुक जाता है और पौधा तेजी से नहीं बढ़ता इससे उसका तना मजबूत होने लगता है। जब नई पत्तियाँ आने लगती हैं तो बहुत पत्तियाँ नहीं आने देना चाहिए। कोंपल को तोड़ देना चाहिए। तार बाँधते समय पौधे की त्वचा को चोट नहीं लगनी चाहिए। जब टहनी मजबूत होकर आकार धारण कर ले तब तार खोल देना चाहिए। इसके लिए अल्यूमिनियम अथवा ताँबे का थोड़ा मोटा तार जिसे हाथ से मोड़ सकें, ठीक रहता है।

बोन्साई के फूल एवं फलदार पौधे को वर्ष में एक बार अवश्य बदलना चाहिए। इसके अतिरिक्त तरल खाद व खली का चूरा भी देते रहना चाहिए। चूँकि इन पौधे को कम मिट्टी में रहना पड़ता है इसीलिए अतिरिक्त पोषक तत्त्वों की आवश्यकता भी अधिक पड़ती है। जब पौधे में कली आने का समय हो उससे कुछ पूर्व ही पौधे को

बदलना चाहिए। तने की त्वचा पर बनी टेढ़ी-मेढ़ी लकीरें एवं खुरदरापन पौधे को अधिक आकर्षक बनाता है। पौधा जितना पुराना होगा यह त्वचा उतनी ही खुरदरी होगी...यदि टहनी काटनी पड़े तो हमेशा ध्यान रहना चाहिए कि काटने का निशान दिखाई न दे।

बोन्साई पौधों में जड़ों के गलने या फफूँद के रोग होने का भय रहता है। ऐसा यदि कभी लगे तो कीट नाशक का प्रयोग करें। अच्छा तो यही होगा कि पौधे की मिट्टी बदल दें। रोगी पौधे को स्वस्थ पौधों से अलग रखें। एक परिपक्व बोन्साई पच्चीस से लेकर तीस वर्ष की आयु का होता है। आपके धैर्य व लगन का प्रतीक एक स्वस्थ बोन्साई होता है। इसे संतान की तरह देखना पड़ता है, परिचर्चा करनी पड़ती है। यह तो एक जीवन दर्शन है, जिसे समझना ही नहीं मन व बुद्धि तक आत्मसात् होना पड़ता है।

कीटाणु, रोग व रोकथाम

वनस्पति जगत के अनेक शत्रु हैं। कुछ तो ऐसे हैं जो दिखाई देते हैं और कुछ ऐसे हैं जो दिखाई नहीं देते, परंतु दोनों ही पौधों के जीवन पर समान रूप से भयंकर प्रभाव डालते हैं। भूमि में रहने वाले चूहे, दीमक व ऊपर से खाने वाली चिड़ियाँ, गिलहरियाँ, खरगोश से लेकर नन्हे-नन्हे एफिड जो कि देखने में राई के बराबर भी नहीं होते, पौधों को तरह-तरह से हानि पहुँचाते हैं। इनकी रोकथाम व उचित उपाय करने से पूर्व इन्हें पहचानना आवश्यक होता है। इनके अलावा पौधों में कई बार फूफँद, विषाणुजन्य रोग भी हो जाते हैं जो कि अत्यंत शीघ्रता से फैलकर आपके सारे श्रम को व्यर्थ कर सकते हैं। कुछ महत्त्वपूर्ण कीटों के विषय में परिचय दिया जा रहा है–

जैस्सिड : यह हरे रंग का नन्हा-सा कीट है जो सामान्यतः पत्ती के नीचे छिपा रहता है। इसके कारण पत्तियों में झुर्रियाँ, सिकुड़न व ऐंठन पड़ जाती है। यह मुख्यतः फलदार सब्जियों एवं गुलदाउदी पर लगता है।

थ्रिप : यह काले रंग का छोटा-सा कीट है जो सामान्यतः दिखाई नहीं पड़ता है। इसके आक्रमण से पत्तियों का आकर छोटा पड़ जाता है व कई प्रकार से मुड़तुड़ जाती हैं। सामान्यतः यह गुलाब व मिर्च पर लगता है।

एफिड : यह भूरे रंग का कीट है जो सामान्यतः नई कोंपलों व कलियों पर आक्रमण करके उनकी वृद्धि व विकास को रोक देता है, जिसके कारण पौधे के प्रभावित कोमल भाग सिकुड़ जाते हैं। गुलदाउदी, गुलाब, डहेलिया सलाद, मूली एवं सेम के पत्तों पर यह अक्सर आक्रमण करता है।

सुंडी : सफेद, हरे व काले विभिन्न रंगों में पाया जाने वाला या कीट मुख्यतः पत्तियों वाली सब्जियों, गोभी आदि व कंदनुमा पौधे, लिली आदि का घोर प्रेमी है और पत्तियों को खाकर यह पौधों को नष्ट कर देता है।

गुबरैला : यह धब्बेदार कीट पत्तों, फूलों की पंखुड़ियों एवं कलियों आदि को बड़े चाव से खाता है और बैंगन, टमाटर आदि में छेद कर देता है।

दीमक : यह कीट सामान्यतः वर्षा के अंत में अथवा गोबर की कच्ची खाद द्वारा फैल जाता है व मिट्टी में उग रहे पौधों की जड़ों को खोखला कर पूरी तरह नष्ट कर देता है।

इन सबके अतिरिक्त रेडस्केल, मकड़ी, सरीखे कीट भी काफी नुकसान पहुँचाते हैं।

कीटों के अतिरिक्त रोग फैलाने वाले मुख्य परजीवी निम्नलिखित हैं–

कवक अथवा फफूँद : इनके आक्रमण से कई प्रकार की बीमारियाँ फैल जाती हैं जैसे पाउडरी मिल्डयू, लीफ स्पॉट, कंडुवा एवं रतुआ आदि सामान्यतः लग जाते हैं और अक्सर पूरी क्यारी ही नहीं खेत भी इनसे नष्ट हो जाते हैं।

जीवाणु : विभिन्न प्रकार के सूक्ष्म जीवाणुओं द्वारा भी कई बार पौधों में बीमारियाँ हो जाती हैं। इनमें कैंकर व डाईबैक मुख्य हैं।

विषाणु : यह अति सूक्ष्म परजीवी पौधे के प्रत्येक भाग में खूब तेजी से फैलता है। सोलीएसी व मालवेसी परिवार के पौधे इनसे विशेषकर प्रभावित होते हैं।

बचाव

उपर्युक्त व कीटाणु से बचाव के लिए बाजार में बहुत-सी दवाएँ मिलती हैं। जिनके विषय में पूरी जानकारी भी इनके साथ दी जाती है। दीमक जैसे कीड़ों से बचाव के लिए तो सबसे सरल उपाय है कि एल्ड्रीन या अन्य किसी दवा के घोल को पानी के साथ मिलाकर मिट्टी में डाल देना चाहिए और क्यारी को पानी से भर दें, ताकि दवा अंदर तक चली जाए। इसके बाद जब क्यारी सूख जाए, तब फावड़े द्वारा गुड़ाई करके पौधा लगाएँ। गोबर की खाद में भी बचाव के लिए बी. एच. सी. तथा एल्ड्रीन का घोल मिला देना चाहिए। पौधे में कीटाणु के आक्रमण हो जाने पर कई लोग तंबाकू के घोल का छिड़काव करते हैं। इसका एक लाभ यह होता है कि अन्य कीटाणुनाशक जो कि मनुष्य के लिए प्राणघातक होते हैं, उनके दुष्प्रभाव से बचा जाता है। इसके लिए तंबाकू चौबीस घंटे भिगोकर उसके पानी का पत्तों के ऊपर व नीचे अच्छी तरह छिड़काव किया जाता है। वैसे मैलाथियान, रोगर आदि दवाएँ बाजार में मिल जाती हैं जो कि अपेक्षाकृत कम घातक होती हैं। परंतु हमें सदा इस बात की सावधानी बरतनी चाहिए कि दवा के डिब्बे पर लिखे सभी निर्देशों को ध्यान पूर्वक पढ़ें और उनका पूरा-पूरा पालन करें। जिस मात्रा में दवा का प्रयोग करना चाहिए उसी में करें। सभी प्रकार के कीटनाशक प्राणीमात्र के लिए घातक होते हैं। स्पर्श द्वारा, श्वास द्वारा, आँखों पर बौछार द्वारा, विभिन्न प्रकार के रोग ही नहीं कई बार तो प्राणों पर भी बन आती है। इसीलिए इनके प्रयोग के समय पूरी सावधानी रखनी चाहिए एवं निर्देशों का पूरा पालन करना चाहिए। आजकल वैज्ञानिक इसीलिए कीटनाशकों के प्रयोग को लेकर बहुत चिंतित हो उठे हैं और प्राकृतिक कीटनाशक जो कि पर्यावरण के मित्र हैं व हानिकारक नहीं हैं के प्रयोग पर बल दे रहे हैं। लहसुन, प्याज, गेंदा, तुलसी, गुलदाउदी, कैलंडुला, नॉस्ट्रीशियम आदि प्राकृतिक कीटनाशक पौधे हैं। गुलाब की क्यारी में किनारे पर लगी लहसुन की पंक्ति बहुत अच्छे कीटनाशक का कार्य करती है। परंतु उद्यान के सौंदर्य की दृष्टि से कोई भी उद्यान प्रेमी ऐसा करना नहीं चाहेगा। इसी प्रकार नीम के पत्तों को कंपोस्ट बनाते समय बीच में दबा देना चाहिए, यह खाद में पैदा होने वाले कीटाणुओं को काफी सीमा

तक नष्ट कर देता है। आजकल नीम से बना कीटनाशक बाजार में उपलब्ध है, जो कि मनुष्य व पशु दोनों के लिए घातक नहीं है।

लहसुन का भी एक कीटनाशक घर पर ही बनाया जा सकता है। 50 ग्राम लहसुन को पानी के साथ एकदम महीन पीसकर कपड़े से छान लें। इसमें चाय का एक चम्मच, लिक्विड पैराफीन मिलाकर 24 घंटे के लिए रख दें। इसमें किसी भी हल्के तरह का साबुन मिलाकर दो दिन बाद पौधों पर छिड़काव करें। इसमें 1:100 के अनुपात से जल मिला पौधों पर छिड़काव दें। यह कीटनाशक अन्य कीटनाशकों जैसा तेज तो नहीं होता, परंतु आवश्यकता पड़ने पर इसका जल्दी-जल्दी छिड़काव प्रभावकारी होता है। यह पौधे व मनुष्य दोनों के लिए ही हानिकारक नहीं होता है। फूलों के लिए क्यारियाँ बनाते समय नीचे एक तह नीम के पत्ते की बिछाएँ या फिर मिट्टी में नीम की खली मिलाने से नाइट्रोजन के साथ-साथ सामान्य कीटों की समस्या से काफी छुटकारा पाया जा सकता है।

दवा के छिड़काव के लिए बाजार में तरह-तरह के पंप मिलते हैं, दवा तैयार करके उनमें डालकर छिड़काव किया जाता है। दवा का छिड़काव करते समय हमेशा ध्यान रहे कि हवा के रुख या बहाव की विपरीत दिशा में खड़े होकर दवा का छिड़काव करें, ताकि दवा का प्रभाव आँखों व साँस आदि पर न पड़े। दूसरी बात यह है कि दवा का छिड़काव बादलों के समय न करें, नहीं तो वर्षा होने पर दवा बह कर व्यर्थ हो जाएगी। तीसरी बात है कि दवा का छिड़काव सूर्योदय के समय या फिर शाम को करें। दिन में सूर्य की गर्मी की तेजी के कारण दवा का प्रभाव अधिक घातक होकर पौधों को झुलसा देता है। चौथी बात है कि यदि तेज हवा बह रही हो तो दवा का छिड़काव न करें। पाँचवीं बात है कि दवा के छिड़काव के बाद हाथ-मुँह और बाँहें अच्छी तरह साबुन से धोएँ व कोई भी गर्म पेय, चाय, काफी आदि पिएँ, ताकि यदि किसी प्रकार दवा साँस द्वारा अंदर चली गई हो तो उसे प्रभावहीन किया सके। अपने कपड़े भी बदल लेने चाहिए। दवा का छिड़काव करते समय पौधे के केवल ऊपर ही छिड़काव न करें, बल्कि टहनी, पत्तों के नीचे व जड़ के पास तने तक खूब अच्छी तरह दवा का छिड़काव कर दें। अक्सर ये कीड़े पत्ते के नीचे रहते हैं और वहीं से पत्तों का रस चूस कर पौधे को कमजोर बना देते हैं। दवा छिड़कने के बाद सब्जी व फल किसी का भी प्रयोग कुछ दिनों तक नहीं करना चाहिए, यह हमारे स्वास्थ्य के लिए हानिकारक होता है। ये दवाएँ बच्चों की पहुँच से दूर व विष का लेबिल लगाकर रखें। यदि किसी स्थिति में कोई भी दवा शरीर में चली जाए तो फौरन अस्पताल ले जाएँ और तत्काल इलाज की व्यवस्था करें। यह न भूलें कि ये दवाएँ विष हैं और कीटाणु के लिए घातक हैं तो मनुष्य के लिए भी कम घातक नहीं हैं।

पुष्प-प्रदर्शनी

विश्व भर में पुष्प प्रदर्शनियाँ उसी प्रकार प्रचलित हैं जिस प्रकार क्रिकेट अथवा फुटबाल का मैच। संसार के हर बड़े शहर में पुष्प प्रदर्शनी का आयोजन होता है जो कि वहाँ के सांस्कृतिक स्तर एवं सुरुचि का ही एक अंग होता है। गुलदाउदी, गुलाब, डहलिया, सदाबहार पौधे, बोगनविलिया, कैक्टस एवं वार्षिक फूलों की प्रदर्शनियाँ विभिन्न अवसरों पर होने वाली यह प्रदर्शनियाँ न केवल अत्यंत आकर्षक होती हैं, अपितु हमारे ज्ञान की वृद्धि भी करती हैं। विभिन्न प्रकार के नई किस्म के फूल पौधे देखने को तो मिलते हैं ही, साथ-ही-साथ बागवानी संबंधी साहित्य, उपकरण, बीज, पौधे व कंद आदि वहाँ आसानी से मिल जाते हैं। किसी भी पुष्प प्रेमी के लिए यह आनंद व ज्ञान का स्रोत होती हैं।

पुष्प प्रदर्शनियों में केवल दर्शक हों ऐसी बात नहीं है, अपितु लोग इन प्रतियोगिताओं में भाग लेते हैं। अक्सर लोगों के पास प्रदर्शन योग्य पौधे होते हैं, परंतु सही जानकारी के अभाव में वे प्रतियोगिता में भाग लेने का साहस जुटा नहीं पाते हैं, अथवा छोटी-छोटी गलतियों के कारण पुरस्कार पाने से वंचित रह जाते हैं। प्रदर्शनी में भाग लेते समय उनके नियमों को ध्यान पूर्वक पढ़ना चाहिए और जिस भी श्रेणी या विभाग में गमले अथवा पुष्प रखे जाएँ, उसका चुनाव सही होना चाहिए। प्रदर्शनी का अर्थ ही है प्रदर्शन अर्थात् सुंदर तरीके से दिखाना, प्रस्तुत करना। वास्तव में प्रदर्शन एक कला भी है। जिस प्रकार दुकानदार दुकान की प्रत्येक वस्तु को अच्छी तरह साफ-सुथरा करके, सजाकर ग्राहकों को आकर्षित करता है उसी प्रकार पुष्प-प्रदर्शनी में रखे जाने वाले पौधे, फूल आदि अच्छी तरह सजाकर प्रस्तुत किए जाने चाहिए। सदाबहार पौधे हों या फूल के पौधे, स्वस्थ एवं सुंदर होने चाहिए। प्रदर्शन के ढंग का असर निर्णायकों पर बहुत पड़ता है। बदरंग अथवा मुर्झाए हुए फूल, सड़े पत्ते, टूटे अथवा गंदे गमले पौधे के आकर्षण को कम कर देते हैं।

एक ग्रुप में चाहे वह दो गमलों का हो या 6 गमलों का, गमले एक ही आकार के लगाने चाहिए। गुलाब, बोगनविलिया एवं सदाबहार बड़े पौधों को छोड़कर शेष पौधे मिट्टी के गमलों में ही लगाए जाने चाहिए। गमले भी बाहर से साफ हों और उन पर ताँबई गेरू का रंग लगा देना चाहिए। खराब मुर्झाए पत्ते व फूल कैंची की सहायता से काट देने चाहिए। फूलों को बाँस की खपच्ची की सहायता से सीधा रखना चाहिए, नहीं

तो फूल इधर-उधर बिखर जाते हैं। इस खपच्ची को हरे रंग देना चाहिए ताकि उनका रंग टहनियों में छुप जाए। हरे रंग का डी. एम. सी. का धागा लेकर इन टहनियों को खपच्ची से बाँध देना चाहिए। सदाबहार पौधों में कटी-फटी व खराब पत्तों को जड़ से काट दें। फर्न आदि के पत्तों की अच्छी तरह धुलाई करें। फिलोडेंड्रान जैसे चौड़ी पत्ती वाले पौधें की पत्तियों को गीले कपड़े की सहायता से अच्छी तरह पोछ दें, ताकि धूप आदि से वे बदरंग न लगें। चतुर व्यक्ति पौधे के दोषों को छिपाना बखूबी जानते हैं। गमले रखने के साथ उनमें भरपूर पानी दे देना चाहिए।

काटकर रखने वाले फूल स्वस्थ एवं ताजा होने चाहिए। काटते समय सबसे अच्छे रंग व आकार वाले फूल लंबी टहनी समेत काटकर खुले पानी में रख डुबो देना चाहिए। इस पानी में एक गोली एस्प्रीन या ताँबे का सिक्का डाल देने से फूल दीर्घ काल तक ताजे रहते हैं। फूल काटने का सर्वोत्तम समय सुबह का होता है। पानी में रखते समय ध्यान रखना चाहिए कि फूल आपस में दबे नहीं। ग्लेडियोलस व गुलाब, डहलिया जैसे फूल काटते समय देख लेना चाहिए कि नीचे की पंखुड़ियाँ या फूल मुर्झाने न लगे हों। उनके रंग रूप व आकार में सभी का महत्त्व होता है व उसमें ताजगी होनी चाहिए। इसी प्रकार डहलिया के फूल का बीच का चंद्र मंडल पूरा खिलना नहीं चाहिए। फूल लगाने के लिए आयोजकों द्वारा मिट्टी व लोहे के पात्र दिए जाते हैं। इनमें पूरा पानी भरें फिर फूल लगाएँ। फूल को फूलदान में फैलाकर रखें ताकि निर्णायक प्रत्येक फूल के सौंदर्य को देख सकें। डहलिया ग्लेडियोलस जैसे फूल भारी होने से पात्र लुढ़कने का भय होता है, अतः इनके लिए या तो बड़े फूलदान में या फिर ईंट आदि का चारों ओर सहारा दें।

दिल्ली में हर वर्ष बहुत सारी पुष्प प्रदर्शनियाँ आयोजित होती हैं। इनका समय तो निश्चित होता है, परंतु दिन व स्थान कई बार बदल जाते हैं। प्रमुख पुष्प प्रदर्शनियों का नाम व समय निम्न है :

नवंबर के अंतिम सप्ताह में–भारतीय गुलदाउदी समिति की ओर से आयोजित गुलदाउदी प्रदर्शनी।

दिसंबर के प्रथम सप्ताह में–वाई. डब्ल्यू. सी. ए. द्वारा आयोजित गुलदाउदी प्रदर्शनी।

दिसंबर के तीसरे सप्ताह में–भारतीय गुलाब समिति द्वारा आयोजित शीतकालीन गुलाब प्रदर्शनी।

फरवरी के प्रथम सप्ताह में–किचन गार्डन एसोसिएशन द्वारा आयोजित वार्षिक पुष्प एवं सब्जी प्रदर्शनी।

फरवरी के दूसरे सप्ताह में–वाई. डब्ल्यू. सी. ए. द्वारा आयोजित वार्षिक पुष्प प्रदर्शनी।

फरवरी के तीसरे सप्ताह में–दिल्ली विश्वविद्यालय गार्डन कमेटी द्वारा आयोजित

वार्षिक पुष्प प्रदर्शनी।

फरवरी के चौथे सप्ताह में–दिल्ली पर्यटन निदेशालय की ओर से आयोजित दिल्ली टूरिज्म गार्डन फैस्टिवल।

मार्च के प्रथम सप्ताह में–नोएडा फ्लोरीकल्चर समिति द्वारा आयोजित वार्षिक पुष्प प्रदर्शनी।

मार्च के अंतिम सप्ताह में–भारतीय गुलाब समिति द्वारा बसंतकालीन गुलाब प्रदर्शनी।

अप्रैल के प्रथम सप्ताह में–इंडियन सोसाइटी ऑफ कैक्टस सकुलेंट द्वारा आयोजित कैक्टस एवं सकुलेंट प्रदर्शनी।

पुष्प प्रदर्शनियाँ आनंद का स्थान होती हैं और साथ ही ज्ञान का भी। सुंदर स्वस्थ पुष्प पौधे ही नहीं बल्कि कई नई किस्मों के पुष्प भी देखने को मिलते हैं। यहाँ पुष्प के अतिरिक्त सदाबहार पौधे, सब्जियाँ आदि भी रखे जाते हैं। निर्णायक मंडल में इस क्षेत्र के अनुभवी व्यक्ति रखे जाते हैं। निर्णायक मंडल का निर्णय सर्वमान्य होता है। फिर भी यदि किसी प्रकार का भ्रम हो तो आयोजकों से मिलकर अपने विचार लिखित रूप में बताए जा सकते हैं। ज्ञान व मनोरंजन के क्षेत्र में कहीं-कहीं अपवाद भी होते हैं। परंतु, पुष्प व प्रकृति के बीच रहकर कटुता नहीं आनी चाहिए, बल्कि स्वस्थ प्रतियोगिता का भाव रहना चाहिए।

वृक्ष

प्रकृति का सुंदरतम रूप है वृक्ष। छायादार, फलयुक्त, सुगन्ध व फूलों से सजा यह न केवल घर की शोभा है बल्कि शोर, वायु प्रदूषण, धूल, हवा, धूप सभी समस्याओं का समाधान है। घने व पुराने वृक्ष उद्यान को भी भव्यता प्रदान करते हैं। फूलों से लदा टेबीबुइया हो या सुगन्ध बिखेरती मौलश्री, या फिर हरे-भरे नीम और सप्तपर्णी, सन्तरी जैसे सीधे तने खड़े ग्रिवेलिया रोबस्टा या झुकी लतरों वाला हवा के साथ झूलते बाटलब्रुश एवं सेलिक्स—मन प्राण को आनन्दित कर देते हैं। आजकल बड़े शहरों में जगह की बहुत समस्या होती है। उद्यान के नाम पर पन्द्रह बीस वर्ग फुट खुली जमीन का टुकड़ा होना भी भाग्यशाली लगता है। ऐसे में वृक्ष की कल्पना भी कैसे की जा सकती है ? परन्तु कभी ऐसी समस्या आ जाती है कि आप सड़क से आने वाले कोलाहल, धुएँ, धूल से बचने के लिए एक वृक्ष सड़क के किनारे लगाना चाहते हैं। ऐसी परिस्थिति में सही वृक्ष का चुनाव करके आप वृक्ष के सौन्दर्य का पूरा लाभ उठा सकते हैं। गलत जगह पर लगा, गलत वृक्ष हमारी समस्या बन जाता है। आज से लगभग पैंतीस वर्ष पूर्व मैंने बहुत शौक से अपने घर की दक्षिण पूर्व दिशा में चीड़ का एक वृक्ष लगाया। देखभाल के कारण वह पच्चीस तीस फुट ऊँचा विशाल वृक्ष बन गया। यहीं से मेरी समस्या शुरू हुई। एक ओर तो उस भव्य वृक्ष के कारण मेरे घर की पहचान बनी, दूसरी ओर गलत स्थान में लगाए जाने के कारण शीत ऋतु में दोपहर तक की धूप वह अपने ऊपर लेकर उससे हमें वंचित कर देता और ग्रीष्म में उसकी छाया हमें न मिलकर सड़क के राहगीरों को मिलती और हमारा घर धूप में तपता। इसलिए किसी भी वृक्ष के लगाते समय वृक्ष की ऊँचाई, छत्र की बनावट व चौड़ाई और सूर्य की दिशा का पूरा ध्यान रखना चाहिए। हमें याद रखना चाहिए कि कोई छोटी झाड़ी यदि गलत स्थान पर लग जाए तो उसका स्थान आसानी से बदला जा सकता है, परन्तु एक बार बड़ा हो जाने पर वृक्ष समस्या बन जाता है।

प्रत्येक वृक्ष का एक व्यक्तित्व होता है। स्तम्भाकार, शंकुकार, गोलाकार, खुली छत्रीनुमा, नीचे की ओर लटकती टहनियोंवाला आदि। वृक्ष की यही आकृति उसका छत्र होता है जो कि बहुत महत्त्वपूर्ण होता है। किसी जगह पर लगाने से पूर्व उसके स्वभाव, आकर व आकृति का पूरा ज्ञान होना आवश्यक है। उसकी छाया उद्यान के किस भाग पर पड़ेगी, मकान की दीवार बहुत निकट तो नहीं है, सर्दियों की धूप तो नहीं रोकेगा,

पर्णपाती है या सदाबहार आदि आदि। पर्णपाती वृक्ष होने पर सर्दियों में धूप व गर्मियों की छाया का आनन्द उठाया जा सकता है। वृक्ष इतना बड़ा न हो कि आपके घर व उद्यान को ही घेर ले। इसलिए कई बार इच्छा होने पर भी कई वृक्ष घर की वाटिका में नहीं लगाए जा सकते हैं। हाँ यदि आप चाहें तो घर के बाहर भी, सड़क पर सुन्दर वृक्ष लगाकर सड़क के आनेवाले शोर, धूल, धुएँ आदि से बचाव कर सकते हैं। आजकल लोग अक्सर पॉलीएल्थिया पेंडालुस अशोक को दीवार की तरह घर के बाहर लगा देते हैं। सिल्वर ओक, ब्राटल ब्रश भी कम जगह घेरनेवाले ऐसे वृक्ष हैं जो कि अधिक मजबूत हैं व सुन्दर लगते हैं।

वृक्ष लगाना एक पुण्य का कार्य भी है हमारा कर्तव्य भी। भारत में शोभाकार वृक्षों की एक बहुत लम्बी सूची है। यहाँ हम केवल कुछ शोभाकार वृक्षों की सूची दे रहे हैं जो कि घर से जुड़ी वाटिका में लगाए जा सकें।

वैज्ञानिक नाम	प्रचलित नाम	आकार	पुष्प	समय
अर्जुन टर्मिनेलिया	अर्जुन	विशाल सदाबहार	पीली मंजरी	मार्च से जून
अकेशिया आरीक्यूलिफारमिस		मध्यम आकार सदाबहार	हल्की पीली मंजरी	जून-सितम्बर
अज्डीरक्टा इडिका	नीम	पर्णपाती विशाल	फीके सफेद नन्हे पुष्प	मई-जून-जुलाई
इरीथ्रीना इडिका	ढोल ढाक मदार	पर्णपाती मध्यम	लाल पुष्प	मार्च-अप्रैल-मई
इरीथ्रीना ब्लैकी	ढोल ढाक मदार	पर्णपाती छोटा वृक्ष	लाल पुष्प	मार्च-अप्रैल-मई
एथोसेफाल्सकदम्ब	कदम्ब	विशाल पर्णपाती वृक्ष	पीले गोल सुगन्धित पुष्प	जून से अगस्त
एरुकेरिया	मंकी पज़ल ट्री	सदाबहार लम्बा उंचा	शंकुकार	
एलस्टोनिया स्कॉलरिस	सप्तपर्णी छातिम	सदाबहार विशाल	फीके सफेद सुगन्धित पुष्प	जून से अक्टूबर
केशिया फिस्ट्यूला	अमलतास	पर्णपाती बड़ा	पीले सुनहरे पुष्प	मई-जून
केशिया सिआमिआ	कसौद	सदाबहार मध्यम आकार	पीले पुष्प	लगभग वर्ष-भर
केशिया जवानिका	जावा केशिया मध्यम आकार	सदाबहार	गुलाबी श्वेत	ग्रीष्म ऋतु
कोरेजिया स्पेशिओसा		पर्णपाती बड़ा	गुलाबी-बैंगनी	अक्टूबर-नवम्बर
कैलिस्टिमोन लैसियोलेटस	बॉटल-ब्रुश	सदाबहार छोटा वृक्ष	लाल फूल	फरवरी-अप्रैल वर्षा में भी

वैज्ञानिक नाम	प्रचलित नाम	आकार	पुष्प	समय
क्रेटेबिया रिलिजिओसा	वरना, वरुण	पर्णपाती मध्यम आकार	फीके पीले पुष्प	मार्च-अप्रैल-मई
कोर्डिया सेबेस्टीना	स्कारलेट कार्डिया	पर्णपाती छोटा आकार	लाल पुष्प	जनवरी से मार्च
एमहर्शिया नोबिलिस	एमहर्शिया	सदाबहार मध्यम आकार	लाल सुनहरे पुष्प	नवम्बर से अप्रैल तक
कोकलोस्पमर्म गॉसीपियम	येलोसिल्क कॉटन ट्री	पर्णपाती मध्यम	पीले सुनहरे	फरवरी-मार्च
ग्रिवेलिया रोबस्टा	सिल्वर ओक	सदाबहार लम्बा वृक्ष	गहरे पीले फूल	मार्च से मई
जकेरेंडा मिमुसीफोलिया	नीला गुलमोहर	पर्णपाती ऊँचा	नीले फूल	मई से जुलाई
टीकोमा अड्यूलाटा	लाहुरा-रोहेड़ा	सदाबहार छोटा आकार	पीले सुनहरे लाल फूल	मार्च-अप्रैल-मई
टेबीबुईया स्पीशिओसा	टेबीबुईया	पर्णपाती छोटा आकार	हलके फालसाई फूल	मार्च-अप्रैल
ट्रेकलोस्पमर्म-अकेरीफोलियम	कनक-चम्पा मुचकुन्द	सदाबहार विशाल	फीके पीले सफेद सुगन्धित	मार्च-अप्रैल
प्लूमेरिया अल्बा	सफेद चम्पा	सदाबहार छोटा वृक्ष	सफेद सुगन्धित पुष्प	लगभग वर्ष भर
प्लूमेरिया एक्यूटिफोलिया	गुलेचीन	पर्णपाती छोटा	सफेद पीले सुगन्धित पुष्प	वर्ष-भर
प्लूमेरिया रूब्रा	रक्त चम्पा	पर्णपाती छोटा वृक्ष	लाल सुगन्धित पुष्प	वर्ष-भर
पोनगामिया ग्लेबरा	पापड़ी, करंज	पर्णपाती छोटा वृक्ष	हल्के बैंगनी पुष्प	मई से जुलाई
पानशियाना रीजिया	गुलमोहर	पर्णपाती मध्यम	लाल नारंगी	मई से जुलाई
थैस्पीसिया पापुलिनिआ	पोर्शिया-भिंडी वृक्ष	सदाबहार मध्यम	पीले फूल	वर्ष-भर
पेल्टोफोरम इन्र्म	कॉपर-पाड ट्री	पर्णपाती मध्यम	सुनहरे पीले	मार्च से मई सितम्बर से नवम्बर
पोलिएल्थिया लांजीफोलिया	देवदारू अशोक	पर्णपाती मध्यम.	लम्बे हरे पत्तों के कारण प्रचलित	
पोलिएल्थिआ पंडालुस	देवदारू अशोक	पर्णपाती लम्बा सीधा		तदैव
फाईक्सकृष्णा	माखन कटोरी	सदाबहार मध्यम	दोनेनुमा पत्तों के कारण	
फाईक्स इंफेक्टोरिया	पिलखन पाकड़	पर्णपाती विशाल वृक्ष		अप्रैल में नए लाल पत्ते
फाईक्स रेलिज्योसा	पीपल-अश्वत्थ	पर्णपाती विशाल वृक्ष		तदैव
ब्यूटिया फ्रांडोसा	पलाश, टेंसू	पर्णपाती छोटा	लाल नारंगी फूल	मार्च-अप्रैल
बोहेनिया वेरीगाटा	कचानर	पर्णपाती मध्यम आकार	गुलाबी बैंगनी	मार्च-अप्रैल

वैज्ञानिक नाम	प्रचलित नाम	आकार	पुष्प	समय
बोहेमिया परप्यूरिआ	गुलाबी कचनार	सदाबहार मध्यम आकार	जामुनी फूल	नवम्बर-दिसम्बर
मैगनोलिया स्टेलाता	चम्पा	सदाबहार छोटा	सफेद सुगन्धित बड़े पुष्प	मार्च-अप्रैल
मीलिया अजाडिरकता	बकायन, पर्शियन-लाईलक	पर्णपाती छोटा	जामुनी सुगन्धित पुष्प	मार्च-अप्रैल
मिलीशिया ओवलीफोलिया	मॉलमीनरोजवुड	पर्णपाती छोटा	बैंगनी फूल	अप्रैल-मई
रायस्टोनिआ रोबस्टा	रॉयल अथवा बाटल पाम		सदाबहार लम्बा ऊँचा	
सराका-इडिका असोका	सीता-अशोक	सदाबहार मध्यम आकार	लाल नारंगी	मार्च-अप्रैल
सोलानम ग्रैंडीफ़्लीरम	बैंगन वृक्ष	सदाबहार छोटा	बैंगनी पुष्प	वर्ष-भर
स्पाथोडिया कम्पेन्यूलाटा	टयूलिप ट्री	पर्णपाती मध्यम	लाल नारंगी	फरवरी से अप्रैल
सेसवानिया ग्रैंडीफलोरा	अगस्त्य	सदाबहार छोटा	गुलाबी फीके पीले फूल	दिसम्बर-जनवरी

अनुक्रमणिका

अंगूर (Vitis-vinifera-vitacea), 151
अकैलीफा (Acalypha), 34, 39, 64
अजरेटम (Ageratum-maxicanum), 41
अज़ेलिया (Azalea), 112
अडेनियम (Adenium), 90
अदरक (Ginger), 136
अमरूद (Guava-pisidera), 17
अगावे (Agave), 64, 90
अमोमम (Amomum), 138
अलूचा (Prunus-domestica), 145
अलोए (Aloe), 90

आइबरिस (Ibris-umbelata), 42
आइपोमिया (Ipomea), 102
आइरिस (Iris), 136
आइवी (Ivy), 102
ऑकना (Ochna-wrightiana), 113
आँख लगाना (Budding), 38
आग्ज़ेलिस (Oxalis), 138
आडू (Prunus-persica), 151
आम (Mangifera-indica), 151
ऑर्कटोटिस (Arctotis), 43
आर्किड (Orchid), 92, 99
आर्गाइरिआ (Argyreia-speciosa), 113
आर्टा - बोट्रिस - नर्वोसम (Arta-botrys-narvosum), 113
ऑर्निथोगेलम (Ornithogalum), 138
आलू (Potato), 145
आलू बुख़ारा (Prunus domestica), 150
आल्टरनेन्थेरा (Alternanthera), 135

इंटरमीडियेट डहलिया (Intermediate-dahalia), 11
इकाईनोपसिस (Echinopsis), 89
इकीनोकैक्टस (Echinocactus), 89
इकीनोसीरियस (Echinocercus), 89
इकेरेरिया (Echareria), 91
इमपेशेन्स (Impatiance), 42
इरेंथेमम (Eranthimum-nervosum), 113
इक्सिया (Ixia), 138
इक्सोरा (Ixora), 112, 114

एक्टीनोप्टेरिस (Actenopatris), 76
एंजलोनिया (Angelonia-grandiflora), 114
एकमिया (Aechmea), 64
एगनोस्मा (Aganosma-caryophyllata), 101
एगलाओनमा (Aglaonema), 65
एगापेन्थस (Agapanthus-umbellatus), 139
एडनैन्थेरा (Adenanthera-pavonia)
एडनोक्लायिमा (Adanoclymma-alliaceum), 103
एडीएन्टम (Adiantum), 76
एथीरियम (Athyrium), 76
एनचूसा (Anchusa-capensis), 43
एनीमोन (Anemone), 139
एन्टीगोनन (Antigonan-leptipus), 102
एनीमोन गुलदाऊदी (Anemone-chrysan-themum), 97
एन्टीरहीनम मैजस (Antirahinum-majus), 43

एन्थ्यूरियम (Anthurium), 65
एफिड (Aphid), 157
एफलेंडरा (Aphlendra-cristata), 114
एमैरिलिस (Amarylis), 139
एकीमिनिस (Achiminis), 6
एक्रोक्लीनियम (Acroclinum), 6
एरम (Arum), 139
एरिस्टोलोकिया (Aristolochia-elegans), 102
एरीसिमम (Erisimum), 42
एलामैण्डा (Allamanda cathartica), 101, 114
एलोकेशिया (Alocasia), 65
एल्ड्रीन (Aldrin), 157
एलथीआ रोज़ा (Althea-rosa), 42
एशाल्जिया (Eschalollzia-californica), 32, 43
एसप्लीनियम (Asplenium), 81
एसिस्टेशिया (Asystesia-coromondelliana), 114
एस्ट्रोफायटम (Astrophytum), 89

ऐपीस्किया (Episcia-cupreata), 65
ऐलीसम (Alyssum-merritimum), 42
ऐस्परेगस (Asparagus), 62, 66
ऐस्पीडिस्टरा (Aspidistra), 65

ओनोक्लीया (Onoclea), 76
ओपनशिया (Opuntia), 89
ओलिया (Olea), 115

औपचारिक भूदृश्य योजना (Formal landscaping), 24
अनौपचारिक भूदृश्य योजना (Informal landscaping), 25

ककड़ी (Kakaree), 148
कम्पैन्यूला (Companula-medium), 44
कलम बनाना (Cutting), 5
करेला (Bittergourd), 66
कवक (Fungus), 158
करौंदा (Carissa-carandas), 131
कलैडियम (Caladium), 67
कॉटीलिडौन (Cotyledon), 91
काक्स-काम्ब (Cox Comb), 44
कामिनी मौराया (Murraya-kamini-paniculata), 134
कारनेशन (Carnation-dianthus), 45
कार्न फ्लावर (Centaurea), 45
कालैंचो (Kalanchoe), 91
कीरिएन्थस (Cheiranthus), 46
कुरी लण्टाना (Lantana), 119
कुल्फा (Purslane), 45
कूपेरिया (Cooperia), 140
केना (Canna), 92
केला (Musa-paradiasica), 137
कैटलिया (Cattleya), 99
कैक्टस (Cactus), 88
कैक्टस डहलिया (Cactus-Dahlia), 95
कैपेरिस (Capparis-jeglonica), 115
कैलसियोलेरिया (Calceolaria), 46
कैलण्डुला (Calundula-officinalis), 45
कैलिएन्ड्रा (Calliandra)
कैलेंथे (Calanthe), 67
कैसिया (Cassia), 115
कैलेथिया (Calathea), 67
कैम्पसिस (Campsis-grandiflora), 105
कैम्फेरिया (Kaempferia), 140
कोचिया (Kochia-tricophylla), 46
कोडिईयम (Codiaeum), 39, 68
कोर्म (Corm), 136
कोनवलेरिया (Convallaria), 140
कोनोफायटम (Conophytum)
कोबिया (Cobia-scandance), 105
कोरियोसिस, कैलियोप्सिस (Coriosis-calliopsis), 46
कोलियस (Coleus), 34, 68

कोलोकेसिया (Colocasia), 67
कोसमस (Cosmosea), 67
कोस्टस (Costus-speciosus), 68, 140
कोफिया (Coffea-bengalansis), 115
क्राइनम (Crinum), 140
क्रिपटैन्थस (Cryptanthus), 140
क्रैसुला (Crassula), 90
क्रैसेन्डरा (Crossandra), 115, 135
क्लाइटोरिया (Clitoria-taenatea), 104
क्लाएंथस (Clianthus-puniceaus), 44
क्लारकिया (Clarkia-elegans), 44
क्लीओम (Cleome-gigantia), 44
क्लीमैटिस (Climatis-paniculata), 104
क्लीरोडेन्ड्रॉन (Clerodendron), 63, 104, 132, 135
क्लोरोफाइटम (Chlorophytum), 36, 66
क्विसकैलिस (Quisqualis-indica), 105
क्रोकस (Crocus), 176

गलित जीवांश (Humus), 18
गजेनिया (Gazenia spelendans), 47
गाईन्यूरा (Gynura), 69
गाजर (Carrot), 144
गाँठ गोभी (Knot-khol), 149
गार्डेनिया (Gardenia-florida), 116
गालटोनिया (Galtonia-candicans), 141
गालफीमिया (Galphemia-gracilles), 116, 135
गिलिया (Gilia-coronofolia), 47
गुट्टी बाँधना (Air-layering), 37
गुबरैला (Beetal), 147
गुलदाऊदी (Chrysanthemum), 45, 95, 97
गुलाब (Rose), 78
गुस्ताविया (Gustavia-insignis), 116
गेस्टेरिया (Gasteria), 90
गैलार्डिया (Gaillardia), 47

गोडेशिया (Godetia-grandiflora), 47
गोम्फोरीना (Gomphorina-globosa), 47
ग्रेप्टोफिलम (Graptophyllum), 116
ग्लोक्सीनिया (Gloxinia), 141
ग्लेडिओलस (Gladiolus), 48, 136
ग्लोरीओसा (Gloriosa), 105

चुकन्दर (Beet-root), 145
चौलाई (Amaranthus), 145

जड़ों का विभाजन (Root diversion), 35
जरबरा (Gerbera), 138
जलाशय (Water pound), 27
जट्रोफा (Jatropha), 89, 180
जिपसोफिला (Gypsophila-elegans), 48
ज़ीनिया (Zinia-elegans), 48
ज़बरीना (Zebrena-pendula), 63, 69
जस्टीशिया (Justisia), 133
जैकमोण्टिया (Jacquemontia-pentatha), 106
जैक्विनिया (Jacquinia-ruskifolia), 117, 133
जैत (Sesbania), 133

टमाटर (Tomato), 147
टबर्नीमाण्टेना (Taberanaemontana-coronaria), 112, 118
टिकोमा (Tecoma), 118
टिजिटस (Tagetes), 49
टिथोनिया (Tithonia-speciosa), 49
ट्रेडेसकेन्शिया (Tradescantia), 63, 69
टैका (Taca-aspera), 69
ट्यूबर (Tuber), 137
टैरिस (Pteris), 76
टोरेनिया (Torenia-fournierii), 49
ट्रेक्लोस्परमम (Trachelospurmum), 106

डावेलिया (Davallia), 76

डिजेटेलिस (Digitalis), 51
डिमारफोटिका (Dimorphoteca-aurantiaca), 52
डीफेनबाकिया (Dieffenbachia), 70
डुरेंटा (Duranta), 133
डडेलाकैंथस (Dadalacanthus), 168
डेफोडिल (Deffodil), 141
डेलफीनियम (Delphinium), 52
डीडोनिया (Dodonia-viscosa), 134
डोम्बैया (Dombeya-nervasum), 118
ड्राइआप्टेरिस (Dryoptris), 76
ड्रेसीना (Draceana), 70, 90

थनबर्जिया (Thunbergia-grandiflora), 63, 106, 135
थीवेशिया (Thevetia-neriifloia), 68
थूया (Thuya), 69
थेस्पीसिया (Thespesia-populnefolia), 118
थ्रिप्स (Thrips), 157

दूब घास (Cynodon-doctylon), 121

नन्दिना (Nandina-domestica), 119
नरगिस (Narcissus), 141
नाइफ़ोफ़िया (Kaniphofia), 141
नाशपाती (Pyrus-commanis-Rosa), 152
नाइजैला (Nigella-damascana), 52
निकोशियाना (Nicotiana-affinis), 59
निकेटन्थस-आर्बोर-ट्रिस्टिस (Nicatanthus-arbor-tristis), 70
निमेशिया (Nemesia-otrumosa), 53
नीबू (Citrus), 152
नेफ्रोलैप्सिस (Nephrolepsis), 76
नेरीन (Nerine), 141
नेरियम-औलिएंडर (Nerium Oleander), 119, 135
नेस्ट्रेशियम-ट्रौपीओलम (Nastrasium-tropaeolum), 54

पत्ता गोभी (Cabbage), 148
पपावेर (Papaver-poppy), 32, 59
पपीता (Carica-papaya), 153
पाइरेस्टेजिया-वेनुस्टा (Pyrostegia-vinusta), 107
पाइलिया (Pilea-muscosa), 63, 70
पालक (Spinach), 33, 144
पॉलीगोनम (Polygonum), 119
पालीएंथस-टयूबरोज़ा (Polyanyhus-tuberosa), 141
पालिएंथा गुलाब (Polyantha-rose), 79
पिलयोनिया (Pellonia), 70
पुत्रंजीवा (Putranjiva-roxburghii), 134
पेट्रिया (Petrea-valubilis), 107
पेनक्रेटियम (Pancratium), 142
पेन्टास (Pentas-capersis), 119
पेपरोमिया (Peperomia), 71
पैसीफ्लोरा (Passiflora-racimosa), 107
पोएनसेटिया-पल्चरिमा (Poinsettia-pulcherrima), 120
पोथोस (Pothos), 102, 108
पोराना (Porana-panniculata), 108
पोर्टुलाका (Portulaca-geandiflora), 54
पॉलीपोडियम (Polypodium), 77
पॉलीस्टिकम (Polysticum), 77
पिंपीनेला (Pimpinella-anisum), 54
पुदीना (Mint), 145
प्याज़ (Onion), 146
प्रोसोक्येरिया (Prosoqueria), 120
प्लमेरिया (Plumeria), 90
पैचीपोडियम (Pachyopodium), 90
प्लम्बैगो (Plumbago), 119
प्लेटीसीरियम (Platycerium), 76
प्लियोमेली (Pleomele), 71

फ़ाईक्स एलास्टिका (Ficus-elastica), 71
फालसा (Grewia-asiatica), 153
फिट्टोनिया (Fittonia-verschaffellii), 72
फ़िलीसिया (Filliciya), 55
फ़िलेन्थस (Phyllanthus), 120
फ़िलोडेन्ड्रान (Philodendron), 110
फूल गोभी (Cauliflower), 148
फ्रीज़िया (Freesia), 142
फ्रेंचबीन (French-bean), 146
फ़्लाक्स (Phlox-drammondii), 55
फ़्लोरीबंडा गुलाब (Floribunda-rose), 79

बबूल कीकर (Acassia), 133
बेलोपरोन (Beloperone), 121
बर्टीलोनिया (Bertilonia), 72
बार्लेरिया (Barleria), 120
बाड़ (Hedge), 132
बांकेशिया गुलाब (Bankasian-rose), 81
बीज द्वारा पौध तैयार करना (Propogation by seed), 32
बिलबर्जिया (Billbergia-epyphytic), 73
बुडलिया (Buddelia), 120
बेनस्टेरिया (Banisteria-levifolia), 109
बल्ब (Bulb), 136
बैलिसपेरैनिस (Bellis-pereinis), 56
बेर (Zizyphus-mumularia), 134
बैंगन (Brinjal), 144
बोगनविलिया (Bougainvillea), 34, 102, 132
बौमान्शिया (Beaumontia-grandiflora), 109
ब्राचीकोम (Brachycome-iberidifolia), 37, 60
ब्राया (Braya-ebimum), 120
ब्रुनफ़ेल्सिया (Brunfelsia), 121

भिंडी (Ladiesfinger), 145

मटर (Pea), 146
मरान्टा (Maranta), 73
माइकेलिया चम्पक (Michellia-Champaka), 120
मालपीज़िया (Malpighia-coccigera), 121
मिनीएचर गुलाब (Miniature-rose), 79
मिमुलस (Mimulus), 56
मिर्च (Capsicum), 144
मेसेम्ब्रिएन्थिमम (Mesembryanthumum), 56
मूली (Radish), 144
मेथी (Fenugreek), 144
मेमीसिलोन (Memcylone-edule), 122
मेंहदी (Lawsonia-inermis), 134
मैक्सीकन घास (Mexican grass), 40, 56
मेथीओला (Mathiola-incana), 40, 56
मैनीहॉट (Manihot), 73
मैमिलेरिया (Mammillaria), 89
मैलाथियान (Malathion)
मॉनस्टेरा (Monstera), 63, 102, 110
मौल्यूसेला (Molucella-laeris), 57
म्यूसिएंडा (Mussaenda), 121

युक्का (Yucca), 75, 90
यूकेरिस (Eucharis), 142
यूपेटोरियम (Eupatorium), 135
यूफोरबिया (Euphorbia), 142
यूरिक्लिस (Eurycles), 142
यूएनिमस (Euonymus), 122

रसेलिया (Russelia-juncea), 122
रस्कस (Ruscus), 73
राइज़ोम (Rhyzome), 136
रीफ्लैक्स्ड (Reflexed), 96
रूएलिया (Ruellia), 22
रुडबेकिया (Rudbeckia), 57
रेननकुलस (Rennculus), 143
रोइयो (Rhoeo discolor), 73

रौवाल्फिया (Rouwolfia-canasscens), 122
रयोनेट (Reyonate), 96
रैंबलर (Rambler), 79, 82

लथाइरस (Lathyrus-odorata), 58
लहसुन (Garlic), 146
लाइनम (Linum-grandiflorum), 57
लाइमोनियम (Limonium), 58
लाइनेरिया (Lineria-morocanna), 57
लीथोप्स (Lithops), 89
लीफोफोरा (Liphophora), 89
लेगरस्ट्रामिया (Lagerstroemia-indica), 112
लोनीसेरा (Lonecera-japonica), 110
लोबिया (Cowpea), 146
लोबेलिया (Lobelia-erenum), 58
लौकी (Bottle-gourd), 148
ल्यूपिनस (Lupinus), 32, 58

वरनोनिया (Vernonia-elaegnifolium), 102, 110
वरबीनिया (Verbena-lubrida), 59
वाइटैक्स (Vitex-auriumtiocum), 123
वायलेट (Violet-odorata), 36, 38, 63
वाएला-पैंजी (Viola Pansy), 60
वाटर लिली डहलिया (Water lily dahlia), 95
वाटसोनिया (Watsonia), 143
विंका (Vinca-periwinkle), 123
विषाणु (Virus), 152
विस्टेरिया (Wisteria-sinensis), 110

शलजम (Turnip), 146
शरीफा (Custurd apple), 153
शीतघर (Green house), 62

संतरा (Orange), 152
सपोनेरिया (Saponaria), 60
सलाद (Lettuce), 144
साइगोनियम (Sygonium-podophylum), 74
साइनोग्लॉसम (Cynoglossum), 61
साल्विया (Salvia-speldens), 60
सिलोसिया (Celosia-cristata), 61
सीज़ैन्थस (Schizanthus-grandiflorus), 61
सीडम (Sedum), 91
सेटक्रीसिया (Setcreasea-purpurea), 74
सेम्परवीवम (Sempervivam), 90
सुंडी (Catter pillar), 155
सेन्टयूरा (Centaurea moschata), 60
सेस्ट्रम (Cestrum-auranticum), 112
सैन्सवेरिया (Sansevieria), 78
सोफ़ोरा (Sophora), 124
सोलोनम (Solonum-jaminoides), 111
स्पैथीफायलम (Spathiphylum), 74
स्टिफेनौटिस (Stephanotis), 90, 111
स्ट्रोबाइलैंथस (Strobylanthus), 124
स्पून गुलदाऊदी (Spoon Chrysanthemum), 96

हरी खाद (Green manure), 21
हमेलिया (Hemalia-patens), 124
हायसिन्थस (Hycinthus), 146
हावर्थिया (Haworthia), 90
हिपटेज (Hiptage benghalensis), 111
हिबिस्कस (Hibiscus), 124
हीमेन्थस (Himanthus), 143
हैडीकियम (Hedychium), 143
हैमरोकेलिस (Hemerocallis), 143
हैमलटोनिया (Hamiltonia), 125
हैलीएन्थस (Halianthus), 60
होम्सकोल्डिया (Holmskioldia), 125
होया (Hoya), 87

●●●

इंग्लिश एवं लेटिन उच्चारण की देवनागरी में प्रस्तुति प्रकाशन एवं सूचना विभाग द्वारा प्रकाशित वैज्ञानिक कोष (A dictionary of generic and specific names of plants and animals useful to man.) से ली गई है।

पैंजी

कारनेशन-डायन्थस

ऋतु सम्बन्धी वार्षिक फूल

ब्राचीकोमा

पिटूनिया

गज़ेनिया

साल्विया

ऋतु सम्बन्धी वार्षिक फूल

पैंत्री की क्यारी

सफेद गैंदा

▲बोगनविलिया

बिगनोनिया-वेनुस्टा▲

लताएँ

▼पैशन-फ्लावर कृष्ण-चूड़ा

साइगोनियम–सदाबहार लता▼

कलेडियम

क्रोटन

सदाबहार पौधे

कोलियस

सदाबहार पौधों का कोना

▲कैक्टस रॉक गार्डन

अडेनियम▲

कैक्टस सकुलेन्टस–गूदेदार पौधे

▼ग्राफ्टेड-कैक्टस

मैमलेरिया पुष्पित▼

▲गुड़हल–हिबिस्कस

इक्ज़ोरा▲

झाड़ियाँ

▼मुसीएन्डा

हाइड्रेन्ज़िया▼

▲पुष्पित टोकरी–हैंगिंग बास्केट

बोन्साई▲

सब्ज़ी व पुष्प प्रदर्शनी

▼लाल बन्द-गोभी

ताज़ी सब्ज़ियों की टोकरी▼

▲ग्लेडिओलस आइरिस▲

कंद पुष्प

▼जरबेरा हीमेन्थस फुटबॉल-लिली▼

▲कीनिया लार्ज डहलिया स्वामी लोकेश्वरानन्द डहलिया▲

डहलिया

▼आर्किड डेन्ड्रोबियम कैना▼

▲नन्हीं वाटिका

वाटिका का आकर्षक कोना▲

भूदृश्य संयोजना

▼पानी व सदाबहार पौधों का आकर्षक कोना

रंग-बिरंगे फूलों की संयोजना▼

▲एफिल-टॉवर गुलाब

समर-सनशाइन गुलाब▲

गुलाब

▼गुलाब की लता

गुलाब की क्यारी▼

▲सोनार बंगला गुलदाऊदी

क्रिसमस-क्रिस्टल गुलदाऊदी▲

गुलदाऊदी

▼गुलदाऊदी फूल बाँधने की विधि

फूल बाँधने की कला सेन-रि-सकूरी▼